심연호텔의 철학자들

심연호텔의 철학자들

존 캐그 지음 | **전대호** 옮김

Hiking with Nietzsche:
On Becoming Who You Are

P 필로소픽

대다수 남자들, 곧 떼거리는 홀로임을 맛본 적이 없다.
그들은 아버지와 어머니를 떠나지만 고작 아내에게 기어가고
새로운 따스함과 새로운 속박에 얌전히 굴복한다.
그들은 결코 혼자가 되지 못하며 결코 그들 자신과 사귀지 못한다.

헤르만 헤세, 《차라투스트라의 귀환》, 1919

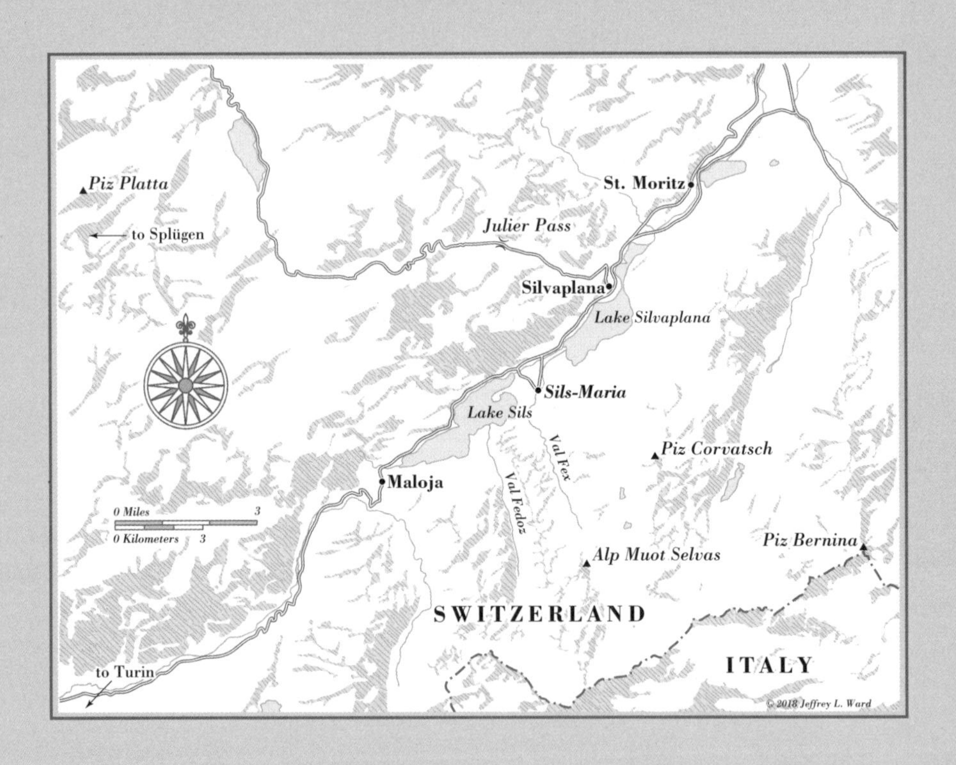
Piz Platta
to Splügen
Julier Pass
St. Moritz
Silvaplana
Lake Silvaplana
Sils-Maria
Lake Sils
Val Fex
Piz Corvatsch
Maloja
Val Fedoz
0 Miles 3
0 Kilometers 3
Piz Bernina
Alp Muot Selvas
SWITZERLAND
ITALY
to Turin
© 2018 Jeffrey L. Ward

차례

서문: 어버이 산들

너 자신을 위한 목표들, 고귀한 목표들을 세워라. 그리고 그것들을 추구하며 파멸하라! 위대하고 불가능한 것을 추구하며 파멸하는 것보다 더 나은 삶을 나는 모른다. 위대한 영혼들은 아낌없이 탕진한다.
프리드리히 니체, 《유고》, 1873

코르바치 봉Piz Corvatsch 정상까지는 여섯 시간이 걸렸다. 코르바치는 프리드리히 니체의 산이었다. 아침에 낮게 깔리는 여름 안개는 거의 사라져 2킬로미터 아래의 산자락이 드러났다. 매끈하게 마모된 화강암 위에서 쉬면서 내가 얼마나 멀리 왔는지 실감했다. 잠시 코르바치 자락에서 반짝이는 질스 호를 내려다보았다. 질스 호는 청록색 거울처럼 계곡을 가로지르며, 내 생각에 이미 불가능할 만큼 웅장한 풍경을 두 배로 늘리고 있었다. 그때 마지막 구름이 증발하면서 동남쪽에서 베르니나 봉Piz Bernina이 나타났다. 나는 그리 멀리 온 것이 아니었다. 알프스 동부에서 두 번째로 높은 베르니나는 코르바치의 "어버이", 북에서 남으로 뻗으며 거대한 빙하 계곡 두 개를 양분하는 능선에서 가장 높은 봉우리다. 1850년에 최초로 이 봉우리에 오른 스물여덟 살의 요한 코아츠는 이렇게 썼다. “진지한 생각들이 우리를 사로잡았다. 탐욕스러운 눈들은 먼 수평선까지의 땅을 굽어보았고, 무수한 산봉우리들이 우리를 둘러쌌다. 반짝이는 얼음바다에서 솟은 바위들 같았다. 우리는 그 거대한 산 세계를 유심히 둘러보며 경외심에 빠졌다.”

나는 열아홉 살이었다. 어버이 산들은 나를 압도하는 어떤 힘으로 다가왔다. 가깝건 멀건, 부모는 한 지역에서 가장 높은 봉우리, 다른 모든 지질학적 자손들이 유래한 지점이다. 알프스가, 스위스의 질스-마리아가 나를 끌어당겼다. 질스-마리아는 니체가 지적인 삶의 많은 기간 동안 자신의 고향이라고 부른 아주 작은 마을이다. 며칠 동안 나는 19세기 말에 니체가 가로질렀던 언덕들을 돌아다녔다. 그러다가 나는, 여전히 니체의 뒤를 밟는 가운데 한 어버이를 찾아 나섰다. 해발고도가 3451미터인 코르바치는 질스-마리아를 둘러싼 자식 산들 위로 그림자를 드리운다. 계곡 너머는 베르니나다. 서쪽으로 480킬로미터, 이 “거대한 산 세계”와 프랑스가 맞닿은 경계에는 베르니나의 먼 조상인 몽블랑이 있다. 그 다음은 에베레스트다. 터무니없이 멀고 외진 곳에 있지만 또한 어디에나 있는 에베레스트는 그 프랑스 자손인 몽블랑보다 거의 두 배가 크다. 코르바치, 베르니나, 몽블랑, 에베레스트. 어버이를 향한 길은 거의 모든 여행자에게 견딜 수 없을 만큼 멀다.

일생의 대부분 동안 니체는 가장 높은 곳을 찾아다녔다. 물리적, 철학적 풍경의 정복에 열중하는 것이 그의 일상이었다. 그는 손짓하며 말한다. “보아라, 나는 너에게 초인을 가르친다.” 이 “초인Übermensch”, 인간을 뛰어넘은 이상, 개인이 열망할 수 있을 만한 위대한 높이는 무수한 독자들에게 영감으로 남아있다. 오랫동안 나는 초인의 메시지가 명쾌하다고 생각했다. **더 나아져라, 현재 위치보다 더 높이 올라가라.** 자유로운 정신, 자기정복자, 순응하지 않는 자. 니체가 말하는 실존적 영웅은 공포와 영감을 똑같이 준다. 초인은 우리 자신을 다르게 상상하라는, 근대적 삶을 조용히 지배하는 사회적 관습과 스스로 부과한 제약들 위로 솟은 우리 자신을 상상하라는 도발적 요구를 상징한다. 꾸준하며 멈출 수 없는 일상의 행진 위로 솟은 우리 자신. 우리가 일상적으로 추구하는 것들에 얽힌 불안과 우울 위로, 우리의 자유를 억누르는 공포와 자기의심 위로 솟은 우리 자신.

니체의 철학은 때때로 청소년을 위한 철학이라고 조롱받는다. 자기도취에 빠진 순진한 십대 시기에는 잘 어울릴지 몰라도 성인이 되기 전에 떨쳐버리는 것이 가장 좋은 과대망상의 산물이라고. 맞는 말이다. 많은 독자들은 성장기의 막바지에 이 "좋은 유럽인good European"에게서 대담함을 배웠다. 그러나 니체의 몇몇 가르침은 젊은이의 주목을 받지 못한다. 사실 오랜 시간에 걸쳐서 나는 니체의 글이 실은 중년의 정점에 다가선 사람들에게 특별히 적합하다는 생각에 도달했다. 열아홉 살에 코르바치 정상에 섰을 때 나는 세계가 때때로 얼마나 따분할 수 있는지 전혀 몰랐다. 계곡에 머무르고 평범함에 만족하는 것이 얼마나 쉬운지, 삶에 대하여 깨어있기가 얼마나 어려운지 전혀 몰랐다. 서른여섯이 된 지금에야 나는 이해하기 시작한다.

책임감 있는 어른으로 산다는 것은 여러 의미가 있지만, 흔히 자기가 과거에 가졌거나 심지어 지금도 가지고 있는 기대와 잠재력에 훨씬 못 미치는 삶을 체념하며 받아들이는 것을 의미한다. 책임감 있는 어른이 된다는 것은 자기가 늘 되지 않기를 바랐던 그런 사람이 된다는 뜻이다. 중년에게 초인은 여태 떠나지 않고 얼쩡거리는 약속, 여전히 변화가 가능하다는 희망이다. 니체의 초인, 더 나아가 그의 철학 전체는 한낱 추상물이 아니다. 안락의자에 앉거나 집안의 편안함에 젖어서는 초인을 깨달을 수는 없다. 몸을 일으켜 똑바로 서고 굳은 근육을 죽 펴서 풀고 출발해야 한다. 니체에 따르면 이 변신은 "미래를, 임박한 모험을, 다시 한번 열린 바다를, 다시 한번 허락되고 믿게 된 목표들을 느닷없이 직감하고 예견할 때" 일어난다.

이 책이 다루는 것은 "다시 한번 허락되고" 추구되는 "목표들", 즉 니체와 함께 성숙을 향해 나아가는 도보여행이다. 처음으로 코르바치에 올랐을 때 나는 등산의 유일한 목적은 구름 위의 창공에 도달하는 거라고 생각했다. 그러나 세월이 흐르고 흰머리가 나기 시작하면서 나는 그것이 도보여행이나 삶의 유일한 의미일 리 없다는 결론에 이르렀다. 더 높이 오를수록 더 많이 볼 수 있다는 것은 참이다. 그러나 수평선 너머는 높이와 상관없이 늘 보이지 않는다는 것도 참이다.

나이를 먹으면서 나에게 니체의 초인이 전하는 메시지는 더 절실해졌을 뿐 아니라 더 혼란스러워졌다. 얼마나 높아야 충분히 높은 것일까? 나는 지금 무엇을 응시하고 있어야 할까? 아니, 더 솔직히 말하면, 무엇을 찾고 있어야 할까? 내 발에 잡힌 이 물집은, 자기극복의 고통은 과연 무슨 의미가 있을까? 정확히 어떻게 나는 이 특정한 산봉우리에 도달한 것일까? 나는 이 봉우리에 만족해야 할까? 삼십대를 마감할 즈음에 니체는 이렇게 제안했다. "젊은 영혼으로 하여금 삶을 되돌아보며 이렇게 묻게 하라. 이제껏 네가 정말로 사랑해온 것은 무엇인가? 무엇이 네 영혼을 드높이 끌어올렸는가?" 결국 이 질문들을 던지는 것이 옳다. 초인 프로젝트는 — 나이를 먹는 것 자체가 그러하듯이 — 어떤 정해진 목적지에 도달하기나 영원하고 전망 좋은 방에 도달하기를 의미하지 않는다.

도보여행을 할 때 당신은 산길로 접어든다. 때로는 미끄러지고, 때로는 힘차게 나아간다. 때로는 균형을 잃고 뒤로 넘어진다. 이 책은 옳은 길을 벗어나지 않으려는 노력에 관한 이야기, 획득되지 않았으며 획득될 수 없고 아직 보이지도 않는 무언가를 향해 현재의 자아를 이끄는 노력에 관한 이야기다. 미끄러짐도 교훈이 될 수 있다. 중요한 일이 일어나는 곳은 봉우리가 아니라 길이다. 니체의 표현을 빌리면, 당신에게는 "당신 자신이 될" 기회가 있다.

1부

여행의 시작

정신의 자유를 조금이라도 획득한 사람은 자신을 지상의 방랑자로 느낄 수밖에 없다. 하지만 최종 목적지로 향하는 여행자로 느끼지는 않는다. 목적지는 존재하지 않으니까.
프리드리히 니체, 《인간적인, 너무나 인간적인》, 1878

나는 학생들에게 철학이 내 목숨을 구했다고 자주 말하는데, 그것은 사실이다. 하지만 질스-마리아로 가는, 코르바치 봉을 최종 목적지로 삼은 첫 여행에서 나는 철학 때문에 죽을 뻔했다. 때는 1999년이었고, 나는 니체의 글과 동시대 미국인 랠프 왈도 에머슨의 글에 등장하는 천재와 광기, 미적 경험에 관한 논문을 쓰는 중이었다. 20대를 목전에 두고 안정적으로 생활하던 나는 펜실베이니아 중심부를 둘러싼 보이지 않는 벽을 감히 넘어서는 일이 거의 없었다. 그리하여 나의 지도교수는 몇 가지 행정 조치를 통해 나를 탈출시킬 길을 찾아냈다. 나의 청소년기가 마감되던 그때 그는 나에게 아무것도 적혀있지 않은 봉투를 건넸다. 안에 3000달러짜리 수표가 들어있었다. "자네는 바젤Basel로 가야 해."라고 그는 제안했다. 아마도 그는 내가 그곳에 머물지 않으리라는 것을 너무 잘 알았을 것이다.

바젤은 평범한 학자로 살던 초기의 니체가 유럽의 철학자-시인으로서 점점 더 예측하기 어려운 인물로 바뀌는 전환점이 된 도시다. 니체는 1869년에 바젤 대학교의 최연소 정교수로서 그 도시에 왔다. 이어진 몇 해 동안 그는 첫 저서《비극의 탄생Die Geburt der Tragödie》을 쓰게 된다. 그 책에서 니체는, 인간이 지닌 상반된 두 욕망, 곧 질서를 향한 욕망과 기이하지만 부정할 수 없는 카오스를 향한 욕망을 조화시키는 능력이 비극의 매력이라고 주장했다. 내가 아직 십대 청소년으로서 바젤에 도착했을 때, 나는 그 두 욕망 가운데 전자가 — 니체가 "아폴론적인 것"이라고 부른, 안정과 이성에 대한 갈망의 형태로 — 근대 사회를 정복했다고 생각할 수밖에 없었다.

바젤역은 스위스를 대표하는 정확성의 모범이다. 아름답게 차려입은 아름다운 사람들이 널찍한 홀을 가로질러, 절대로 시간을 어기지 않는 열차를 맞이한다. 길 건너에는 거대한 원기둥 모양의 고층 빌딩이 서있다. 세계에서 가장 유력한 금융기관인 국제결제은행BIS이 그 건물을 사용한다. 내가 역에서 나와 그 은행 앞에서 아침을 먹는 동안, 말끔한 정장 차림의 아폴론들이 떼지어 출근하며 건물 안으로 사라졌다. "교육받은 계급들은 엄청나게 경멸스러운 화폐 경제에 휩쓸려가고 있다."라고 니체는 해설했다. 근대 자본주의 사회에서 삶의 전망은 풍부한 이익을 보장했지만 그럼에도 암울했다. "세상이 이토록 세속적이고 사랑과 선에 굶주렸던 적은 없다."

니체에 따르면, 사랑과 선은 엄격한 질서가 아니라 정반대의 디오니소스적 탕진에서 실현된다. 바젤에서 그의 삶은 행복하고 질서정연하고 정신적인 상류사회의 삶일 것으로 예상되었지만, 도착하자마자 그는 낭만주의 작곡가 리하르트 바그너와 금세 친구가 되었고, 예상했던 삶은 곧 끝났다. 니체가 바젤에 온 것은 고전문헌학을 가르치기 위해서였다. 언어와 원래의 의미를 연구하는 고전문헌학은 충분히 무난한 분야인 듯했지만, 보수적인 많은 동료들과 달리 니체는 그런 이론적 발굴 작업이 얼마나 급진적일 수 있는지 깨달았다.《비극의 탄생》에서 그는 까마득한 옛날에 디오니소스 본인이 설치한 깊은 지하의 구조물이 온갖 방식으로 거창하게 다듬어진 서양문화를 떠받치고 있다고 주장한다. 친구로 지낸 초기에 니체와 바그너는 그 구조물을 캐내는 것을 목표로 삼았다.

디오니소스는 바젤에 나타나서 살지는 않았다. 호메로스에 따르면, 디오니소스는 서양문명의 경계를 훨씬 벗어난 "이집트 강가에서" 태어났다. 디오니소스는 희랍신화의 야생아였으며, 아폴론은 그런 디오니소스를 제어하려 했으나 실패했다. 엘레우테리오스Eleutherios — "해방자" — 라는 별칭으로도 불리는 이 소란스러운 술과 웃음의 신은 대개 양아버지인 술 취한 현자 실레노스와 함께 산과 들을 방랑하는 모습으로 묘사된다. '방랑'이라고 표현하고 보니, 너무 진지하게 느껴진다. 더 적절한 표현은 '날뛰며 돌아다니기'다. 디오니소스는 도시의 경계 바깥의 숲속을 돌아다니며 춤추고 섹스한다.

바그너는 니체보다 30년 연상(정확히 말하면 31년 — 옮긴이)이며 니체의 아버지와 동갑이다. 독실한 루터교도였던 니체의 아버지는 아들이 다섯 살 때 "뇌가 물렁해지는 병"으로 사망했다. 작곡가 바그너에게는 물렁하거나 죽어있는 구석이 전혀 없었다. 바그너의 중기 작품들은 "폭풍과 열망Sturm und Drang"(과거의 흔한 번역은 '질풍노도' — 옮긴이)의 표현이었고, 니체는 그 작품들을 흠모했다. 바그너와 니체는 떠오르는 부르주아 문화에 대한 깊은 경멸을 공유했다. 가장 좋은 삶은 쉽고 단조롭고 정확하게 규칙대로 사는 것이라는 생각을 그들은 매우 경멸했다. 예나 지금이나 바젤에서 "삶을 꾸리는 법"은 단순하다. 사람들은 학교에 다니고 취직하고 돈을 벌고 상품을 사고 휴가를 가고 결혼을 하고 자식을 얻고 죽는다. 니체와 바그너는 이런 삶에 어딘가 무의미한 구석이 있음을 알았다.

《비극의 탄생》 첫머리에서 니체는 미다스 왕과 실레노스를 언급한다. 손대는 것마다 금으로 변화시키는 유명한 왕 미다스는 디오니소스의 길동무에게 삶의 의미를 설명해달라고 청한다. 실레노스는 왕을 한번 쳐다보더니 퉁명스럽게 말한다. "오, 비참하고 덧없는 종족이여 … 어찌하여 너는 네가 안 들어야 가장 편할 말을 나에게 강요하는 것이냐? 모든 것 중에 가장 좋은 것은 태어나지 않기, 존재하지 않기, 아무것도 아니기다. 이것은 네가 도달할 수 있는 범위를 훌쩍 벗어나 있다. 하지만 너에게 두 번째로 좋은 것이 있으니, 그것은 일찍 죽기다." 국제결제은행 앞 계단에 앉아 일터로 걸음을 재촉하는 사람들을 보면서 나는 실레노스의 말이 어쩌면 옳다고 생각했다. 어떤 삶들은 최대한 신속하게 끝내는 것이 최선이다. 그러나 니체와 바그너는 인간이 된다는 것은 음미하기, 최대한으로 살기라고 믿었다.

《비극의 탄생》에서 니체는 이렇게 힘주어 주장한다. "실존과 세계는 오로지 미적 경험으로서만 영원히 정당화된다." 이것이 실레노스의 지혜에 대한 니체의 응수, 근대적 허무주의를 극복하는 유일한 길이었다. '미적aesthetic'이라는 말은 "지각하다, 감각하다, 느끼다"를 뜻하는 희랍어 '아이스타네스타이aisthanesthai'에서 유래했다. 실레노스는 오직 세계를 다르게 지각할 때만, 깊이 느낄 때만 만족할 수 있다. 괴로움과 죽음을 피할 수 없다면, 어쩌면 오히려 그것들을 끌어안을 수 있을 것이다. 심지어 넘치는 기쁨으로 끌어안을 수 있을 것이다. 니체에 따르면, 비극은 고유의 효용이 있다. 즉, 비극은 고통이 단지 고통에 불과하지 않을 수 있음을 보여준다. 날것 그대로의 쓰라린 고통조차도 방향이 있고 질서정연하며 심지어 아름답고 숭고할 수 있다. 비극을 피하는 대신에 끌어안음으로써 고대 희랍인들은 니체의 시대에 근대성을 빠르게 잠식하던 비관론을 극복할 길을 제시했다.

나는 바젤에 여러 주 머물면서 대부분 도서관에서 시간을 보낼 계획이었지만, 천천히 시내를 거니는 동안 내 안에서 이 계획은 불가능하다는 판단이 섰다. 거리들은 너무 곧고, 너무 조용하고, 너무 평범했다. 나는 무언가를 느끼고, 마취에서 깨어나고, 내가 그저 잠들어있지 않음을 나 자신에게 증명할 필요가 있었다. 나는, 어쩌면 평생 처음으로, 내가 하기로 되어 있던 것과 다른 무언가를 할 자유가 있었다. 한때 니체가 교수로 있던 대학교에 도착할 즈음에 나는 내가 최대한 신속하게 그곳을 떠나리라는 것을 알았다.

1878년에 이르렀을 때, 《비극의 탄생》에 담긴 희망은 이미 사그라지기 시작한 상태였다. 니체의 건강은 악화되었고, 정신적 불안정의 최초 징후들이 나타나기 시작했다. 그는 말 그대로 입산하여 10년에 걸쳐 알프스 지역을 누비는 철학적 방랑을 시작했다. 먼저 슈플뤼겐Splügen에 갔고, 이어서 아이거Eiger 산자락의 그린덴발트Grindelwald를 거쳐 산베르나르디노 고개San Bernardino Pass에 오르고, 다시 질스-마리아를 지나 마지막으로 이탈리아 북부의 소도시들에 머물렀다. 이 경로를 따라가는 것은 가장 생산적이었던 시기의 니체를 뒤쫓는 것이었다. 그 10년 동안 열광적으로 글을 쓴 니체는 근대 실존주의, 윤리학, 탈근대주의에 관한 중대한 작품들을 다수 생산했다. 《차라투스트라는 이렇게 말했다Also sprach Zarathustra: Ein Buch fur Alle und Keinen》(줄여서 《차라투스트라》) 《선악을 넘어서Jenseits von Gut und Böse: Vörspiel einer Philosophie der Zukunft》 《도덕의 계보Zur Genealogie der Moral: Eine Streitschrift》 《우상의 황혼Götzen-Dämmerung》 《안티크리스트Der Antichrist》 《이 사람을 보라Ecce Homo: Wie man wird, was man ist》가 이 시기에 저술되었다. 바젤에서 처음이자 마지막으로 맞은 저녁에 나는 그 경로를 따라가기로 결심했다. 니체가 천재를 향해 상승하고 광인을 향해 하강한 경로라고 많은 학자들이 말하는 그 길을 걷기로 한 것이다.

나는 이튿날 날이 밝기 전에 일어나 바젤은 전혀 영혼이 없으며 나에게 더없이 안 어울리는 곳이라는 나의 짐작을 확인하기 위해 오랫동안 달리기를 한 다음에 역으로 출발했다. 첫 목적지는 알프스 고원의 슈플뤼겐. 나는 나의 여행이 토리노에서 끝날 수도 있다고 생각했다. 토리노는 니체가 미치기 직전인 1888년에 《안티크리스트》를 쓴 도시다. 거기에서 니체는 광기의 경계에 놓인 무언가를 발견했다. 즉, 우리에게 교훈이 아니라 공포를 주려고 작심한 철학을 발견했다. 《안티크리스트》를 읽으려면 "아무도 감히 제기하지 못하는 질문들을 던지는 성향, 강함에서 나오는 그 성향, 금지된 것을 향할 용기"를 길러야 한다고 니체는 요구한다. 공포는 고유의 효용이 있다. 우리를 가장 두렵게 하는 질문들이야말로 우리가 지금 당장 최대한으로 주의를 기울여야 마땅한 질문들이다. 나는 최선을 다해 이 생각을 붙들었다. 열차는 마침내 계곡에서 벗어났고 그와 동시에 금지된 것에 대한 나의 공포에서도 느릿느릿 벗어났다.

나의 아버지는 꼭 니체의 아버지처럼 내가 네 살 때 정상궤도에서 이탈했다. 니체의 아버지는 사망했고, 나의 아버지는 가족을 버렸다. 나의 아버지 잔은 1980년대에 국제금융업계에서 일했다. 전문 분야는 삼각 외환 차익거래, 즉 달러, 엔, 파운드가 오가는 시장의 비효율성을 이용하여 수익을 챙기는 외환 거래의 한 형태였다. 지금은 컴퓨터들이 하는 일이지만, 외환 차익거래가 처음 시작되었을 때는 나의 아버지 같은 사람들이 그 일을 맡았다. 나의 가장 이른 기억 중 하나는 외할아버지가 사위의 직업을 손자인 나에게 설명하려 애쓰던 장면이다. 할아버지는 구슬 상자를 꺼내서 파란색, 녹색, 자주색의 세 가지 구슬들을 보여주면서 설명을 시작했다. "자, 상상해보렴. 너는 지금 파란 구슬 열 개를 가지고 있는데, 그걸 나에게 주면 녹색 구슬 일곱 개를 얻을 수 있어. 그래서 그렇게 하지. 그런데 어떤 사람이 나타나서 말하기를 네가 녹색 구슬 일곱 개를 주면 자주색 구슬 열두 개를 주겠다고 그러는 거야. 그래서 너는 그 사람과 거래해서 자주색 구슬 열두 개를 얻어. 그런 다음에 너는 그 구슬들을 누군가에게 팔고 파란 구슬 열한 개를 받아내는 거야." 할아버지는 원래 내 것이었던 파란 구슬 열 개를 돌려주더니 상자에서 하나를 더 꺼내 나에게 건넸다. "이것도 네 거야." 이것이 차익거래다. 무에서 유를 창출하기. 진실이라기에는 너무 좋다.

"과거엔 '신에 대한 사랑 때문에' 이루어지던 행동이 지금은 돈에 대한 사랑 때문에 이루어진다."라고 니체는 주장한다. 아니나 다를까, 한때 "신에 대한 사랑 때문에" 이루어지던 행동을 아버지는 돈과 경험에 대한 사랑 때문에 했다. 그는 경험 중독자였다. 플라이낚시, 요트 타기, 자동차 타기, 자전거 타기, 스키 타기, 파티, 하이킹. 하면서 무언가 느낌이 오는 것이라면 무엇이든지 했다. 밖에서 보면 그는 터무니없이 돈이 많고 잘생긴 남자였다. 아름다운 아내와 환히 빛나는 두 아들을 둔 남자. 그러나 겉모습은 흔히 기만적이다. 바젤에 머무른 기간의 막바지에 니체는 이렇게 고백했다. "나는 [나의] 유쾌함 … 아래 깔린 깊은 우울을 안다." 나의 아버지도 그 비슷한 비밀을 알고 있었고 그것을 아름다운 겉모습으로 가리려 애썼다. 그러나 결국 그 비밀이 그를 우울증과 알코올 중독으로, 결국 무덤으로 몰아갔다. 결론적으로 차익거래는 진실이라기에는 정말 너무나 좋았다.

어린 시절에 나는 아버지의 행동을 겨우 눈치만 챘지만 열아홉 살 때부터는 직접 경험으로 명확하게 이해하기 시작했다. 아버지는 니체가 말한 "위대한 것과 불가능한 것"의 유혹을 느꼈다. 비할 데 없이 소중한 무언가를 사랑했으며 상실했다는 느낌을 보상받으려는 욕망을. 잔과 마찬가지로 집안에 없을 때가 많았던 잔의 아버지는 펜실베이니아 주 레딩Reading 외곽의 스타킹 공장에서 인생을 허비했다. 아내를 위해서였다. 돈을 좋아했지만 실제로 돈을 벌기 위해 일해야 하는 육체노동자 남편을 부끄러워했던 아내를 위해서. 나의 할아버지는 저녁 때 조용히 귀가하여 저녁을 먹고 거실 구석의 안락의자에 붙박여 앉아 모든 것을 잊게 해주는 음료를 퍼마시곤 했다. 사랑은 늘 불확실한 무언가, 획득해야만 하는 무언가였다. 그리고 결코 채워질 수 없는 것이었다. 이 궁핍감의 출처는 실제 빈곤이 아니라 사랑과 애착에 대한 특정한 견해였는데, 꼭 나의 집안만 그 견해를 품은 것은 아니다. 그 견해에 따르면, 사랑과 애착은 거래다. 애착을 주고받는 일은 당연히 재화와 서비스를 주고받는 일과 똑같이(물론 이것은 나의 진심이 전혀 아니지만) 성취감을 준다. 그러나 거래는 끊임없이 더 큰 거래를 추구하는 욕망으로부터 우리를 해방시키지 못한다. 사랑 상황Love's condition의 파산은 모든 것을 미친 듯이 움직이게 만든다.

나의 할아버지가 간경변으로 사망한 후, 잔은 그의 아버지가 마시던 음료를 발견했고, 빨간 가죽을 덮은 2인용 소파를 사서 거실 구석에 놓았다. 그러나 잔은 거의 늘 여행 중이었다. 끊임없이 다음 거래를 찾아서 머나먼 곳을 떠돌았다. 그런 여행 중 하나에서 그는 영영 돌아오지 않았다. 그는 처음엔 필라델피아에 눌러앉았고 이어서 뉴욕으로 옮겨갔다. 언젠가부터 나는 그가 어디에 있는지 모르게 되었다.

열차가 리히텐슈타인 국경에 위치한, 피촐Pizol 산자락의 바트라가츠Bad Ragaz를 통과했다. 언덕이 보였다. 언덕 낮은 곳에서는 양들이 한가로이 풀을 뜯고 있었다. 암석 사이에 치료 효과로 유명한 패퍼스

Pfäfers 온천수가 흐르는 좁은 동굴, 타미나 협곡 Tamina Gorge이 있었다. 수백 년 전부터 순례자들은 일상의 오물을 씻어내고 활력을 되찾기 위해 저 언덕을 올랐다. 1840년대부터는 온천수가 관을 타고 흘러 오늘날 유명한 바트라가츠의 온천탕들을 채웠다. 바젤에서의 생활에 완전히 지친 니체는 십대 시절부터 그를 괴롭힌 편두통에서 해방되기를 바라며 서른세 살에 이 온천 휴양지로 물러났다. 그리고 이곳에서 처음으로 충실한 교수로서의 책무들을 포기하기로 결심했다. 그는 이렇게 썼다. "내가 얼마나 근본적으로 우울하고 실의에 빠졌는지 당신도 짐작할 수 있을 것입니다 … 내가 요청하는 것은 약간의 자유가 전부입니다 … 나는 나를 가두는 많은, 무수히 많은 부자유들에 격노하게 됩니다." 그는 바젤을 떠나 더 높은 곳으로 향할 작정이었다. 바트라가츠가 시야에서 멀어질 때 나는 그렇게 물러나기를 간청했던 니체를 이해할 수 있었다. 또한 그를 그토록 화난 상태로 달아나게 만든 힘도 이해할 수 있었다.

니체의 아버지인 니체 목사가 죽었을 때, — 어린 시절의 대부분을 "프리츠"라고 불린 — 어린 니체는 자연스럽게 대다수의 독실한 루터교도가 하는 행동을 했다. 즉, 더욱더 고분고분해졌다. 청소년기에 그는 목사가 되려 했다. 동료 학생들은 그를 "꼬마 목사"라고 불렀다. 애정이 담긴 호칭은 아니었다. 니체는 본인에게 해로울 정도로 심하게 영리하고 내성적이었고, 급우들은 그를 무자비하게 괴롭혔다. 또래들에게 인정받지 못할 때 프리츠는 신에게 긍정받기를 추구하곤 했다. "신이 주는 모든 것을, 행복과 불행, 가난과 부를 나는 기꺼이 받아들일 것이다. 그리고 언젠가 우리 모두를 영원한 기쁨과 행복으로 통합할 죽음마저도 대담하게 정면으로 응시할 것이다." 맞선 양극단, 가장 극명한 양극단인 삶과 죽음마저도 기꺼이 끌어안으려는 열망을 니체는 단념하지도 못하고 완전히 실현하지도 못하게 된다.

어린 니체에게는 쉽사리 친구가 생기지 않았다. 니체가 무례하거나 이기적이어서는 아니었다. 오히려 정반대였다. 어린 니체는 부끄러움 많고 예절 바르며 지나칠 정도로 공손했다. 오랫동안 그에게 최고의 친구는 책이었다. 다른 십대들이 처음 야생염소처럼 행동하는 시기인 열다섯 살 때 소년 프리츠는 '게르마니아Germania'라는 비공개 책읽기 모임을 구성했다. 작은 모임이었다. 니체와 니체의 마음에 들 정도로 책을 좋아하는 소년 몇 명이 구성원의 전부였다. 첫 모임에서 그들은 9페니짜리 클라레 포도주 한 병을 사들고 포르타Pforta(니체가 다닌 학교 — 옮긴이) 바깥의 오래된 쇤부르크성의 유적으로 가, 예술과 학문에 충성하기로 맹세하고 이를 다짐하기 위해 포도주병을 성벽 너머로 던졌다. 이후 세 해 동안 게르마니아 회원들은 정기적으로 만나 시, 에세이, 논문을 공유하고(소년 니체는 자신의 첫 철학 논문 〈운명과 역사Fatum und Geschichte〉를 이 모임에서 발표했다) 《트리스탄과 이졸데Tristan and Isolde》를 비롯한 바그너의 최신 작품들을 연주했다. 이런 것이 니체가 즐기는 재미였다.

열차가 더 높이 오르고 있었고, 나는 이런 유년기가 터무니없다고 — 오래전에 죽은 철학자를 기리기 위해 9주 동안 순례에 나섰던 일을 포함한 누군가의 유년기보다 약간 더 터무니없다고 — 생각했다. 또한 실제로 그런 유년기에 적응하기가 니체에게 얼마나 힘들었을지 생각했다.

프리츠는 평범해지려고 애썼지만, 상황이 그리 잘 풀리지는 않았다. 일상생활에 대해서 말하면, 그는 지나치게 충실하거나 더 많은 경우에 따분함에 지쳤다. 독일 최고의 기숙학교인 포르타를 졸업하고 본대학교에 입학한 니체는 겉보기에는 무난한 보통의 대학생이었다. 술친구들과 어울리고, 방학 동안 여행도 하고, 짧은 연애도 한 번 했다. 니체는 다른 친구들처럼 술을 마시려 했다. 그러다 어느 날 그는 정말로 한껏 마시고 엉망으로 취하여 학교에서 쫓겨날 뻔했다. 그 불미스러운 술자리에 대한 이야기를 어머니에게 전하면서 그는 자신이 "얼마나 많이 마실 수 있는지 전혀 몰랐다."라고 투덜거렸다. 미국의 친목회 같은, '프랑코니아Frankonia'라는 학우회에 가입했을 때, 기꺼이 순응하겠다는 니체의 마음가짐은 한계에 도달했다. 솔직히 그는 맥주가 싫었다. 케이크가 좋았다. 그리고 공부가 무척 좋았다. 겨우 10개월 만에 본을 떠나 라이프치히로 향할 때 니체는 평범한 삶은 시간 낭비라는 깨달음을 또렷이 품고 있었다.

십대 시절의 막바지에 프리츠에게는 두 가지 위안이 있었다. 하나는 어머니 프란치스카, 또 하나는 랠프 왈도 에머슨의 글이었다. 니체는 1860년대 초에 포르타를 졸업할 즈음부터 에머슨을 읽기 시작했고, 그 미국 초월주의자는 금세 (니체 자신의 표현을 인용하면) "좋은 친구요, 심지어 캄캄한 시절에도 나를 격려해준 인물"이 되었다. "그는 정말로 많은 회의懷疑와 '가능성'을 보유하고 있어서 그와 함께 있으면 미덕조차도 영적인 것이 된다." 철학을 배우는 최선의 방법은 주입식으로 배우는 것이었다. 주입식으로 배운다는 것은 생각 없이 암기한다는 뜻이 아니라 **가슴으로** 배우고 경험에서 실행한다는 뜻이다. 이런 가장 개인적인 삶의 목적은 개인에게 선생이나 성직자의 지도 없이 자신의 삶을 결정할 용기를 주는 것이다. 그리고 에머슨의 **회의**가 있었다. 그 비판적 의심이 니체와 목사의 길 사이에 쐐기처럼 파고들어 틈을 벌렸다. "세계에는 너 말고는 아무도 갈 수 없는 단 하나의 길이 있다. 그 길은 어디로 이어지는가? 묻지 마라." 니체는 가르친다. "그 길을 가라." 자기신뢰의 길은 높은 곳으로 이어져 결국 니체를 알프스로 이끌 것이었다.

니체는 에머슨의 프로메테우스적 개인주의가, 외로움은 어떤 대가를 치르더라도 치유해야 할 무언가가 아니라 오히려 성찰하고 향유해야 할 독립의 순간이라는 주장이 마음에 들었다. 사실 사회적 제약으로부터 해방될 기회를 제공하는 한 고립은 철학자에게 가장 적합한 조건이다. 이런 낭만주의적 충동은 에머슨과 니체 모두의 내면에 깊이 뿌리내려 있다. 그들에게 미적 경험은 추상적인 의미에서가 아니라 개인의 감정적 지적 행보에서 삶을 긍정하는 것이었다. 스물두 살 때 친구 카를 폰 게르스도르프에게 보낸 편지에서 니체는 에머슨에 대한 존경심을 털어놓았다. "사람이 자신의 삶보다 더 높은 곳에서서 기쁨과 슬픔을 함께 느끼는, 조용한 성찰의 순간이 때때로 찾아온다 … 에머슨은 그런 순간을 정말 탁월하게 서술한다." 성년기에 진입할 즈음에 니체는 방금 언급한 "조용한 성찰의 순간"을 비롯한 특정 유형의 경험들을 삶의 슬픔에서 탈출하는 길로 간주하기 시작했으며 1840년대에 철학의 체험적 전환을 선도한 사상가 에머슨에게 매력을 느꼈다.

물론 에머슨의 사상은 기이하다. 삶의 체험에 빠져듦으로써 초월을 성취할 수 있다고, 초월은 "저 바깥"에서가 아니라 오직 삶을 더 깊이 탐험함으로써만 발견될 수 있다고 그는 가르쳤다. 그러나 바로 이 사상이 젊은 니체를 에머슨에게로 끌어당겼다. 구원에 이르는 전통적인 종교적 길들은 19세기 초반에 끊겼다. 성서를 신의 말씀이 아니라 역사적 문서로 보는 성서 연구의 한 형태인 독일 "고등 비평higher criticism"은 교회의 영적·실존적 권위를 약화시켰다. 니체 당대의 자본주의는 본격적으로 활보하며 십자가를 달러 기호로 대체하고 있었으며, 근대 과학은 19세기 중반 다윈의 발견들이 대표적으로 보여주듯이 종교적 신앙을 더욱 침식할 따름이었다. 여전히 신앙을, 그리고 심오하며 거의 신성한 의미를 경험하는 순간들을 가질 수 있었지만, 반드시 손에 잡히고 눈에 보이는 실존의 흐름 안에서 가져야 했다.

니체가 태어난 해인 1844년에 출판된 에세이 《경험Experience》에서 에머슨은 이렇게 썼다. "그 누구도 한껏 만족스러운 경험에 이른 적이 없다. 그러나 좋음은 더 나은 것의 기별이다. 전진 또 전진! 해방의 순간에 우리는 새로운 삶의 그림이 … 이미 가능함을 안다." 이것은 가장 희망이 넘칠 때의 에머슨이지만, 니체는 에머슨풍의 쾌활함은 경험을 제대로 겪는 법을 배우라고 요구한다는 것을 이해했다. 에머슨에게 자기극복은 기쁨과 슬픔이 공존하는 여름의 순간에, 이미 낮의 절반이 지나 날이 저물고 있음을 깨닫는 한낮의 순간에 실현되었다. 삼십대 후반에 첫 부인을 결핵으로 잃은 이 미국인은 개인적 비극을 모르는 사람이 아니었고, 프리츠가 자신의 개인적 비극을 극복하고 견뎌내는 데 도움이 되곤 했다. 에머슨은 더 유명한 에세이 《자기신뢰Self-Reliance》와 더불어 1841년에 출판한 에세이 《보상Compensation》에서 이렇게 장담했다. "우리가 굴복하지 않는 모든 악은 후원자다." 니체는 평생의 대부분을 이 메시지를 내면화하려 애쓰며 거듭 변주했다. 가장 잘 알려진 변주는《우상의 황혼》에 나오는 다음과 같은 문장이다. "나를 죽이지 못하는 것은 나를 더 강하게 만든다."

나는 니체가 이 문장을, 그리고 그 책의 나머지 부분을 질스-마리아에서 정신이 온전치 않은 상태로 썼음을 알고 있었다. 슈플뤼겐을 둘러본 다음에 나는 질스-마리아로 향할 것이었다. 어쩌면 걸어갈 수도 있었다. 나는 운동화와 샌들을 챙길 것이었다. 거리가 40킬로미터 이상일 수도 있으니까.

길과 철도는 두 지점을 가능한 최단거리로 연결할 성싶지만, 산악지대의 길들은 언덕과 절벽을 우회하느라 구부러지고 또 구부러진다. 정말로 곧은 길은 산을 관통하는 터널 안에만 있다. 나는 열차 창밖을 내려다보았다. 우리는 슈플뤼겐에 접근하는 중이었고, 열차는 그 지역의 중심도시 쿠어Chur에서 정차했다. 도로가 하나 있었고, 나는 니체가 그 도로를 걸어서 여행했다고 상상했다. 화강암 지반를 깎아서 낸 좁은 자갈길일 따름이었지만 아주 인상적이었다. 그리고 위태로웠다. 폭이 1미터 남짓인 갓길의 가장자리에 가드레일이 있었고, 그 너머는 깎아지른 절벽이었다. 높이가 300미터도 넘는 듯했다. 가드레일은 최근에 생긴 시설이었다. 니체는 허공의 경계에 발을 딛기 위해 산을 찾았던 것이다.

열차는 고도가 높은 골짜기에 진입했다. 뉴잉글랜드 지역에 있는 대부분의 산보다 더 높은 골짜기였다. 나는 처음으로 알프스의 장엄함을 인정하게 되었다. 니체 풍 비극의 아름다움을 풍경으로 요약할 수 있다면, 여기에 그 풍경이 있었다. 예스럽고 가지런한 스위스 마을들이 점처럼 흩어져있는 넓고 푸른 골짜기 바닥이 완만하게 상승하다가 이내 가파르게 치솟아 암벽과 빙벽으로 이어지고 구름과 맞닿았다. 극단들이 모여 완벽한 조화를 이뤘다.

니체는 쿠어에 잠시 머무는 동안에 이렇게 전했다. "나는 이 지역의 길들을 쉽게 오릅니다. 내 앞의 모든 것은 휴식 중이고, 내 뒤로는 끊임없이 변화하며 점점 더 확장되는 멋진 풍경이 있죠." 슈플뤼겐으로 가는 열차를 기다리며 주위를 둘러보면서 나는 니체에게 등산이 그렇게 쉬웠을 리 없다고 생각했다. 이런 도보여행은 그리 합리적이지 않다. 특히 점점 더 고통 없이 이동하는 수단을 개발하는 것에 자부심을 느끼는 문화에서 도보여행은 어쩌면 무의미하다. 니체는 그런 문화를 **퇴폐적**decadent이라고 칭했다. 영어 'decadent'는 "떨어지다"를 뜻하는 라틴어 'decadere'에서 유래했다. 궤도에서 이탈하는 것도 일종의 떨어짐이다.

니체와 에머슨에 따르면 근대성은 삶의 리듬으로부터 이탈했다. 근대성은 과거에 인간 실존에 생기를 불어넣던 기본 충동들과 어울리지 않았다. 동물들은 자연적으로 놀고 경주하고 올라가기를, 에너지를 소모하고 힘을 향유하기를 사랑한다. 그러나 우리 근대인은 문명화되고 경건해지려 애쓰면서 우리 안의 동물을 죽이거나 가뒀다. 기독교와 자본주의의 도움으로 인간 동물들은 부드러워지는 것을 허락

받았다. "일하러 가는 것"이 자유의지를 발휘하는 기쁨을 위해서인 경우는 드물었다. 오히려 그것은 미래의 월급을 위해서였다. 삶은 이제 열정적으로 살아지는 것이 아니라 단지 연기될 따름이었다.

니체가 산으로 달아난 것은 여러 이유에서였다. 그는 아팠다. 메스꺼움, 두통, 그의 말년을 괴롭힌 눈병에 시달렸다. 또한 글을 쓰기 위한 시간이 더 필요했다. 그는 새로운 경험들, 더 깊고 더 높은 경험들을 찾아다녔다. 그러나 바젤에서 그는 더 이상 전적으로 환영받는 인물이 아니었다. 1872년에 출판된《비극의 탄생》은 문헌학계에서 문헌주의자와 실존주의자 사이에 균열이 생겨나게 만들었다. 문헌주의자에 따르면, 언어의 기원을 연구하는 것은 "올바른 이해"를 위해서였다. 단어의 의미를 과거에 고대인들이 이해한 대로 파악하기 위하여 해석의 한계선을 긋는 것이 연구의 목적이었다. 니체와 소수의 실존주의적 문헌학자들에 따르면, 그런 식의 지적 시간여행은 시대착오적일뿐더러 불가능했다. "문헌학자의 임무는 고전 세계를 수단으로 삼아 자기 자신의 시대를 더 잘 이해하는 것"이었다. 역사 연구의 목적은 현재의 경험을 풍부하게 만드는 것이었다. 이 주장은《우리 문헌학자Wir Philologen》라는 니체의 미완성 에세이에 쓰여 있다. 이 에세이가 미완성으로 남은 것은 적어도 부분적으로 이미《비극의 탄생》을 둘러싸고 달아오른 논쟁 때문이었다. 그 작품이 출판되었을 때, 니체의 오랜 스승이자 문헌주의 전통의 대표자였던 프리드리히 리츨Friedrich Ritschl은 자신의 가장 유망한 제자를 공격했다.

리츨에 따르면, 니체에게는 양면이 있었다. 가장 난해하고 혼란스러운 희랍어 문헌을 이해할 수 있는 뛰어나고 엄격한 학자의 면모가 있는가 하면, "이해할 수 없는 지경까지 치닫는 … 몽상적이고 과장되며 지나치게 영리한" 광인의 면모도 있었다. 니체의 디오니소스적 정신은 바젤의 고루한 지식 엘리트 사회에서 그를 친구가 거의 없는 외톨이로 만들었다. 《비극의 탄생》에 대한 서평들 — 한 서평의 저자는 니체의 가장 가까운 친구 중 하나였다 — 은 잔인했다. 니체의 유명한 스승들 중 한 명의 말을 빌리면 "말 그대로 무엇이든지 할 수 있는" 유망한 젊은 학자 니체는 갑자기 학계의 따돌림을 당했다. 그리하여 1872년 가을, 니체는 슈플뤼겐으로 떠났다. 그것은 몇 년 뒤에 그가 진지하게 받아들이게 될 산 생활의 실험이었다. 니체는 어머니에게 이렇게 썼다. "슈플뤼겐에 접근하는 동안 나는 여기에 머물고 싶은 욕망에 압도되었습니다 … 이 높은 알프스 골짜기는 … 정확히 내가 원하는 곳입니다. 순수하고 강한 바람이 있고, 온갖 모양의 언덕과 바위가 있고, 모든 것을 둘러싼 웅장한 설산들이 있습니다. 하지만 나를 가장 기쁘게 하는 것은 내가 몇 시간 동안 걷는 멋진 산길들입니다." 슈플뤼겐에 도착한 니체는 도시 외곽의 작은 게스트하우스에 짐을 풀었다. 바젤에서 그가 유명인이며 또한 왕따였다면, 여기에서 그는 낯선 사람이었다. 마을 주민들은 그를 낯선 사람으로 대했다. 니체는 어머니에게 자신이 익명성의 자유를 누린다고 썼다. "내가 힘을 얻고 신선한 에너지로 일하고 동반자 없이 살 수 있는 장소를 이제 나는 압니다. 이곳에서 인간은 유령 같습니다."

나는 다섯 시간 동안 달려온 열차에서 내리며 니체의 말에 동의할 수밖에 없었다. 이 지역의 고독은 인간 실존의 덧없음과 뚜렷이 대비되었다. 사람들은 슬며시 열차에서 내려 산자락에 자리잡은 각자의 작은 집으로 향했다. 역에 홀로 남은 나는 옅은 공기 속에서 힘겹게 호흡하며 오늘 밤을 어디에서 보낼지 고민했다. 하지만 이제 고작 세 시였고, 산이 나를 향해 손짓했다. 샌들을 신고 14킬로그램짜리 배낭을 멘 채로 나는 생애 첫 알프스 등산에 나섰다.

나는 슈플뤼겐 중심부에서 산으로 이어진, 짐을 진 노새들이 다니던 오래된 길을 따라갔다. 작고 소박한 안내판들이 50킬로미터 떨어진 이탈리아 국경의 마을 이솔라Isola로 가는 길을 알려주었다. 나는 잠깐만 걷다가 어둠이 내리기 전에 돌아올 생각이었다. 걷기는 삶을 가장 긍정하는 인간의 활동 중 하나다. 걷기는 우리가 공간을 조직하고 더 큰 세계를 향하는 방식이다. 걷기는 반복 — 한 발을 다른 발 앞에 놓기 — 이 실제로 유의미한 진보를 이뤄낼 수 있음을 생생하게 증명한다. 부모가 자식의 첫걸음을 감격하며 반기는 것은 우연이 아니다. 그 첫걸음은 자식의 독립성을 일깨우는 최초의, 그리고 어쩌면 가장 위대한 상징이다.

길은 비교적 완만하고 때로는 자갈까지 깔려있어서 나는 빠르게 나아갔다. 걷기는 실용적으로 유익할뿐더러 건강에도 좋다. 그뿐만 아니라 니체 같은 사상가나 예술가들에게 걷기는 철학적 사유나 창작과 밀접한 관련이 있다. '생각을 유랑하게 하라.' '스스로 땅을 딛고 생각하라.' '결론을 향해 나아가라.' 같은 표현들은 단순한 수사법이 아니라 오직 이동할 때만 성취할 수 있는 정신적 개방성을 반영한다. 18세기 철학자 장-자크 루소는 이렇게 고백했다. "나는 오로지 걸을 때만 연구한다. 시골길은 나의 연구실이다." 철학사는 대체로 이동 중에 떠오른 생각의 역사다. 당연히 많은 철학자들은 글을 쓰기 위해 멈췄다. 그러나 그 멈춤은 기껏해야 휴식이었으며 지나온 길에 희미한 표시를 남기는 한 방식이었다. 부처, 소크라테스, 아리스토텔레스, 스토아주의자들, 예수, 칸트, 루소, 소로. 이 사상가들은 오랫동안 한 곳에 머무른 적이 없다. 그리고 이들 중에서도 정말로 걷기에 빠져든 몇몇은 거닐기가 결국 무언가 다른 것, 곧 진정한 도보여행으로 이어질 수 있음을 깨달았다. 바로 이것이 니체가 알프스에서 이뤄낸 발견이다.

서른 살 때 니체는 여전히 강했다. 너끈히 상승을 꿈꿀 수 있었다. "이제껏 어떤 사상가가 오른 높이에도 뒤지지 않게 오르기. 깨끗한 얼음장 같은 알프스의 공기 속으로, 사물을 가릴 안개가 올라올 수 없는 곳으로, 사물들의 보편적 본성이 거칠고도 정교한 방식으로 그러나 가장 이해하기 쉽게 드러나는 곳으로 오르기!" 거의 모든 일과 달리 도보여행은 곧바로 보상이 돌아오는 일이다. 도보여행의 불편한 구석들은 흔히 가장 유익한 점들이다. 넓적다리와 종아리의 근육에 젖산이 쌓이면서 묵직한 통증이 느껴지면, 당신은 살이, **당신의** 살이 여전히 살아있음을 서서히 깨닫는다. 그 통증에 대한 당신의 통제력은 기이하게도 긍정적이다. 다음 오르막까지, 다음 바위 턱까지 갈 수 있는가? 삶은 흔히 고통스럽거나 따분하지만, 도보여행자는 최소한 자신이 겪을 고통의 방식을 결정하게 된다.

이솔라를 향해 6킬로미터쯤 "도보여행"을 했을 때, 땀에 젖은 샌들이 벗겨지면서 뒤로 넘어져 발뒤꿈치의 피부가 크게 찢어졌다. 절뚝거리며 슈플뤼겐으로 돌아온 나는 외곽의 어느 헛간에 몰래 들어가 휴대용 매트를 펴고 잠자리를 마련했다. 날이 밝으면 우선 상처를 치료하고 나서 《안티크리스트》를 향한 순례를 재개해야 할 것이었다.

니체를 떠올리며 나 자신을 위로했다. 니체에게 관건은 고통을 피하거나 심지어 물리치는 것이 아니었다. 선대의 수많은 철학자들과 마찬가지로 니체는 고통이 인간 실존의 근본 사실임을 깨달았다. 그러나 고통에 대한 금욕주의적 반응은 고통을 삶의 불평거리로 이해하는 것이었다. 나의 과제 — 니체가 던져준 과제 — 는 삶을, 삶의 모든 고통과 함께 끌어안는 것이었다. 니체가 철학자 경력의 맨 마지막에 "사람들은 나를 이해했을까? 십자가에 못 박힌 자와 맞선 디오니소스"라고 썼을 때, 그의 취지는 고통은 우리의 경험에서처럼 삶을 반박하지 않는다는 것이었다. 우리는 행복을 환영하고 끌어안는 것과 똑같이 고통을 환영하고 끌어안아야 한다는 것이었다. 실제로 니체는 행복이란 기껏해야 부차적인 목표라는 식의 말을 자주 했다. 《차라투스트라는 이렇게 말했다》에서 니체가 지어낸 가장 유명한 인물인 차라투스트라는 산속에서 일생을 보낸 뒤에 이렇게 결론짓는다. "행복? 왜 내가 행복을 추구해야 하지? 나는 나의 일을 추구해."

나는 슈플뤼겐 주위의 산악지역에서 2주를 보내며 움직이기의 즐거움과 가만히 있기의 불쾌함에 친숙해졌다. 찬란한 날들은 쏜살같이 지나갔다. 그리고 밤들은 영원히 지속되었다. 지루함, 뻐근함, 햇볕으로 인한 화상. 걷기를 멈추자마자 온갖 것이 나를 따라잡았다. 나는 완전히 소진되어야 했으나 그렇게 되지 않았다. 내가 바라는 것은 태양이 떠올라 다시 출발할 수 있게 되는 것이 전부였다. 《우상의 황혼》에서 니체는 독자들에게 이렇게 알려준다. "정말로 위대한 모든 사상은 걷는 중에 잉태된다." 어린 철학도였던 나에게 떠오른 간단한 비슷한 문장은 이러했다. '많이 걸을수록 더 좋다.' 알프스를 가로지르는 가파른 등산로 대부분은 실은 전혀 길이 아니다. 땅에 찍힌 발자국들과 밀려난 돌들이 가녀린 속삭임으로 방향을 알려줄 따름이다. 여기에서 걷기의 숨은 본질을 깨달을 수 있다. 어디로 갈 것인지, 어떻게 거기에 도달할 것인지가 온전히 당신에게 달려있다는 것을 말이다. 에머슨은 강연문《지성의 자연사Natural History of the Intellect》에서 이렇게 썼다. "자신의 길을 걷는 영혼은 굳건하게 걷는다. 그 길을 보지 못하는 다른 모든 영혼들이 깜짝 놀랄 정도로." 여기에 섬뜩한 자유가 있다. 그리고 내가 깨달았듯이, 자신의 길을 가는 것은 어려운 일이다. 그러나 일단 도보여행을 시작하고 나면, 어딘가에서 영원히 멈추기는 극도로 어렵다.

돌이켜보며 하는 말이지만, 나는 산 앞에서 더 큰 두려움을 느껴야 했을 것이다. 그러나 정반대로 나는 슈플뤼겐 주변을 며칠 돌아다닌 뒤에 산을 정복하려 했다. 니체가《차라투스트라는 이렇게 말했다》를 쓴, 까마귀가 날아다니는 작은 마을 질스-마리아까지는 겨우 50킬로미터에 불과했다. 그러나 까마귀들은 슈플뤼겐과 질스-마리아를 직선으로 오가지 않는다. 오버할프슈타인Oberhalbstein 알프스(스위스 동부, 이탈리아 북부의 알프스 지역 — 옮긴이)의 최고봉인 플라타 봉Piz Platta을 돌아간다. 높이가 3392미터에 달하는 그 산은 청명한 날에는 300킬로미터 떨어진 비행기 안에서도 보인다. 그러나 알프스 지역에 발을 들이면, 정말로 괴물 같은 봉우리들은 그저 장엄할 뿐인 봉우리들에 가려진다. 나는 간편한 외투, 헤드램프, 지팡이를 샀다. 그 정도면 플라타 봉에 오르기에 충분하고도 남는다고 생각했다. 단지 만전을 기하기 위해서 옳은 — 최단거리로 산을 넘는 — 방향으로 나를 안내할 나침반과 지도도 샀다. 약간 추울 것에 대비해서 침낭도 하나 구입했다. 그러고는 곧장 플라타를 향하여 열다섯 시간 동안 걷고 휘청거리고 기어올랐다. 곧장 어둠을 향하여.

나는 오지에서 야영해본 경험이 전혀 없었다. 해는 봉우리들 너머 서쪽으로 졌고, 기온이 떨어졌다. 밤은 약간 추운 정도가 아니리라는 것을 나는 벌써 알아챘다. 젠장, 그 노새 길에 머무를걸! 걸음을 재촉하면서 나는 대피소처럼 보이는 곳이라도 찾으려 애썼다. 그러나 수목한계선보다 훨씬 높은 알프스 지역에는 대피소가 참담할 정도로 드물다. 결국 나는 화강암이 우묵하게 팬 곳 — 거기를 "동굴"이라고 부르는 것은 과장이다 — 을 발견하고 잠자리를 폈다. 어둠이 깔렸다. 나는 성냥을 가져왔지만 걷는 동안에 땔감을 모으는 것을 깜빡했다.

침착하자. 두려워할 것은 전혀 없다. 아침에 지름길로 접어든 뒤로 나는 어떤 사람도 보지 못했다. 그러니까 아무도 나를 구조하지 못하겠지만, 또한 아무도 나를 죽이지 못할 것이다. 더구나 스위스인은 살인을 즐기지 않는다. 두려워할 것은 아무것도 없었다. 유일한 생명의 흔적은 가끔 나타나는 마못과 멀리 아래쪽에서 가끔 들려오는 워낭 소리가 전부였다. 알프스에 사는 스라소니는 100마리쯤 될 테고, 계곡의 양들은 그놈들의 배를 불리고도 남을 만큼 많을 것이다. 늑대와 곰은 벌써 몇십 년 전에 사라졌다고 나는 생각했다. 두려워할 것은 아무것도 없었다. 별 몇 개가 한동안 나와 벗하다가 산을 덮은 구름 너머로 사라졌다. 마침내 나는 — 자주 짐작했던 대로 — 완벽하게 외톨이였다.

거기에 그것이 있었다. 철저한 암흑, 내가 두려워하는 "무無"가 있었다. 니체에 따르면, 태초에 인간은 "섬뜩한 공허에 둘러싸여 있었다. 인간은 자기를 어떻게 정당화하고 설명하고 긍정할지 몰랐다. 인간은 자신의 의미를 묻는 문제에 시달렸다." 나는 헤드램프를 켜고 출력을 최대로 높여 어둠 속을 비췄다. 빛다발이 뻗어나가며 흩어지고 사라졌다. 《비도덕적 의미에서의 진실과 거짓에 관하여Über Wahrheit und Lüge im aussermoralischen Sinne》에서 니체는 이렇게 말한다. "옛날 옛적에 우주의 어느 외진 곳에 … 별 하나가 있었고, 거기에서 영리한 짐승들이 앎을 발명했다 … 자연이 숨을 몇 번 쉬고 나자 그 별은 차갑게 얼어붙었고 그 영리한 짐승들은 죽을 수밖에 없었다." 한껏 열심히 일하고 한껏 밝게 타오른 뒤에 예고도 설명도 없이 꺼지기. 이것이 니체가 알프스로 향할 당시에 그의 머릿속에 맴돌던 생각이었다.

나는 침낭 속으로 파고들었지만, 바람이 불면 얼굴과 귀가 아렸다. 아침이 되었을 때, 나는 여전히 깨어있었다. 어떻게 슈플뤼겐으로 돌아왔는지는 거의 기억나지 않지만 그 귀환에 꼬박 이틀이 걸렸다는 것은 안다. 동상과 햇볕 화상 때문에 귓바퀴에 흉터가 남았다. 아주 최근까지도 그 흉터는 내가 그 무모한 산행을 실제로 감행했다는 유일한 증거였다.

그 밤 이후 나는 무엇에도 겁먹지 않았으며 깊이와 높이를 열망했다. 일주일 뒤에 나는 슈플리겐을 떠나 걷거나 차를 얻어 타면서, — 직선거리 50킬로미터가 아니라 — 80킬로미터를 이동하여 질스-마리아의 니체하우스Nietzsche-Haus에서 여장을 풀었다. 니체하우스는 니체가 1880년대에 여름을 보낸 하숙집이다. 그 건물은 산자락의 늙은 전나무들이 이룬 무성한 숲속에 있다. 니체의 《차라투스트라는 이렇게 말했다》는 어느 산사람에 관한 이야기다. 이야기를 들려주는 화자는 이렇게 설명한다. "서른 살에 이르자 차라투스트라는 집과 고향의 호수를 떠나 산으로 들어갔다." 그러나 이 문장을 쓴 시기에 니체는 절대적 고립의 위험에 유혹을 느껴 거의 넘어간 상태였다. 차라투스트라는 틀림없는 은둔자지만 또한 남몰래 관계를 열망한다. 이야기가 펼쳐지면서 그는 산 위 동굴의 야생적 고독과 산 아래 도시의 질서정연한 삶 사이를 오간다. 관건은 영구적인 탈출이 아니라 산 아래 도시의 동료들 사이에서 살아있기 위하여 봉우리의 신선한 공기를 마시는 것이었다. 물론 쉬운 일은 아니었다. 그것은 사회의 한가운데에서 개성을 보존하는 일, 타인들과 상호작용하면서 집단에 빨려들지 않는 일이었으니까 말이다. 당연한 말이지만 열아홉 살의 나는 그런 엄청난 일을 어떻게 해낼지 전혀 몰랐다. 그리하여 차라리 고독과 공허를 선택했다.

오늘날 니체하우스의 1층은 박물관이다. 현대 미술과 니체에 관한 물품들이 함께 전시된다. 니체의 데스마스크 원본, 사진들, 그 집에 머물 때 쓴 편지들을 볼 수 있다. 박물관 위층에는 침실이 세 개 있는데, 영감을 얻으려고 질스-마리아를 찾은 학자와 예술가들이 세낼 수 있다. 내가 도착했을 때는 게르하르트 리히터Gerhard Richter의 회화와 니체에 관한 작은 학술연구회가 끝나고 참석자들이 떠난 뒤여서 나는 방을 선택할 수 있었다. 당연히 니체의 방과 가장 가까운 방을 선택했다. 벽의 판재가 그대로 노출되어 있는, 일인용 침대 하나, 책상 하나, 외로운 탁상용 스탠드 하나가 놓인 침실이었다. 해질녘이 되자 그 스탠드 등만 빼고 집 전체가 서서히 어두워졌다. 초저녁이면 나는 니체하우스 박물관에서 여전히 벽에 걸려 있는 리히터의 작품들을 관람하며 시간을 보냈다. 희미한 두개골 사진 위에 물감이 마구 뿌린 듯이 얼룩져있었다. "위대하고 불가능한 것을 추구하면서 파멸하라." 이 문장이 그림들을 따라다니는 듯했다. 리히터는 니체의 뒤를 이어 자기 고향에서 멀리 떨어진 질스-마리아를 고향으로 삼았다. 그리고 이것이 그가 발견한 바다.

31일이 팽창하기도 하고 수축하기도 하면서 지나가버렸다. 나는 곡기와 잠을 끊었다. 머리는 덥수룩해지고 바지는 헐렁해졌다. 한 번은 어머니에게 전화를 건 적 있다. 어머니는 내가 "약간 이상하다"고 했는데, "완전히 미쳤다"를 칼뱅주의 기독교도식으로 말하는 것이었다. 완전히 틀린 말은 아니었다. 니체와 함께 살면 그런 영향이 있을 수 있다. 몸을 굶기거나 혹사시키면, 몸은 결국 죽을 테지만, 그전에 생명을 부지하기 위한 마지막 노력으로 아드레날린 샘들에서 최후의 초인적 에너지를 분출한다. 질스-마리아에서 보낸 마지막 주에 나는 니체의 단언, "나는 인간이 아니다. 다이너마이트다!"를 이해하는 데 과거 어느 때보다 더 가까이 접근했다. 매일 저녁, 환히 깨어있는 채로, 이제 배고픔조차 느끼지 못하는 상태로 나는 책상으로, 나의 《차라투스트라》 앞으로 돌아왔다. 동이 트기 시작하면, 니체하우스 뒤편의 산길을 걸으며 차라투스트라를 체화하기 위해 전력을 다하곤 했다.

이 철학적 시의 한 대목에서 차라투스트라는 삶에게 이렇게 묻는다. "Ich bin der Jäger: willst du mein Hund, oder meine Gemse sein?" "난 사냥꾼이다. 넌 나의 개가 될 테냐 아니면 산양이 될 테냐?" 나는 끝내 이 질문에 대답할 수 없었다. 이 질문 속의 '산양Gemse'은 영어권에서 흔히 "사냥감"으로 번역되지만 원문에 더 충실한 번역어는 "샤무아chamois"다. 샤무아는 좀처럼 눈에 띄지 않는 기이한 산양인데, 나는 샤무아들이 질스-마리아 위의 고지대에 여전히 살면서 수목한계선 위쪽의 거의 없다고 할 만큼 드문 풀로 버텨내고 있다고 상상했다. 그 산양들은 강하고 외롭고 확고했다. 1888년 가을 니체가 마지막으로 질스-마리아에 들렀을 때, 숙소의 주인은 어스름한 산에서 샤무아를 사냥하기 위해 새벽이 밝기 전에 출발하면서 니체를 깨웠다. 당시 가장 어둡고 수수께끼 같은 작품 중 하나인《우상의 황혼》을 구상중이던 니체는 훗날 이렇게 말했다. "누가 알겠는가! 어쩌면 나도 바깥에서 샤무아를 사냥하고 있었을 것이다."

나는 최선을 다해 사냥을 이어나가며 그리스 신화의 판Pan을 닮은 생물을 찾아 부질없이 돌아다녔다. 밤에는 책을 읽고, 낮에는 절벽들을 향해 휘청거리며 나아갔다. 나의 절반을 끌어당기는 것은 반짝이는 봉우리들, 주변 능선을 우아하게 물들이는 햇빛의 반사광이었지만, 그런 날이 거듭되면서 나는 오로지 산에서만 느낄 수 있는 깊이의 매혹을 처음엔 희미하게, 나중엔 점점 더 강하게 느끼기 시작했다. 가장 극적인 몇몇 봉우리는 삶의 협곡과 틈을 들여다보기에 가장 좋은 장소라는 것을 나는 알게 되었다. 니체의 — 활기차고 생산적인 — 삶을 탐구하는 일은 그 삶에서 벗어나기를 거듭 욕망하는 니체와 마주하는 일이기도 하다. 그는 늘 죽음의 유혹에 직면한 채로 살았다. 《우상의 황혼》에서 니체는 이렇게 말한다. "우리의 출생을 막는 것은 우리의 능력 바깥이지만, 우리는 그 오류를 바로잡을 수 있다 … 자기를 없애는 사람은 가장 존경할 만한 행위를 하는 것이다." 아닌 게 아니라 자살에는, 시간의 덧없음을 통제하는 그 행위에는 존경할 만한 면이 있다. 나는 모르는 사이에 사라지는 것이 소스라치게 두려웠다. 내가 알기도 전에 떠나는 것에 공포를 느꼈다.

단식은 삶을 통제하는 행위, 삶의 목줄을 바투 당겨 잡는 행위, 미리 숙고한 대로 정확하고 느리게 자기를 없애는 행위다. 길게 늘어진 자살이다. 스무 살 생일을 한 달 앞둔 8월의 어느 기나긴 낮에 나는 나의 단식이 너무 오래 이어진다고 판단했다. 니체의 여름 거처 뒤편의 바위 사이에서 계획을 짰다. 단식의 강도를 높일 수도 있겠지만, 그때 이미 자각했듯이 그러면 예상 밖의 일들이 일어날 터였다. 나는 의식을 잃을 테고, 어느 선한 사마리아인들이 나를 병원으로 옮길 테고, 거기에서 다른 선한 사마리아인들이 나를 정맥주사 수액으로 채운 뒤에 퇴원시키면서 "마음을 편안하게 가지세요." 따위의 사려 깊은 조언을 건넬 것이었다. 알약을 삼키는 편이 더 효과적일 터였지만 나는 어떤 알약도 가지고 있지 않았다. 미국 청소년이 스위스에서 총을 사는 것은 가능한 선택지가 아니었다. 칼로 손목을 긋는 것은 자기 탐닉적이고 멜로드라마 같았다. 정말 청소년이나 할 법한. 니체하우스 1층 벽장에서 나일론 밧줄을 본 적이 있었다. 어쩌면 휘발유와 성냥도 본 듯했다. 이 모든 것이 엄청나게 진부했지만 말로만 하는 것 이상이기도 했다.

놀랄 만큼 많은 사람들이 자살 시도에서 가장 두려워하는 것은 실패다. 삶에는 실패가 더 바람직한 듯하지만 자살 시도는 어렵고 위험이 매우 높다. 코르바치 정상에서 나는 아마도 충분히 깊은 크레바스를 보았지만 그 "아마도"가 나를 계속 고민하게 만들었다. 니체도 알프스에 체류하던 때에 이런 유형의 무無를 숙고했다.《차라투스트라》에 썼듯이 그는 사람이 얼마나 강한지 평가할 때 금지된 가능성을 정면으로 마주하는 의지를 잣대로 삼았다. "독수리의 눈으로 심연을 바라보는 자, 독수리의 발톱으로 심연을 움켜쥐는 자, 그는 용감하다." 이것은 니체의 말이 아니라 차라투스트라의 말이다. 희망차고 힘이 넘치는 말. 이 위험들 앞에서 니체는 한결같이 더 취약하고 더 인간적이곤 했다. 신약 성서에서 깊은 구렁은 괴물과 악령이 사는 곳으로 묘사된다. 반면에 13세기 무렵 기독교 신비주의는 심연을 숭고한 신의 신비로 여기기 시작했다. 심연에 있는 것이 무엇이든 — 악령이든 신이든 —, 그것이 당신을 기다리고 있다. "네가 오랫동안 심연을 들여다보면, 심연도 너를 들여다볼 것이다."라고 니체는 힘주어 말한다.

코르바치에서 본 크레바스는 폭이 1.8미터 정도로 좁았다. 바닥까지의 깊이는 80미터쯤 될 것이었다. 그곳에서 보낸 마지막 며칠 동안 나는 야외에서 잤다. 빙하가 발 펙스Val Fex 계곡에 만들어놓은 평야 위의 한 거대한 바위 곁이 나의 잠자리였다. 그리고 나의 심연을 자주 찾아가 가장자리에서 돌을 던지며 깊이의 소리를 듣고, 돌이 바닥에 부딪힐 때까지 걸리는 시간을 헤아리며 심연의 깊이를 정확히 계산하려 애썼다. 30미터? 60미터? 끝내 정확히 알아내지 못했다. 머리부터 떨어진다면 성공할 것이었다. 아니면 척추가 부러져 다시는 걷지 못하게 될 것이었다. 성공할 가망이 더 높았다. 그러나 나의 의도와 달리 천천히 피를 흘리며 죽어갈 것이었다. 자초한 고통도 문제였지만 망친 시도로 죽음에 이르는 것은 목적에 반하는 것 같았다. 그래서 나는 기다렸다. 그러나 아침에 깨어날 때마다 생각은 늘 제자리에 머물러 있었다.

분명히, 어쩌면 다행스럽게도 나는 겁쟁이였다. 겁을 먹고 꽁무니를 뺀 것이었다. 질스-마리아에서의 마지막 저녁이 될 거라고 생각한 날에 나는 허물어져 단식을 풀었다. 니체하우스 뒤쪽의 작은 언덕을 올라 어느 거대한 호텔에 갔는데 지금도 나는 그 호텔을 내가 들어가 본 가장 웅장한 건물 중 하나로 느낀다. 나에게는 스파르타식 생활로 아껴 쓰고 남은 600달러 가량의 거액이 있었는데 그중 절반 이상을 성대한 저녁 식사에 지불했다. 6단계 코스 요리였는데, 각 단계에서 나오는 요리는 조막만큼이었다. 그러나 세 시간 동안 코스가 다 나오니 수많은 요리가 테이블에 쌓였다. 끊임없이 나타나 나의 죄책감과 낭패감을 마비시킨 작은 포도주 잔들도 마찬가지였다. 그날 밤에 나는 용케 넘어지거나 토하지 않고 그 웅장한 호텔에서 나왔다. 어떻게 나왔는지는 정확히 모르겠다. 그리고 니체하우스로 돌아와 이제 따스하고 반갑게 느껴지는 나만의 공간에 기어들어 마침내 제대로 잤다. 자고 또 잤다. 깨어나 보니 거의 정오였다. 토리노행 버스를 놓쳤지만 어떤 면에서는 후련했다. 차라투스트라도 이렇게 말하지 않았던가. "나는 동반자가 필요해. 살아있는 동반자들이. 내가 어디로든 운반할 수 있는 죽은 동반자나 시체들은 안 돼. 자기 자신을 따르고자 하기 때문에 나를 따라 내가 가고자 하는 곳으로 가는 동반자들이 필요해." 어쩌면 나는 다음번에 토리노에 갈 것이었다. 그리고 다음에는 홀로 오지 않을 것이었다.

영원한 동반자들

어른으로 성숙했다는 것은 어릴 적 놀이할 때 품었던 진지함을 되찾았다는 것이다.
프리드리히 니체, 《선악을 넘어서》, 1886

"아빠, 귀가 어떻게 된 거야?"

17년 후, 나는 세 살배기 딸을 씻기고 마무리하는 중이었다. 최근 들어 아이는 멍, 긁힌 자국, 흉터 — 옛 상처의 유물 — 에 관심이 많아졌다. 내 귀의 흉터는 옅어지긴 했지만 분명 완전히 없어지진 않았다. 아이의 젖은 두 손이 내 목을 잡고 내 얼굴을 제 눈높이로 끌어내렸다. 아이의 입과 내 뺨 사이의 거리는 2센티미터에 불과했다. 그렇게 가까운 입에서 나오는 질문을 회피하기는 불가능하다. 베카는 천천히, 신중하게 다시 물었다. "아빠, 어떻게 된 거야?"

이제껏 아무도 묻지 않았고 온갖 이유로 나는 그 일을 한 번도 언급하지 않았다. 《차라투스트라》에서 니체가 하는 설명에 따르면 아이는 "신성한 예sacred Yes"를 발설한다. 어른의 제약된 삶에서 그 발설이 허용되는 순간은 드물다. 아이에게 금지된 질문 같은 건 없다. 그러므로 나는 최대한 정직하고 신속하게 대답했다. 아빠가 스위스라는 곳으로 도보여행을 갔었다. 산 위에서 하룻밤을 잤는데, 귀가 엄청, 엄청 시렸다. 당연히 아이는 왜 아빠가 담요나 방한모를 가져가지 않았는지 알고 싶었다. 내가 설명하려는 순간, 베카의 엄마 캐럴이 욕실로 머리를 들이밀어 내가 우리 아기에게 영구적인 흉터를 남기는 것을 면하게 해주었다. "아빠가 재미난 얘기를 하네." 캐럴이 말했다. "다른 얘기도 한번 들어볼까?" 나는 베카를 수건으로 감싸 안고 아기 방으로 향했다. 하지만 복도에서 길을 비켜주며 캐럴은 내가 숱하게 회피해온 기억으로 복귀할 기회를 허용했다. 그녀가 속삭였다. "그 여행 얘기지? 우리 다시 가야 해."

나는 동반자들을 만났고 마침내 아버지가 되었다. 많은 철학자들에게 그렇듯이 몹시 힘든 여정이었다. 10년 동안 이어진 관계가 이혼으로 끝났고, 나의 가족과 친구 대다수가 볼썽사납고 갑작스럽다고 여긴 재혼 후 우여곡절 끝에 매사추세츠 종합병원(하버드 의과대학 병원 — 옮긴이) 분만실에서 작고 무력하고 낯선 아기와 만났다. 아기는 우리의 가장 친밀한 동반자가 되었다. 다시 아기 방으로 돌아가자. 그리고 나를 자식 없는 니체에게로 다시 이끈 선택에 대해서 이야기하자.

캐럴의 제안으로 나는 그해 봄에 니체에 관한 세미나를 지도하며

나와 학생들을 니체의 글 속에 파묻었다. 니체의 책들을 읽는 것은 몇 년 만이었다. 동료들은 내가 그 강좌를 맡으려 하는 것에 놀랐다. 그러나 내가 정말로 원한 것은 알프스에서 보내는 여름이 어떤 의미일 수 있을지 숙고하는 것이었다. 캐럴은 내가 사회과학자가 아니라 인문학자여서 다행이라고 농담했다. 만약에 내가 사회과학자였다면, 내 세미나는 연구에 참여하는 사람들을 보호하는 기관인 임상연구심의위원회IRB를 결코 통과하지 못했을 것이라고 했다. 인정할 수밖에 없는데, 그 세미나는 약간 잔인했다. "나는 오직 모범일 수 있는 철학자로부터만 이익을 얻는다." 이렇게 말하는 니체가 옳다면 우리는 어떻게 니체로부터 이익을 얻을 수 있을까? **그가** 어떻게 우리의 모범일 수 있을까? 이것이 내가 세미나를 시작할 때 제시한 질문이다.

학기 중반에 한 학생이 나에게 털어놓았다. "옛날에 난 행복했어요. 그러다가 니체를 읽기 시작했죠."

그러나 우리는 읽기를 계속했고 선생 노릇 9년 만에 처음으로 단 한 명의 학생도 수강을 취소하지 않았다. 대다수 학생들은 20세에 약간 못 미쳤으므로 우리는 그 나이 즈음을 출발점으로 삼았다. 니체는 라이프치히에서 성인이 되었다. 오늘날의 미국이라면 대학원이라고 할 만한 곳에서였다. 니체의 여동생 엘리자베트는 이렇게 설명했다. "오빠가 학생 시절에 해낸 공부의 양은 정말 믿기 어려울 정도다." 라이프치히에서 니체는 희랍 역사가 디오게네스 라에르티오스Diogenes Laertius의 《유명한 철학자들의 생애와 가르침Lives of Eminent Philosophers》을 읽는 것으로 고전문헌학자로서의 경력을 시작했다. 그는 졸업할 때 이 작품에 관한 논문을 제출하여 상을 받았는데, 그 논문에 인용된 핀다

로스Pindar의 문장, "너 자신이 되어라."는 니체의 평생 연구에서 주춧돌 구실을 하게 된다.

니체가 라이프치히에 머무는 동안에 엘리자베트는 오빠 — 훗날 정상적인 생활을 불가능하게 만드는 편두통에 시달리게 되는 — 를 "두통이나 소화불량이 무슨 뜻인지도 모르는 곰"으로 묘사했다. 곰은 튼튼한 — 그러나 역시나 외로운 — 동물이고 니체는 대학생 시절의 막바지를 홀로이기 기술을 완벽하게 다듬으며 보냈다. 니체가 일기에 적은 바에 따르면 그는 불안과 우울 사이를 오가는 생각에 잠긴 채로 라이프치히의 거리를 방황했다. 그 방황 중에 그는 아르투어 쇼펜하우어의 작품과 마주쳤다. "우연히 나는 중고서점 '로네Rohne' 근처에 있었다." 니체는 이렇게 보고를 이어간다. "나는《의지와 표상으로서의 세계Die Welt als Wille und Vorstellung》를 집어들었다 … 그 책을 집으로 가져오라고 어느 악령이 제안했는지는 모르겠다." 아무튼 그는 그 제안을 받아들였고 "그 음울한 천재에게 빠져들었다." 너 자신이 되기는 적어도 처음에는 깊이 우울해지기를 뜻했다.

여러 해 동안 나는 편리하게도 니체가 쇼펜하우어에게 빠져든 것을 망각하고 있었다. 그 "음울한 천재"는 부유한 사업가 아버지와 아름다운 어머니의 아들이었다. 이들 부부는 자식들을 '상류 부르주아 문화' 속에서 양육하기에 충분할 만큼 행복했다. 아르투어가 어렸을 때 가족은 사업과 관광을 위해 멀리 여행하곤 했다. 특히 영국과 프랑스가 목적지일 때가 많았다. 그러나 아르투어의 아버지는 엄청난 성공에도 불구하고 한순간도 진실로 행복하지 않았다. 그는 아르투어가 열일곱 살 때 죽음을 맞이했다. 아니, 죽음으로 뛰어들었을 가능성이 더 높다. 나는 내가 이 사연을 잊고 있던 이유를 기억해내기 시작했다.

훗날 니체가 이해하게 되듯이, 어버이의 상실은 자식의 삶 전체를 흔들리게 만든다. 처음에 쇼펜하우어는 아버지의 유산을 보존하거나 최소한 존중하기 위하여 상업과 무역에 뛰어들었다. 니체가 "꼬마 목사"였다면, 십대의 쇼펜하우어는 "꼬마 자본가"였다. 그러나 2년 후 아르투어는 가족 사업에 신물이 났고, 어버이가 갑자기 떠난 뒤에 시작된 실존적 공허를 부를 얻는 것으로 메울 수 없음을 깨달았다. 쇼펜하우어의 기분은 어두워졌다. 감정적 동요는 더 심해졌고, 그 상태가 유지되었다. 그는 쉽게 아버지의 발자취를 따라 평생을 보낼 수도 있었지만, 니체처럼, 또 아버지 없는 많은 아들들처럼, 철학적 아버지들에게 헌신하기로 결심했다. 그는 적잖은 재산을 물려받아 영리하게 투자했다. 가문의 세속적 행운 덕분에 쇼펜하우어는 결국 사상가가 될 수 있었다.

나는 철학이 니체와 쇼펜하우어에게 역설적인 영향을 미쳤다는 생각을 자주 했다. 철학은 그들이 삶을 받아들일 수 있게 해주었지만 타인들과 함께 사는 것을 거의 불가능하게 만들었다. 니체와 쇼펜하우어가 19세기 중반에 발전시킨 비관주의는 인간은 불가피하게 사악하다는 믿음에서 유래했으며, 그들은 이 믿음을 소년 시절에 습득했다. 그들은 세상의 고통을 부정하거나 치장하기를 거부했다. 무슨 의미든 삶에 의미가 있다면, 그 의미는 고통**에서** 발견되어야 했다. 쇼펜하우어는 1850년에 이렇게 썼다. "**고통**이 삶의 직접적이며 즉각적인 목표가 아니라면, 우리의 실존은 자신의 목표를 전혀 성취하지 못할 수밖에 없다. 세상 어디에서나 넘쳐나며 삶 자체로부터 떼어낼 수 없는 욕구와 필요에서 기원하는 어마어마한 고통을 어떤 목적에도 기여하지 않는 순전한 우연의 결과로 간주하는 것은 터무니없다." 삶의 의미가 고통이든지 아니면 삶은 전혀 무의미하든지.

어쩌면 지나치게 절망적으로 느껴지겠지만, 쇼펜하우어의 뒤를 이어 니체는 괴로움을 덜려는 대다수 사람들의 노력은 결국 괴로움을 심화할 뿐이라고 믿었다. 전형적인 탈출 수단들 — 음식, 돈, 권력, 섹스 — 은 고통스러울 만큼 덧없다. 삶은 한 방향으로만, 점점 더 가파른 내리막으로만 나아간다. 이것은 모든 생물에게 마찬가지지만 인간은 유일무이하게 회상과 예견 능력을 지녔기 때문에 한낱 짐승들과 달리 삶의 공포를 다시 체험하고 자신의 때 이른 죽음을 선명하게 그려볼 수 있다. 물론 주의를 다른 것 — 정치, 교육, 종교, 가족생활 — 에 기울일 수도 있다. 그러나 이것들은 인간 실존의 고통스러운 결과들을 완화하는 효과가 거의 없다. 이 관계들과 제도들은 그것들을 떠받치는 삶과 마찬가지로 깨지기 쉽고 신뢰할 수 없다.

쇼펜하우어의 어머니 요한나는 아들의 철학적 비관주의가 삶과 전혀 어울리지 않는다고, 적어도 그녀 자신의 삶과는 전혀 어울리지 않는다고 느꼈다. 쇼펜하우어는 철학적으로뿐 아니라 개인적으로도 까다로웠다. 오랫동안 우울증에 빠져 있다가 갑자기 분노하곤 했다. 그는 한 여자를 (자기 방 앞에서 너무 크게 말한다는 이유로) 폭행하고 20년 동안 배상했다. 쇼펜하우어가 26세였을 때 요한나는 아들에게 편지를 써서 그가 견딜 수 없는 인간이라는 명백한 사실을 통보했다. 그가 동반자들에게 미치는 부정적 영향들을 쓰고는, 그가 그녀로부터 멀리 떠나야 한다고 주장했다. 그는 그렇게 했다. 그들은 다시는 서로를 보지 않았다. 요한나는 24년 뒤에 사망했다. 두 번째로 어버이와 결별한 쇼펜하우어는 나머지 46년의 인생을 홀로 살며 독신자에서 은둔자가 된 유럽대륙의 사상가로서 명성을 쌓았다. 그렇다고 쇼펜하우어가 사랑을 전혀 몰랐던 것은 아니다. 그는 가수 카롤리네 리히터와 강렬하고 파란만장한 연애를 했지만, 그러나 그녀는 구혼자들이 많았고 쇼펜하우어는 지속적인 친밀한 관계에 대해서 뿌리 깊은(그리고 이해할 만한?) 의심이 있었으므로, 그 연애가 장기적인 관계로 꽃피지 못한 것은 놀라운 일이 아니다. 쇼펜하우어는 우리에게 이렇게 타이른다. "결혼하는 것은 뒤엉킨 뱀들 사이에서 뱀장어 한 마리를 발견하겠다는 희망으로 눈을 가린 채 주머니 속을 뒤지는 것과 같다."

니체는 쇼펜하우어에게서 무언가를 보았다. 니체 자신이었다. 그는 쇼펜하우어의 글에 대해서 이렇게 썼다. "모든 문장에서 나는 포기와 부정과 체념을 들었다 … 내가 보기에 그 책은 세계와 삶 자체와 나 자신의 영혼을 모두 무서울 정도로 충실하게 반영하는 거울이었다." 책읽기 모임 게르마니아의 회원들이 나이가 차고 결혼을 하면서, 니체는 라이프치히에서 외톨이로 남았다. 나중에 바젤에서도 마찬가지였다. 그는 오로지 자신의 일과 결혼했다. 니체와의 우정이 절정에 이르렀을 때 리하르트 바그너는 니체의 정신적 불균형이 단 하나의 근본 원인에서 비롯된다고 진단했다. 자네의 삶에는 "젊은 여자들이 결핍된 것 같군."이라고 그 작곡가는 지적했다. 전적으로 옳은 말은 아니었다. 니체는 적당한 파트너를 꾸준히 찾았지만 아직 발견하지 못한 상태였다.

나와 학생들은 몇 가지 점에서 의견이 일치하지 않았다. 예를 들어 니체가 연애에 어려움을 겪은 것은 철학이라는 분야의 고유한 특징 때문인가를 놓고 나와 학생들은 의견이 엇갈렸다. 나의 전처와 나는 대학에서 만났다. 유럽 실존주의를 다루는 세미나에서였고 니체에 대한 나의 열광이 최고조에 달했을 때였다. 그녀는 덴마크 철학자 쇠렌 키르케고르와 그의 "간접소통법"에 관한 논문을 쓰고 있었다. 간접소통법은 미치도록 교묘한 수법, 소크라테스가 완벽하게 다듬은 지적인 교묘한 속임수다. 메시지는 저자가 책임을 지지 않아도 되도록(이것이 키르케고르의 많은 저서들이 가명으로 출판된 이유다) 교묘하게 표현된다. 사람들은 이 방법이 심오한 교육적 기능을 지녔다고 생각한다. 선생은 우상이 되지 않으면서 가르칠 수 있고 학생은 추종자가 되지 않으면서 배울 수 있게 하는 기능을 말이다. 이론적으로 이것은 거의 니체적인 이야기로 들렸지만 — 또한 지금 나는 이것이 실제로 니체적인 이야기임을 알지만 — 당시에는 이것이 실존적 자유에 반하는 수동적 공격과 자기기만의 혼합이라고 여겼다. 그녀와 나는 오직 철학자들만 할 수 있는 방식으로 싸웠다. 끊임없이, 친밀하게, 성적인 열정과 맞닿은 지점에서 싸웠다. 그리고 그 싸움이 우리를 결혼하게 했다.

연애에 관해서는 키르케고르도 니체보다 약간 더 나은 수준이었다. 우리의 덴마크인은 아름답고 지적인 레기네 올손이라는 여자와 약혼했다. 그러나 결혼 날짜가 다가오자 키르케고르는 생각을 바꿨다. 자신의 우울 때문에 장기적인 결합은 자신에게 부적합하다고 판단했다. 전처와 나도 그런 판단에 이르렀어야 옳았다. 그러나 우리는 펜실베이니아주 중앙의 어느 작은 교회에서 결혼했다. 결혼생활 초기의 어느 시점에, 아마도 단지 힘이 소진되었기 때문에 우리는 둘 다 실존주의자들의 글을 읽는 것을 중단하고 심리적 건강과 인간관계의 건강에 더 적합한 지적 주제들을 연구하기 시작했다. 그녀는 키르케고르를 버리고 부부치료와 가족치료를 전공하는 박사과정으로 옮겨갔다. 나는 니체를 버리고 미국철학, 특히 에머슨과 소로를 선택했다. 하지만 이미 일어난 손상을 되돌릴 수는 없었다. 그리하여 우리는 갈라서기로 결정했다. 우리가 아주 드물게 내린 지혜로운 결정이었다. 그녀는 어느 폭격기 조종사와 재혼했다. 나는 그 조종사가 키르케고르를 읽지 않기를 바랄 따름이다. 한편 내가 재혼한 상대는 니체를 혐오하는 철학자 캐럴이었다.

캐럴은 칸트주의자다. 이마누엘 칸트는 일반적으로 독일을 대표하는 철학자로 평가받지만, 니체는 칸트를 "파국적인 거미"로 칭했다. 관념론이라는 거미줄을 짜서 너무나 많은 좋은 사상가들을 얽어맨 시스템 제작자라는 뜻이다. 칸트는 계몽주의의 이상들인 질서, 조화, 합리성, 그리고 무엇보다도 의무의 화신이었다. 니체는 바로 이 철학적 개념들을 해체하려 애쓰며 평생을 보냈다. 칸트는 자기 통제에 관심을 기울였지만 그것은 정확하며 열정 없는 통제였고, 니체는 그런 통제가 기독교의 경건 및 자기희생과 완벽하게 맞아떨어진다고 주장했다. 칸트는 도보여행이나 극한의 단식을 옹호하는 사람이 아니었다. 그는 차분하고 반복적인 산책을 했다. 매일 산책하면서 그의 고향 쾨니히

스베르크Königsberg의 경계를 감히 벗어난 적이 한 번도 없었다. 그 마을 사람들은 유명한 칸트의 산책을 보고 시계를 맞췄다고 한다. 이런 제약된 순회는 니체에게 상상할 수조차 없는 행동이었다. 그것은 변비에 걸린 정신의 확실한 징후였다.《안티크리스트》에서 칸트를 언급하면서 니체는 이렇게 쓴다.

기독교적이며 독단적인 창자를 지닌 이 허무주의자 [칸트]는 쾌락을 **걸림돌**로 여겼다. 어떤 내적 필연성도 없이, 어떤 심층적인 개인적 선택도 없이, 쾌락도 없이 "의무"의 자동인형으로 일하고 생각하고 느끼기보다 더 신속하게 우리를 파괴할 수 있는 행동이 과연 있을까? 이것은 바로 퇴폐에 이르는 비법, 심지어 멍청함에 이르는 비법이다. 칸트는 백치가 되었다.

캐럴은 더없이 강하게 반발했다. 그녀는 자유를 변덕스러운 열정에 맞출 것이 아니라 우리의 합리적 능력에 맞춰야 한다는 칸트의 믿음에 끌렸다. 그녀가 보기에 낭만주의자들과 그들의 유산을 확대하려 애쓴 니체 같은 사상가들은 변덕스러운 열정에 휘둘렸을 뿐이다. 칸트에 따르면, 감정은 도덕적 명령과 개인적 선호를 혼동하게 함으로써 개인을 그릇된 길로 이끌 때가 그렇지 않을 때보다 더 많다. 열정에 이끌릴 때 개인은 도덕적 의무를 간과하고 비합리적으로 행동하는 경향이 있다. 캐럴이 보기에 니체는 약탈적인 멍청이거나 최소한 애처로울 정도로 착각에 빠진 사람이었다.

캐럴을 만날 즈음에 나는 니체를 거의 극복한 상태였다. 나는 나 자신을 메다꽂다시피 하면서 강박적인 도보여행과 단식을 끊고, 그 대신에 도덕적 책무와 자기 결정의 균형을 추구한 미국철학을 끌어안았다. 이런 철학적 초점 이동은 나 자신을 변화시키기 위한 결단 혹은 노력이었다. 미국철학자들 — 랠프 왈도 에머슨, 윌리엄 제임스, 조사이어 로이스Josiah Royce — 은 지적 방랑의 전통을 계승했다. 그들은 영감을 얻고 집중하기 위해 뉴잉글랜드 지방의 산들을 찾았다. 하지만 그들은 도보여행을 동반자와 함께할 때도 많았다. 그들의 철학적 프로젝트를 공유할 수 있는 유사한 지적 정신들과 함께 말이다. 그 철학자들의 도움으로 나는 타인과 함께 편안히 걷는 법을 서서히, 머뭇거리며 배웠다.

특정한 철학자를 오랫동안 읽으면 — 그리고 사랑하면 — 객관적 사실의 세계와 이상과 믿음으로 이루어진 상상의 세계를 차츰 혼동하게 된다. 이것은 철학 읽기의 진정한 즐거움 중 하나이며, 위험하지만 구원의 가능성이기도 하다. 니체에 대한 열광을 떨쳐내고 더 신중한 미국 사상가들의 정서로, 심지어 칸트로 전향하면서 나는 서서히 살길을 발견했고, 약간 어려움을 겪은 뒤에는 사랑할 길도 발견했다. 그리하여 훨씬 더 행복해졌다. 미국철학의 구원 효과를 논하고, 지혜에 대한 사랑이 어떻게 두 사람을 합칠 수 있었는지를 말하는 책을 쓰기도 했다. 그러나 낮에 니체를 가르치고 나서 고요한 밤을 맞으면 높은 봉우리들이 다시 나에게 손짓하기 시작했다.

니체가 대표하는 자유사상가 유형은 전형적으로는 만화 속의 매우 진지한 남성, 규칙 파괴자, 회의주의자, 에머슨의 표현을 빌리면 "비순응주의자nonconformist"였다. 나는 이런 유형이기에는 너무 나이 들었다. 사십대를 코앞에 둔 내가 그 철학적 우상 파괴자를 추종하려면, 대가를 치러야 할 수도 있었다. 스위스에 얽힌 과거를 생각하면 그곳에 돌아가 보자는 캐럴의 제안은 존경스러울 만큼 용감했지만, 그녀와 함께 알프스로 돌아가는 것을 생각하기만 해도 악몽 같은 예감이 덮쳐왔다. 지적인 전성기에 인간관계를 끊어버리고 — 또한 자신을 죽이다시피 하고 — 참된 위대함 혹은 (이 가능성이 더 높은데) 상상된 위대함의 경계선에서 미친 듯이 글을 쓰는 한 남자. 니체의 알프스는 어떤 상승이나 하강도 더 심화하는 섬뜩한 능력을 지녔다. 나는 니체가 1883년 3월에 가족, 친구들과의 관계를 끊고 또다시 질스-마리아로 달아날 때 남긴 말을 떠올렸다. "나는 모든 것에 대해서 흥미를 잃었다 … 내가 한없이 불완전하다고 느낀다. 내가 나의 창조적 삶을 엉망으로 망쳐버렸다는 것을 이루 말할 수 없이 환하게 의식한다." 석 달 후 자살의 문턱에서 니체는 이렇게 말했다. "지금 나는 '떠나기 전에 집안을 정리하는 사람'처럼 걷고 있다."

십대 시절에 나는 나의 비참한 동반자가 내뱉은 이 말들을 고이 간직했지만, 서른여섯이 된 지금 이 말들은 나를 섬뜩하게 할 따름이었다. 만약에 캐럴과 내가 니체를 따라 다시 산으로 들어가 미끄러지거나 뛰어내린다면, 이제 우리는 잃을 것이 있었다. 우리 딸 베카, 우리가 사랑하는 학생들, 철학 분야의 드문 일자리 두 개, 월든 호숫가의 고요한 가족 별장, 우리의 건강, 동료들이 우리에게 품은 약간의 존경, 서로의 파트너로서의 우리 자신, 그리고 이 모든 것을 누릴 시간. 이 시점에서 산으로 들어가는 것은 그저 은혜를 모르는 행동에 불과할지도 몰랐다.

그러나 생각은 계속 내가 오랫동안 외면해온 나의 은둔 철학자에게 쏠렸다. 영원한 독신자 니체는 결혼이 전혀 다른 두 가지 형태를 띨 수 있다고 믿었다. 그의 주장에 따르면, 결혼은 "하나의 긴 어리석음"에 불과할 수도 있다. 그 어리석음 안에서 처절한 두 사람은 자신들의 곤궁함을 통상적인 삶의 온갖 구속 장치들로 은폐한다. "안타깝구나, 쌍을 이룬 영혼들의 오염이여!" 니체는 외친다. "아아, 이 한 쌍의 참담한 만족이여!" 캐럴과 나는 결혼할 때 "쌍을 이룬 영혼들의 오염"을 다시는 영속시키지 말자고 약속했다. 캐럴이 기꺼이 나와 함께 도보여행을 하겠다는 — 함께 위험을 감수하겠다는 — 것은 이 약속을 지키는 한 방법이었다. 니체에 따르면 결혼은 길게 이어지는 오류일 수도 있지만, 또한 다른 무언가, 더 높은 무언가의 실현일 수도 있다. "하나를 창조하려는 둘의 의지는 그 의지를 창조한 자들 그 이상이다. 서로를 그런 의지를 품은 자로서 숭배하는 것을 나[니체]는 결혼이라고 부른다." 이것이 우리가 산속에서 추구할 만한 여러 목표 중 하나였다. 캐럴은 니체가 멍청이라고 생각했을지도 모르지만, 내가 한때 그를 존경했다는 점은 그녀에게 중요했다. 그녀가 품은 것은 호기심 이상이었다. 그녀는 이해하고 싶어 했다.

나는 질스-마리아의 니체하우스에 연락했다. 니체하우스의 큐레이터는 방이 있다고 확언했다. 니체의 방과 가장 가까운 방, 벽의 판재가 노출된 방, 내가 파릇한 젊은 날에 묵었던 방이 있다고 했다. 저녁이 깊어가면 나에게 점점 더 다가오는 것 같던 그 방의 낮은 천장과 장식 없는 벽을 기억했다. 캐럴과 나는 좁은 숙소에도 만족할 수 있었다. 나는 한 달 동안 비행기 표를 구하고 여행 경로를 짰지만, 우리의 계획에는 여전히 무언가 부족한 것이 있었다. 아니, 누군가가 빠져있었다. 니체는 혼자서 또는 우연히 만난 친구와 함께 한 번에 여러 주씩 유럽을 돌아다닐 수 있었다. 하지만 그는 아버지가 아니었다.

결국 베카도 함께 가기로 결정되었다. 결국 내 귀에 무슨 일이 있었는지 알고 싶어 한 당사자는 베카였다. 베카도 간다면, 우리는 니체하우스에 묵지 않을 것이었다. 그곳의 으스스한 방이 캐럴을 공포에 떨게 하는 것까지는 감수하더라도, 네살배기를 삶의 섬뜩한 현실들에 노출시키는 것은 전혀 별개의 문제였다. 우리는 (정신이 나를 이끌 때 가서 잘 수 있도록) 니체하우스 예약을 유지하면서 한 달 내내 야영을 하기로 했지만 만일에 대비하여 또 다른 숙소를 예약할 필요가 있었다. 내가 묵고 싶은 곳은 단 한 군데였다. 니체하우스 뒤편 언덕 위, 질스-마리아에 머무른 마지막 밤에 성대한 저녁식사를 한 그 호텔.

열아홉 살 때 나는 몰랐거나 주목하지 않았거나 아예 무관심했지만 그 호텔은 '다스 발트하우스 질스Das Waldhaus Sils'라는 유명한 이름이 있었다. 이 귀부인 같은 호텔은 한 세기 동안 니체 순례자들을 끌어들였다. 토마스 만, 테오도어 아도르노, 카를 융, 프리모 레비, 그리고 내가 다른 누구와 비교할 수 없을 정도로 좋아하는 헤르만 헤세가 이 호텔에서 머물렀다. 이곳은 니체 이후 철학의 출생지, 철학자 영웅의 사상을 가지고 실험하는 장소라고 해도 과언이 아니다. 만과 아도르노, 헤세는 이 호텔에서 몇 달, 어떤 경우엔 몇 년을 묵었다. 니체하우스의 금욕적 분위기와 다스 발트하우스의 화려함이 빚어내는 어색한 부조화가 잊히지 않았고, 나는 방을 예약하기로 한 결정에 대해 망설였다. 그러나 왠지 모든 것이, 심지어 깊숙한 모순된 감정조차도 옳다고 느꼈다. 나는 나 자신에게 헤세의《황야의 늑대》를 다시 읽을 이유를 주고 싶었다. 인간의 두 갈래 본성을 다룬 이 소설을 나는 늘 니체에 관한 가장 내밀한 평전으로 여겼다.

말인末人

인간은 오염된 강이다. 오염된 강을 받아들이면서도 더럽혀지지 않으려면 당신은 바다여야 한다.
프리드리히 니체, 《차라투스트라는 이렇게 말했다》, 1883

우리는 니체를 따라 산으로 들어갈 것이었지만 우선 공항에 가서 비행기를 타고 대서양을 건너야 했다. 이 첫 단계가 여행 전체에서 가장 따분한 구간일 것임을 나는 알았다. 니체는 산의 철학으로 유명해졌지만, 산의 높이와는 동떨어진 곳에서 근대 문명의 마비시키는 힘들을 직시하면서 사상가로서의 삶을 시작했다. 니체가 지어낸 인물 차라투스트라는 초인적이 되는 것을 방해하는 최대의 장애물을 이른바 "말인末人"이라고 설명한다. "말인"은 근대의 생명 없는 효율성을 대표한다. 초인은 인간들이 궁극적으로 열망할 수 있는 미래의 이상이다. 그러나 말인이 길을 가로막는다. 후텁지근한 8월의 어느 저녁에 나는 말인이 저지대에 로건 국제공항을 건설했고 이제 점령했음을 거의 확신했다.

오늘날 로건 공항의 활주로에서 나오는 빛은 밤하늘의 별들을 완전히 퇴색시킨다. 비행기 소음은 주의 집중을 거의 불가능하게 만든다. 20세기 전반기에 공항을 건설할 때 보스턴과 대서양 사이에 놓인 습지 9.6제곱킬로미터를 불도저로 밀고 포장하는 작업도 있었다. 당시에 그 해안 평야에 살던 소수의 자유로운 정신들은 모래를 실어내는 덤프트럭 앞에 드러누워 저항했다. 당연히, 경찰은 자유로운 정신들을 실어냈다. 질서가 회복되었고, 평탄해진 해변에는 연간 3000만 명이 이용하는 활주로 여섯 개가 건설되었다. 우리가 갔을 때도 그 여섯 개가 그대로 있는 듯했다.

대서양 횡단이 처음 시작되었을 때만 해도 세계는 넓었다. 대서양 횡단을 감행하는 여행자들은 안전하게 목적지에 도착할 확률 못지않게 병에 걸려 죽을 확률이 높았다. 그러나 오늘날 "지구는 작아졌다."라고 말하면서 니체는 말을 잇는다. "그리고 작아진 지구 위에서 말인이 뜀을 뛴다." 차라투스트라에 따르면, 말인은 안전과 쾌적을 모든 행복의 뿌리로 여긴다. 삶은 — 야간비행처럼 — 최대한 매끄럽고 아프지 않게 지나가야 한다. "'우리는 기쁨을 발명했다!'라고 말인은 외친다. 그리고 눈을 깜박인다." 바젤에 체류하는 동안 니체는 이 만족감에 무언가 인위적이고 감각을 마비시키는 구석이 있음을 깨달았다. 로건 공항을 둘러보면서 나는 니체가 질스-마리아로 탈출한 때로부터 지금까지 150년 동안 변한 것이 거의 없다고 느꼈다. 솔직히 말해서, 니체가 미국에 큰 희망을 걸었다는 것을 떠올리기는 어려웠다. 니체는 미국을 개인주의와 자유가 실제로 뿌리내릴 수 있는 장소라고 생각했다. 그의 생각이 전적으로 옳았던 것은 아니다.

우리는 공항 터미널의 자동 보도에 올라섰다. 그 장치는 우리를 싣고 끝없이 늘어선 간이음식점들을 지나, 여행자들에게 필요한 물품 — 부풀리는 목베개, 전기담요, 휴대전화 충전기 등 — 을 파는 대형 상점의 입구 앞에 우리를 내려놓았다. 니체의 책은 어디에도 보이지 않았다.

확실히 지난 세기의 어느 시점에 미국은 유럽의 뒤를 이어 아름다움과 위험을 내주고 쾌적과 편리를 얻었다. 그러나 건강해 보이는 상태를 유지하려는 이 강박은 진짜 건강과는 거리가 매우 멀다고 니체는 믿었다. 로마의 역사가이자 철학자 타키투스의 편에 서서 니체는 이렇게 썼다. "자신의 건강을 염려함으로써 다만 병들지 않고 지내는 환자에게 의사가 해줄 칭찬의 말은 그리 많지 않다. 병들지 않음은 그리 중요하지 않다 … 당신이 환자에게 권고하는 것이 멀쩡함뿐이라면, 그 환자는 실은 병약자의 이웃이다." 니체에 따르면 두 가지 유형의 건강이 있다. 죽음의 접근을 가능한 한 막으려 애쓰는 헛된 유형의 건강과, 삶을 끌어안는, 삶의 결핍과 과잉까지 끌어안는 긍정적 유형의 건강.

서른 살에 이를 무렵 니체는 수많은 신체적 질환들과 싸우고 있었다. 프랑스-프로이센 전쟁 때 병원 조수로 복무하는 동안 디프테리아, 이질, 그리고 오늘날 우리가 외상후스트레스 장애라고 부르는 질환에 걸려 헛되이 치료법을 찾아다니며 1870년대의 많은 기간을 보냈다. 그러나 바젤 대학교 교수 생활의 막바지에 니체는 건강을 달리 정의하기 시작했다. 고대 희랍인들을 돌아보며, 그들의 놀라운 강함이 쾌적과는 영 거리가 먼 **대결**agon — 경쟁과 갈등 — 에서 나왔다고 주장했다. 질병은 사람을 결국 굴복시킬 수도 있지만 영웅적으로 견뎌낼 시험일 수도 있다. 니체에 따르면 희랍인들은 인간적 고통과 한계가 실존함을 부정하지 않았으며 오히려 그것들을 예술로 변형하려 애썼다. 비극에서 인물들은 고통을 움켜쥐고 자신의 것으로 만든다. 고통을 자신의 것으로 삼음으로써 실패와 한계를 유의미하게, 찬란할 정도로 의미심장하게 만든다. 인간적 실존은 잔인하고 가혹하며 고통스러울 만큼 짧다. 그러나 고대 희랍 비극의 영웅들은 삶의 고통과 갑작스러운 종말을 아름답게, 혹은 미적으로 유의미하게 만드는 길을 발견했다. 이것이 니체가《비극의 탄생》에서 실존은 오로지 미적 경험으로서만 정당화될 수 있다고 주장할 때 뜻했던 바다.

미적 경험, 즉 아름다움과 숭고함의 경험은 흔히 근대철학자들의 시야 밖에 있는 주제로 간주되어왔다. 과학혁명이 가속되고 계몽시대로 넘어감에 따라 사상가들은 무엇보다도 합리적·도덕적 이상들을 우선시했다. 인간의 결정과 행동은 삶의 아름다움을 막연히 추구하는 것이 아니라 사려분별, 논리, 이성이라는 보편적 원리들을 지침으로 삼아야 했다. 반면에 니체는 미적 경험의 추구야말로 실존의 공포를 완화하는 유일한 길이라고 믿었다. 희랍인들은 아름다움을 가장 강인한 의미의 아름다움으로, 대결과 고됨을 창조적이고 황홀한 것으로 탈바꿈하는 길로 이해했다. 희랍인들에게 "예술을 위한 예술" 따위는 존재하지 않았다. 관건은 삶의 갈등과 모순을 — 심지어 경멸스럽고 끔찍한 면도 — 예술 작품에서 기꺼이 수용할 것으로 보는 관점이었다.

터미널을 훑던 나의 시선은 한 스포츠 바의 반짝이는 스크린들로 향했다. 투르 드 프랑스Tour de France(프랑스를 일주하는 자전거 경주 — 옮긴이) 경기가 한창이었고, 자신의 두 다리에서 추진력을 얻는 선수들이 알프스에 있었다. 그들이 겪는 충돌, 탈수증, 힘줄 파열, 골절 … 그들은 그 산악지역에서 자신을 죽이는 중이었다. 그리고 그 모습은 아름다웠다. 로건 공항에서 한 무리의 미국인들이 맥주를 마시고 버거를 먹으며 그 모습을 지켜보았다. 비극적 몸부림의 흔적은 우리 문화에 아직 남아있다. 그러나 그 흔적은 희미하다. 중대한 겨루기는 일상의 필수 요소가 아니라 단지 구경거리로 간주된다. 우리는 그 스포츠 바에 끼어들었다. 베카가 먹을 저녁을 주문하고, 음료를 마셨다. 그리고 봉우리와 계곡을 가로지르는 자전거 선수들의 2차원 이미지를 재미로 삼아 최대한 유쾌하게 우리 비행기가 출발할 때까지 시간을 보냈다.

이후 한 시간 사이에 어딘가에서 《차라투스트라》를 잃어버렸다. 나는 그 바와 화장실과 다른 가게들을 샅샅이 뒤졌지만, 부질없는 짓이었다. 《차라투스트라》가 가버렸다. 아주 오랫동안 나와 동행한 그 낡은 책 친구가 나를 영영 떠났다. 캐럴은 목적지에 도착하면 똑같은 책을 새로 살 수 있을 거라면서 나를 안심시켰다. 비행기가 승객을 태우기 시작했고, 우리는 일렬로 늘어선 사람들의 뒤를 따라 게이트로 가서 항공권을 제시한 다음에 트랩을 지나 지정된 좌석으로 향했다. 베카가 우리 사이에 앉았고 우리는 먼 길을 떠날 준비를 했다. 덩치 큰 남자가 근처 좌석에 앉아 쾌적하기 위한 조치들을 취했다. 베개, 담요, 푹신한 양말, 방음 헤드폰, 수면제. 그 말인은 눈을 두 번 껌벅인 다음에 나를 향해 무의미하고 졸린 미소를 짓더니 비행기가 이륙하기도 전에 잠들어버렸다. 나도 등받이에 상체를 기대고 베카를 내 무릎 위로 끌어당긴 뒤에 편히 쉬려고 최선을 다했다. 그러나 니체가 "반시대적 고찰"이라고 부른 것을 떨쳐낼 수 없었다. 부적절한 생각, 철 지난 생각이 나를 놓아주지 않았다.

영어권에서 흔히 'Untimely Meditations'로 번역되는 《반시대적 고찰Unzeitgemässe Betrachtungen》은 니체가 삼십대를 바쳐서 쓴 작품이다. 훗날 그는 이 에세이가 "내 안에 숨어있는 부정적이고 반역적인 모든 것"을 분출하는 데 기여했다고 회상하게 된다. 양날을 지닌 주제 하나가 이 작품 전체에 스며들어있다. 그것은 서유럽의 지적, 정치적, 문화적 기존 질서에 대한 공격적 반발과 대안적 "삶의 그림"을 옹호하겠다는 맹세다. 니체는 쇼펜하우어의 비관주의에 기대어 그 대안적인 "그림"을 그리게 된다. 니체에 따르면, 쇼펜하우어의 비관주의가 "배후에 지닌 이상"은 "상한 남성적 진지함, 공허하고 실체가 없는 것에 대한 혐오, 건강과 단순함에 대한 애착"이었다. 비관주의는 일상이 유의미하며 그기 더 높은 목표들을 추구하도록 준비시킨다는 — 적어도 일시적으로 초월의 가능성을 품게 한다는 — 어리석은 생각으로부터 니체를 깨어나게 했다. 한동안 니체는 리하르트 바그너의 낭만주의 음악이 그 초월의 구현이라고 믿었다.

니체는 바젤에서 교수 생활을 시작하려고 준비할 때 바그너를 만났다. 당시에 니체는 제도권 학문의 사고적 제약에서 벗어날 길과 조언자를 찾고 있었고, 바그너는 글을 통해 자신의 음악을 변호할 후배를 찾고 있었다. 두 사람이 처음 만나 깊은 철학적 대화를 나누는 동안 연대가 형성되었고, 바그너는 젊은 니체를 루체른 호숫가 트립셴Tribschen에 있는 자신의 여름 별장으로 초대했다. 1869년 이후 니체는 일련의 방문을 시작으로 총 10여 번 초대에 응했다. 이 일은 니체가 초기에 낭만주의에 몰두하는 데 영향을 주었다. 개략적으로 말하면, 낭만주의자들은 삶의 의미를 스스로 자연에서 발견해야 한다고, 우주의 정신으로부터 영감을 얻어야 한다고, 자연의 보편성을 보면서 가장 깊은 주관적 — 미적, 도덕적, 영적 — 느낌들을 탐구해야 한다고 믿었다. 바그너의 트립셴 별장은 이런 형태의 자기 발견을 촉진하도록 꾸며져 있었다. 그 작곡가는 손님방 하나를 그의 열광적 추종자를 위해 비워두었다. 처음으로 바그너와 함께 지낸 며칠을 언급하면서 니체는 이렇게 썼다. "나는 우리 머리 위 하늘을 구름이 어둡게 만든 일이 단 한 번도 없었다고 말할 수 있을 따름이다."

바젤의 학계는 편협하고 과학 중심적이었으며 따분한 위계와 고급 문화 흉내를 추진력으로 삼았다. 니체의 표현에 따르면, 그 세계는 순응과 복종이 요구되고 보상받는 "개집"이었다. 정반대로 바그너 부부가 루체른에 만들어놓은 세계는 이례적이고 신화적이고 환상적이었다. 그 세계는 뮤즈와 천사들로 가득했다. 바그너의 왕국은 뚜렷이 반근대적이었다. 그 왕국의 토대는 끔찍한 현재를 구원하는 유일한 길은 먼 과거의 아름다움을 숭배하는 것이라는 믿음이었다. 이 믿음은 고전문헌학자인 니체의 직감과 상통했고, 한동안 니체는 가장 중요한 바그너 옹호자로 활약하게 된다. 《인간적인, 너무나 인간적인Menschliches, Allzumenschliches》에서 니체는 이렇게 쓴다. "좋은 아버지가 없다면, 좋은 아버지를 입수해야 한다." 그렇다. 니체는 바그너에게서 좋은 아버지를 발견하려 했다. 그리고 결국 실패했다.

그러나 루체른의 세계에 통합되는 것은 쉽지 않은 일이었다. 니체는 여전히 보수적인 어머니의 아들이었기에 바그너와 동맹을 맺기가 약간 어려웠다. 그 무렵 바그너는 코지마 폰 뷜로(작곡가 프란츠 리스트의 딸)와의 사이에서 셋째 혼외자식을 얻었는데, 이런 부적절한 행동이 젊은 고전문헌학 교수 니체를 불편하게 만들었다. 결국 코지마와 결혼할 때 바그너는 그 결혼을 가장 기뻐할 사람은 불법적인 연인이던 자신과 코지마의 곁에서 "부자연스럽게 쭈뼛거리던" 니체라고 농담했다. 실제로 1870년 여름에 이루어진 바그너의 결혼은 그들의 예술적 강령에 대한 니체의 헌신이 약간 강화되는 계기가 되었다. 숱한 숭배 관계들이 그러하듯이, 바그너에 대한 니체의 애착도 심한 역기능을 일으켰다. 바그너는 자신의 음악적 반대자들을 열거한 표적 목록을 작성하고 니체에게 지적 암살의 임무를 맡겼다. 니체는 바그너와의 교류 초기에 이 역할을 충실히 수행하면서, 별볼일없는 바이에른의 작은 마을 하나를 낭만주의의 메카로 탈바꿈하는 정교한 계획인 바이로이트 운동의 철학적 대변인이 되었다. 1872년에 웅장한 바이로이트 오페라하우스의 초석이 놓일 때 니체는 그 현장에서 자신이 "바그너주의 철학자"라고 자랑스럽게 선언했다. 같은 해에 출판된《비극의 탄생》은 바젤의 전통적 고전문헌학계로부터 대체로 무시당했지만 바그너 추종자들에게는 유럽 문화 부활을 위한 지침서로 환영받았다. 코지마는 그 작품을 "**바그너주의** 지식의 가장 위대한 원천"으로 평가하면서 니체의 성공을 축하했다. 그러나 그녀의 평가는 날카로운 양면을 지니고 있었다. 그것은 찬사인 동시에 경고였다. 아들은 아버지의 지위를 능가하지 않도록 조심해야 마땅하다.

코지마가 보기에 니체의 인기는 그가 바그너의 곁가지로, 천재 바그너의 대변인으로 머무는 것에 달려있었다. 니체의 명성은 섬김에 의존한 것이었다.《반시대적 고찰》의 네 번째 장 〈바이로이트의 바그너〉를 완성할 무렵 젊은 교수 니체는 자신의 처지를 이해하기 시작하면서 바그너에 대한 생각을 서서히 바꿨다. 젊은 니체가 인정했듯이, 그의 양아버지 격인 바그너는 "기이한 수수께끼"였다. 그러나 그 수수께끼는 유령이나 신처럼 여전히 숭배를 요구했다. 반면에 니체의 사랑은 가끔만 응답받았으며, 바그너가 응답으로 주는 애정은 절대로 공짜가 아니었다.

두 사람이 다정한 관계였을 때 바그너는 니체에게 이렇게 썼다. "자네는 삶이 내게 준 유일한 혜택이야." 그러나 이 경우뿐 아니라 모든 경우에 연장자인 바그너는 자신의 칭찬에 대한 대가를 원했다. 이 경우에는 니체가 바그너 부부의 셋째 지크프리트의 가정교사가 되어주는 것이 그 대가였다. "그가 자네를 필요로 하네." 바그너는 니체에게 썼다. "그 소년에게 자네가 필요해." 니체는 여러모로 필요한 존재였고, 그의 "아버지"는 이를 알았다.《비극의 탄생》이 출판된 후, 바그너는 자신의 젊은 후배에게 이렇게 털어놓았다. "코지마에게도 말했지만, 내가 애정을 가진 상대들 중에서 자네의 위치는 그녀 바로 다음일세." 참말이었을 수도 있겠지만, 이런 찬사는 똑같은 정도의 부려먹기와 비하를 동반했다. 니체는 장년이 다 되어가는 나이에 말 그대로 바그녀의 심부름꾼 소년이 되었다. 바그너는 심부름꾼 소년을 바젤의 가게들로 보내 캐비어와 살구 잼을 사오게 하고, 제본소로 보내 자신의 과거 악보들을 새로 제본하는 일을 의뢰하게 하고, 의류상으로 보내 자신과 니체의 관계가 얼마나 친밀한지 증언이라도 하듯이 자신의 속옷을 찾아오게 했다. 이론적으로 니체와 그 작곡가 사이의 관계는 권한 위임과 자유의 관계여야 했지만 실제로는 자주 그리 미묘하지도 않은 지배와 피지배의 관계나 매한가지였다.

따지고 보면, 바그너가 젊은 니체의 고통이나 삶의 전반적 문제를 덜어주기 위해 거의 아무것도 하지 않은 것은 놀라운 일이 아니다. 니체에게 그 작곡가는 형편없는 아버지, 서먹서먹하고 인색한 아버지였다. 하지만 또 다른 표면상으로는 철학적인 문제도 있었다. 니체는 오로지 미적 경험만이 실존을 정당화할 수 있으며 삶의 가치는 삶의 고음들뿐 아니라 희미한 음들에도 민감하게 맞추어 조율할 때에만 실현될 수 있다는 주장을 유지했다. 질스-마리아의 산으로 탈출하기 이전에 니체는 바그너에게 그런 뉘앙스와 보살핌이 결여되어 있으며 바그너의 작품들 가운데 정말로 미적으로 흡족한 것은 극히 드물다고 생각하게 되었다. 휴지休止와 크레센도, 휴지와 크레센도. 바그너는 청자가 절망과 구원의 순환을 반복하게 한다. 그의 음악은 화려하지만 대체로 실체가 없다고 니체는 결론지었다. 그 야수적인 카타르시스는 매혹적이고 당대 소부르주아들의 숭배를 받았지만, 절망과 구원의 순환은 싫증이 날 수 있었다. 니체가 그러했다. 아직 성공을 확신하지 못하던 시절에 바그너는 자신이 작곡한 오페라들의 감정적 효과는 음악이 전혀 없더라도 성취될 수 있지 않을까 하고 고민한 적이 있다. 어쩌면 옳은 생각이었을 것이다. 바그너의 웅장한 무대 예술에서 음악은 핵심이 아니다. 부수적이다. 바그너에게 등 돌리기 시작하면서 니체는 이렇게 썼다.

> 바그너의 예술은 병들었다. 그가 무대 위에 올리는 문제들, 그것들은 전부 히스테리 문제다. 그의 감정의 돌발성, 지나치게 흥분한 감수성, 점점 더 강한 양념을 요구하는 입맛, 원리들로 가장하는 불안정성, 그리고 특히 주인공들의 모든 선택. 이것들을 생리학적 유형들로 생각해보라.(병리학 전시관 아닌가!) 이 모든 것을 종합하면 의심의 여지가 없는 병의 윤곽이 드러난다.

무엇보다도 중요한 것은 — 철학자 니체에게는 이것이 결정적인 문제였는데 — 온갖 웅장한 어리석음으로 가득 찬 바그너의 작품을 공연하려면 맹목적 헌신이 필요하다는 점이었다. 1870년대 후반에 바그너의 오페라를 보러 가는 것은 종교 행사나 궐기 대회에 참석하는 것과 그리 다르지 않았고, 바그너는 최고 종교 지도자 역할과 행사 지휘자 역할을 동시에 맡는 것이 마냥 행복할 따름이었다. 프랑스-프로이센 전쟁에서 독일이 거둔 승리의 여파 속에서, 1876년에 시작된 바이로이트 축제Bayreuth Festival는 일종의 종교 정치적 숭배 예식으로 부상했고, 축제에서 독일 애국주의는 특정 형태의 열광적 개신교와 뗄 수 없게 결합했다. 니체에 따르면 바그너는 진정한 삶의 예술가가 아니라 판매원이나 국가적 영웅이 되었다. 물론 바그너의 행동 전체가 그러했던 것은 아니지만 그와 그의 새 아내는 자신들이 빠르게 성취한 스타의 지위를 사랑했다. 많은 독일인들에 따르면, 게르만 문화의 우월성은 드높은 곳에서 예정된 바였고, 바그너의 오페라들은 신과 국가에 대한 궁극의 찬양으로 여겨졌다.

니체는 이 모든 것이 역겨웠다. 라이프치히에서 철학과 비순응성에 관한 사적인 대화로 시작되었던 것이 10년 후 바이로이트 바그너 축제에서는 낙관적 국가주의와 종교적 헌신으로 바뀌어 있었다. 자기긍정의 관계이리라 기대했던 것이 우상 숭배를 앞세운 자기부정이 되어 있었다. 창조성과 내면의 표현에 따라 시작된 것이 폭넓은 호응을 받았지만 궁극적으로 가치가 의심스러운 상품이 되어 있었다. 니체가 보기에 이것은 우정에 대한 웅장한 배신이었다. 바이로이트에서의 첫 모임을 서술하면서 그는 이렇게 말했다. "우리는 바그너를 재발견했다. 독일의 '덕목들'을 걸친 바그너를." 관객 — 점점 더 늘어나는 광신도들 — 은 미적 표현의 최고 형태인 오페라를 노골적인 국민적 오락거리로 전락시켰다. 니체에 따르면 "바그너주의자들이 바그너를 지배하는 주인이 되었다. **독일** 예술, **독일** 거장, **독일** 맥주."

미적 경험은 인간 실존을 정당화할 수도 있지만 마찬가지로 쉽게 반박할 수도 있다. 예술의 대량 생산과 소비는 청중의 관심을 흩뜨리거나 진실을 감추거나 청중의 눈을 가리는 데 이용될 수 있었다. 바그너와 완전히 결별하던 1878년 무렵 니체는 이 위험을 잘 알고 있었다. 바이로이트에 모인 광신도들은 "아편으로서의 바그너를 요구한다. 그들은 자신을 잊는다. 한동안 자신으로부터 해방된다 …" 당대의 많은 독일인들에게 구원이란 바로 이것, 애국적 기독교적 장관과 요란한 음악 속에서 자기 자신을 상실하는 것이었다. 니체는 더

없이 원통했다. 1870년대 후반부터 그의 글에는 이 불만이 녹아들었다. 바그너에게 빠져들었다가 이후 멀어진 것은 니체가 산으로 물러나는 데 결정적인 역할을 했다. 이것이 니체의 장대한 도보여행의 배경 이야기이다.

비행기의 창 가리개 밑에서 햇빛이 반짝이기 시작했다. 거의 도착했다. 잠든 베카가 내 품 안에서 몸을 뒤척였다. 예쁘고 사랑스러운 아이이다. 아이를 너무 꽉 안고 있었다. 조였던 팔을 풀면서 나는 눈을 감았다.

바그너는 니체를 천천히, 거의 알아챌 수 없게 끌어당겼다. 나는 이해할 수 있었다. 나는 결국 나의 아버지를 혐오하게 되었지만 그전에는 그처럼 **되고** 싶었다. 누가 뭐래도 그는 멋졌고 카리스마가 있었으며 이해하기 어려웠다. 그래서 숭배할 가치가 있었다. 특히 아이가 보기에 그러했다.

내가 네 살이었을 때, 그리고 이후 6년 동안 나의 아버지 잔은 나에게 종종 말하기를, 자신은 결코 자식을 원하지 않았지만 예상과 달리 내가 늘 부담인 것은 아니라고 했다. 나는 부끄러움과 자부심 사이 어딘가에서 떠돌던 그 기이한 순간들을 기억하게 — 심지어 소중히 간직하게 — 되었다.

잔과 나는 결국 인연을 끊었지만, 그전에 잔은 갑자기 집에 와서 주말을 보내곤 했다. 그럴 때 잔은 골프장 패션으로 차려입고 우리를 어머니와 함께 사는 일상으로부터 뽑아내 데본 마술 대회Devon Horse Show에 데려가서 자신의 여자 친구가 경기하는 모습을 구경하게 하곤 했다. 그는 그것을 모범적인 아이들을 위한 선물로, 특별한 나들이로 여겼다. 우리는 빨간 격자무늬 담요 위에 조용히 앉아 기수들이 그 가축화된 동물들과 발맞춰 걷는 모습을 보며 박수를 — 그리 많이는 아니지만 — 쳤다. 심지어 그때도 나는 말들에게 연민을 느꼈다. 모직 재킷은 몸을 조이고 간지럽혔지만 우리는 의무적으로, 심지어 행복하게 그 옷을 입었다. 오직 운이 매우 좋은 아이들만 그런 불편함과 어색함을 경험할 수 있었다. 예속은 나름의 쾌락을 준다. 니체는 바그너와 동행할 때 얻은 교훈을 훗날 독자들에게 전달하게 된다. 아름다움과 애정에 대한 우리의 깊은 욕망은 흔히 결핍, 우울, 고통에서 유래한다는 것을.

비행기 좌석에 갇힌 채로 나는 팔에 힘을 빼고 번민을 내려놓고 잠깐이라도 잠을 자고 오로지 산만 생각하려 애썼다.

영원회귀

모든 것 각각에 깃든 질문. “너는 이것을 다시, 무수히 반복해서 다시 원하는가?”
프리드리히 니체, 《즐거운 학문》, 1882

어릴 때 가족이 해체된 후 니체는 공부로 눈을 돌렸다. 공부를 삶의 의미를 발견할 길로 여겼다. 젊은 시절에 탁월한 학자가 되었지만 그에 실망하자 니체는 고급 예술로 눈을 돌렸다. 장년에 이르러 고급 예술의 정체가 무의미한 웃음거리로 밝혀지자 니체는 자기 자신에게 눈을 돌렸다.

때는 1877년, 니체는 질스-마리아의 산에 막 도착하려는 참이었다. 나이는 서른셋. 몇 년 후 니체는 그의 초기 저술과 후기 저술 사이에 놓인 이 어정쩡한 시기를 결정적 자기발견의 순간으로 회상하게 된다. 그는 산으로 갔다. 바그너에게서, 혹은 문명 전체에서 벗어나기 위해서가 아니라 그 자신의 길을 발견하기 위해서, 혹은 그 길로 복귀하기 위해서였다.

> 당시에 내 안에서 내려진 결정은 바그너와의 결별이 아니었다 … 나는 나 자신에 대한 조바심에 압도되어 있었다. 나 자신을 상기하고 숙고할 때가 왔다고 판단했다. 이미 얼마나 많은 시간을 낭비했는지를 나는 불현듯 끔찍하고 명확하게 깨달았다 … 그때 나의 본능은 더 이상 순종하거나 동조하거나 나 자신을 혼란스럽게 하지 않겠다는, 변경할 수 없는 결정을 내렸다.

이 자기발견의 순간은 니체가 몹시 병든 때이기도 했다. 니체의 건강은 급격히 악화되어 이제 편두통과 메스꺼움은 늘 그의 곁에 있는 동반자가 되다시피 했다. 기이하게도 그는 — 오늘날까지도 그 원인이 밝혀지지 않은 — 이 병이 그를 자신에게로 이끈 길잡이였다고 말했다. "병은 … 나를 천천히 [사회로부터] 떼어냈다. 어떤 단절도, 어떤 폭력적이고 공격적인 움직임도 모면하게 해주었다 … 또한 나의 병은 나의 모든 습관들을 버릴 권리를 주었다. 나의 병은 나에게 **잊으라**고 명령했다."

병은 니체에게 바젤의 제약과 바이로이트의 배신을 잊어버릴 권리를 주었지만, 또한 니체 자신의 가장 개인적인 역사를 상기할 권리, 혹은 고려할 권리를 주었다. 바야흐로 말 그대로 회복의 시기였다. 자신을 추스를 때, 교수 생활과 바그너와의 교제로 거의 잃었던 것을 되찾을 때였다. 그는 자신의 신체적 건강 회복은 이런 철학적 되찾기 작업의 귀결일 따름이었다고 썼다.

이 시기에 니체가 단숨에 쓴 저서들은 그가 젊은 시절에 생산한 철학 문헌들과 사뭇 다르다. 1878년에 출판된 《인간적인, 너무나 인간적인》과 3년 뒤에 나온 《아침놀Morgenrothe》은 아포리즘 모음집이다. 이 책들에 실린 짧은 메모들은 일관성을 찾아내려는 독자의 욕망을 거역한다. 그 글들은 니체가 나머지 삶에서 발전시키고 풀어놓을 머래 사상의 씨앗일 뿐이다. 내가 해석하기에 그 메모들은 금지된 것을, 근대가 직시하지 않으려 하는 진실들을 발설하려는 니체의 첫 시도다.

《인간적인, 너무나 인간적인》에서 니체는 이렇게 말한다. "요새는 아무도 치명적인 진실들 때문에 죽지 않는다. 항생제가 너무나 많다." 이 책들의 의도는 우리의 방어를 약화하는 것, 우리를 니체가 알프스에서 쓸 철학(특히 《차라투스트라》)에 감염되기 쉽게 만드는 것이다. 《아침놀》에 대해서 니체는 이렇게 말했다. "이 책으로 나는 도덕에 맞선 전쟁을 시작한다."

질스-마리아의 산을 처음 방문했을 때 나는 이 전쟁 선포를 청소년의 활기로 환영했다. 나의 유년기는 어머니의 감시 아래 비교적 행복했다. 그러나 아버지의 부재 때문에 더 높아진 어머니의 경계심은 청년으로 성장해가는 우리 형제의 신경에 거슬렸다. 어머니는 우리가 매우 "좋은" 사람이 되기를 기대했다. 내가 꼭 "나쁜" 사람이 되기를 원한 것은 아니지만(어쩌면 나는 그것을 원하기에는 너무 어리거나 겁이 많았을 것이다) 선악의 개념 자체를 의문시하는 한 사상가를 처음 알게 되었을 때 나는 전율했다. "좋음"이 전혀 좋지 않다고 생각해보라! 그러나 나의 흥분은 번지수가 틀린 것이었다. 혹은 섣부른 것이었다. 니체가 보기에 《아침놀》을 이해하는 일은 더 미묘하고 덜 호전적인 과제였다. 니체는 그 책에서 "화약 냄새가 전혀 나지 않는다."라고 말했는데, 지금 나는 이 말의 의미를 이해한다.

니체가 《아침놀》을 쓴 시기는 싸울 때가 아니라 회복할 때였다. 청소년 시절에 나는 이 점을 간과했다. 니체 본인에 따르면, 당시에 니체는 "인류를 위한 최고의 자기검사 self-examination 순간을 준비하는" 중이었다. "인류가 우연과 성직자의 지배에서 벗어나 처음으로 하나의 전체로서 '왜?'라는 질문과 '무엇을 위하여?'라는 질문을 던지며 과거를 돌아보고 먼 미래를 내다보는 위대한 정오를" 준비하는 중이었다. 나는 여전히 몸부림치고 씨름하고 주장하고 있었지만, 니체가 질스-마리아에 도착하기 전에 직면한 더 어려운 과제, 나 자신을 알고 재평가하는 것은 여전히 뒤로 미루고 있었다.

"가치들의 재평가"는 니체가 철학사에 남긴 가장 위대한 업적들 중 하나로 내세워진다. 니체는 윤리적 규범들 — 이를테면 겸손, 연민, 자기희생 — 을 곧이곧대로 옳은 행동의 지침으로 받아들이지 않는다. 대신 니체는 다음과 같은 불온한 질문을 던진다. 이 가치들은 애당초 어디에서 **유래**했을까? 이 가치들의 배후는 무엇일까? 이 가치들의 잊힌 역사는 무엇일까? 도덕규범들이 어딘가에서 유래했다고 넌지시 알리는 것, 도덕규범들이 어떤 기원을 가졌으며 영원히 절대적으로 주어진 것이 아니라고 암시하는 것 자체가 급진적인 철학적 포석이다. 이 포석은 윤리적 삶이 지금과 다를 수도 있음을, 고정된 사회적 규범들과 풍습들이 확실히 우연적임을 시사한다. 니체에 따르면, 삶을 재평가할 수 있는지 아닌지는 이 같은 실상을 직시하면서 사는 능력에 달려있다.

가치들의 재평가를 끌고 가는 힘은 다음과 같은 최초의 비교적 단순한 통찰에서 나온다. "인류는 철저히 독자적으로 옳은 길에 들어선 것도 **아니고** 신에 의해 통치되는 것도 전혀 아니다. 정반대로 인류의 가장 성스러운 가치 개념들 사이에서 부정, 부패, 퇴폐의 본능이 유혹적으로 지배력을 발휘해왔다." 좋음은 선입견일 따름이다. 좋음은 흔히 해로워서 발가벗기고 재검사할 필요가 있다. 바꿔 말해, 인간 실존의 많은 부분을 지배해온 종교와 이데올로기 같은 형이상학적 허구들을 폐기해야 한다. 그런데 유감스럽게도 이것은 비교적 쉬운 부분이다. 가치들의 재평가를 위해서는 두 번째 작업이 필요하다. 도덕의 토대를 철거하고 선입견을 파괴하고 나면, 사상가는 인간 실존의 궁극적 가치를 묻게 된다. 전통적 형이상학과 종교가 없으면, 자연세계로 옮겨져 그 거친 풍경 안에서 의미를 만들어내야 하는 과제를 짊어지게 된다. 마지막 세 번째 단계는 가장 힘들다. 이 단계에서 당신은 자연을 움직이는 두 힘인 권능power과 생명life을 촉진하되, 과거의 멍청이 만들기 방식이 아닌 방식으로 그렇게 해야 한다. 힘든 첫째 단계, 더 힘든 둘째 단계, 가장 힘든 셋째 단계. 니체는 이 세 단계를 완성하기 위해 산속에서 10년을 보냈다.

우리는 질스-마리아에서 13일 동안 머무를 것이었다. 긴 시간이 아님을 나도 알았지만, 무언가를 성취할 수도 있을 것이었다. 니체도 《차라투스트라는 이렇게 말했다》의 처음 세 장을 13일 동안에 완성했으니까 말이다.

우리 비행기가 도착한 곳은 취리히였다. 취리히는 니체가 살았던 바젤의 정신적인 쌍둥이다. 정신적인 면모가 전혀 없다. 우리는 최대한 빨리 취리히를 떠났다. 이번에는 자동차를 이용했다. 도로로 질스-마리아까지 가는 것은 원래 긴 여정인데, 하룻밤을 새운 뒤여서 더욱 길게 느껴졌다. 아장아장 걷는 아이를 뒤에 태우고 200킬로미터를 주파하는 데 네 시간 남짓 걸렸다. 나 혼자라면 더 빨리 달릴 수 있을 성싶었다. 그러나 쿠어에 접근하면서 나는 기억 속의 길을 알아보았고, 그러자 더 빨리 달릴 수도 있다는 생각은 순식간에 사라졌다. 지난번에 여기에 왔을 때 내가 홀로 여행하려 했고 거의 죽을 뻔했음을 상기했다. 그때 나는 쿠어, 슈플뤼겐, 니체하우스를 오가며 — 뒤꿈치가 찢어지고 조난되고 동상에 걸리며 — 많은 날들을 보냈다.

쿠어는 옛 모습 그대로였다. 아니, 많은 면에서 쿠어는 이제껏 변화한 적이 없다. 그곳은 3000년 전 청동기시대 이래로 늘 인간의 거주지였다. 오랜 거주의 흔적이 어디에나 있다. 니체는 독자들에게 이렇게 말한다. "과거가 우리 안에서 수백 가지 방식으로 솟아나는 한, 우리는 역사를 필요로 한다. 우리 자신은 다름 아니라 그 전진하는 흐름의 매 순간 우리가 느끼는 바일 따름이다." 1464년에 쿠어는 완전히 불타버렸지만, 이어진 몇 해 동안 독일 장인들이 도시를 재건하면서 옛 토대 위에 새 건물들이 들어섰다. 숱한 근대 도시들과 달리 그 도시는 풍경을 침범하지 않고, 치솟은 산들 사이의 계곡에 조심스럽게 자리 잡았다. 이 도시도 과거 — 쿠어의 깊은 기반은 빙하에 깎인 암반이다 — 에 혹은 과거 위에 있는 것이다.

쿠어의 우리는 8월 중순의 어느 시원한 일요일에 쿠어에 도착했다. 나는 니체가 쿠어에 도착한 직후에 어머니에게 보낸 편지를 떠올렸다. "쿠어 시내는 안식일의 평화와 오후의 분위기로 물들어 있습니다. 나는 느긋한 발걸음으로 중심 도로를 걸었어요. 어제와 마찬가지로 모든 것이 내 앞에 변모한 채로 놓여있었습니다 …" 이 맥락에서 변모transfigured는 변화보다 더 적합한 단어다. 변화는 무언가가 완전히 달라지는 것을 함축한다. 반면에 변모는 모양 바꿈에 더 가까우며 과거의 일부를 보존한다. 베카가 고개를 들어 차창 밖을, 우리보다 훨씬 더 높은 곳에 있는 도로를 내다보았다. 우리는 곧 그 도로에 도달할 것이었다. 이번에는 가드레일이 반가웠다.

열아홉 살 때 나는 비아 말라Via Mala(문자 그대로의 뜻은 "나쁜 길")라는 길을 통해 쿠어에서 슈플뤼겐으로 갔다. 1872년에 니체가 밟은 경로가 바로 그 길이었기에 나도 정확히 그 길을 가고 싶었다. 그러나 지금 우리 셋은 그 나쁜 길을 갈 시간 — 혹은 에너지 — 이 없었다. 우리는 지름길을 택하여 3번 도로로 율리어 고개Julier Pass를 넘은 다음에 질바플라나Silvaplana로 내려가서 질스-마리아로 가기로 했다. 때로는 과거에서 벗어나는 것이 필요하거나 더 바람직하다.

도로공사 때문에 교통정체가 심했다. 나는 좀 짜증을 내다가, 이런 방해야말로 운전자가 풍경을 제대로 감상할 수 있게 해주는 유일한 길임을 깨달았다. 젊은 외톨이 도보여행자가 검은 판초에 운동화 차림으로 가벼운 배낭을 메고, 공사장 인부의 통과 신호를 기다리는 우리 옆으로 지나갔다. 그의 걸음걸이는 가벼웠지만, 드러난 종아리에 생긴 줄무늬를 보니 그가 길 위에서 많은 날을 보냈음을 알 수 있었다. 그는 히치하이킹을 하고 있을까? 창문을 내리고 그를 불러 혹시 정상까지 태워줄 차가 필요하냐고 물을까 하고 잠깐 생각했다. 나도 자각했지만, 그것은 그의 안녕과는 전혀 상관없고 나의 안녕과도 거의 상관없는 이상한 충동이었다. 그 도보여행자는 도로를 벗어나 가파른 등산로로 접어들더니 이내 시야에서 사라졌다.

해발고도 2284미터의 율리어 고개에 접근하면서 나는 우리 위로 희미하게 보이는 산들에 다시 한번 매혹되었다. 봉우리들이 아주 가깝게 느껴졌다. 다음 공사장 앞에서 멈췄을 때 나는 아까 본 도보여행자가 먼 오르막길에 있는 모습을 보았다고 생각했다. 이번 정체는 유난히 길었다. 한 무리의 노동자들이 굴착기를 부려가며 검은 돌들을 캐내고 있었다. 이 도로의 표면을 20센티미터만 파 내려가면 1840년에 줄 맞춰 깔아놓은 완벽한 정사각형 돌들이 나왔다. 그 돌들은 도로 표면에서 놀랄 만큼 가까운 곳에 있었다. 우리가 도달한 "정상"은 실은 또 다른 계곡의 바닥이었을 뿐이다. 거기에서 우리는 바닥 위로 솟은 돌기둥 두 개를 지나쳤다. 고대 로마 신전 기둥의 밑동이었다. 오늘날 여행자들은 고개 너머 엥가딘Engadin 지방으로 가는 걸음을 멈추지 않은 채 오른손으로 그 돌기둥들을 쓰다듬으며 행운을 빈다.

니체는 이렇게 썼다. "나는 지구상의 모든 장소 가운데 여기 엥가딘에서 최고의 기분을 느낀다 … 물론 다른 모든 곳과 마찬가지로 여기

에서도 나를 향해 공격이 들어온다. 그러나 그 공격들은 훨씬 더 온화하고 인정이 있다. 여기에서 나는 지속적인 평온을 느낀다. 다른 모든 곳에서 내가 느끼는 압박이 전혀 없다." 니체의 발길을 좇아 엥가딘 지방을 찾은 많은 저자들은 이 말의 뜻을 이해했다. 엥가딘의 숲과 호수와 풀밭은, 니체의 표현을 빌리면 "마치 나를 위해 만들어지기라도 한 것" 같다. 여기에서 소중한 행운의 순간을 맞으면 과거와 현재, 인간의 자아와 흔히 섬뜩하게 느껴지는 광활한 대자연 사이의 깊은 어우러짐을 발견할 수 있다.

상 엥가딘Upper Engadin의 알프스 계곡은 이탈리아 국경 근처의 말로야 고개Maloja Pass에서부터 북동쪽으로 13킬로미터를 뻗어나가 세 개의 에메랄드빛 호수인 질스 호, 질바플라나 호, 생 모리츠 호를 지나쳐 호텔이 즐비한 생 모리츠에서 종착점에 이른다. 생 모리츠는 부자들과 유명인들의 여행지로 유명하다. 도로공사가 끝났고, 우리는 질바플라나로 향하며 속도를 높였다.

율리어 고개의 구불구불한 길을 지나 들어선 질바플라나와 질스-마리아 사이의 구간은 반갑게도 운전하기에 편했다. 그 구간의 도로는 호수를 끼고 완만하게 휘어진다. 질바플라나 호는 바람 때문에 거의 늘 물결이 일지만, 유독 그날은 완벽하게 고요해서 완벽한 에메랄드 판이었다. 판 위에 산들이 확고하게 자리 잡고 있었다. 빙하기에 이 계곡으로 흐른 빙하가 바닥을 깎아냈고, 움푹 팬 자리들이 오랜 세월에 걸쳐 물로 채워졌다. 이 호수 하나를 채우는 데 몇 년이 걸렸을까? 날마다 얼마나 많은 비가 내렸을까?

자동차는 고요했다. 베카는 내리막에서 잠들었고, 캐럴과 나의 주

위에는 호수와 산과 행복한 고요의 순간만 있었다. 나는 뉴햄프셔주의 화이트산맥White Mountains에서 캐럴과 사랑에 빠졌다. 그 은밀한 곳에서 우리는 정말 끝나야 마땅했던 각자의 결혼생활로부터 탈출했다. 나는 질스-마리아 위로 솟은 울창한 언덕들을 바라보았다. 나무들 위로 발트하우스 호텔의 하얀 탑이 보였다. 이제 달아나는 것은 없다. 묘한 귀향이 있을 뿐.

"어머나, 세상에…." 캐럴이 깊이 들이쉰 숨을 한꺼번에 뱉어내며 말했다. "장엄한 풍경이야."

여기는 화이트산맥이 아니었다. 차에 타고 있어서 볼 수는 없었지만, 나는 우리가 지나는 도로 곁에 무엇이 있는지 알고 있었다. 청년 시절 내가 자주 다닌 산책로, 니체를 그의 《차라투스트라》로 이끈 바로 그 길이 거기에 있었다. 물가로 난 이 산책로를 걸으며 "감상적인 눈물이 아니라 환희의 눈물을" 자주 흘렸다고 니체는 썼다. 도서관이나 카페에서 니체를 읽는다면 이 구절을 광인의 과장이나 헛소리라고 오해할지도 모른다. 그러나 여기에서는 아니다. 알프스에 과장이란 존재하지 않는다. "내 느낌의 강렬함이 나를 전율하게 하고 크게 웃게 한다."라고 니체는 주장했다.

빈대편 호숫가의 작은 풀밭에는 피라미드 모양의 바위 하나가 홀로 있다. 그 바위가 내 어깨 정도 높이였다고 기억하고 있었지만, 지금은 훨씬 크다는 것을 안다. 바위는 크기가 사람의 두 배에 가깝고 모양은 주위 산들을 축소해놓은 듯하다. 그 바위를 처음 보았을 때 나는 그 위로 기어오르려 했지만 실패했다. 니체를 읽는 한 가지 가장 중요한 이유는 어쩌면 그 바위일 것이다. 또한 내가 스위스로 돌아가는 것에 동의한 유일한 이유 역시 그 바위라고 확신한다. 《이 사람을 보라》에서 니체는 "이제 나는 차라투스트라의 역사를 이야기할 것이다."라는 말로 독자들의 주의를 집중시킨다. 그리고 설명을 이어간다.

이 작품의 근본 개념인 영원회귀, 이 가용한 최고의 긍정 공식은 1881년 8월에 생겨났다. 이 개념이 적힌 종이에는 "인간과 시간보다 2000미터 높은 곳에서"라는 각주가 씌어있다. 그날 나는 질바플라나 호숫가의 숲속을 걷고 있었다. 쉬를레이Surlei에서 그리 멀지 않은 곳에 힘찬 피라미드 모양의 바위 하나가 있었다. 나는 그 앞에서 걸음을 멈췄다. 그때 이 개념이 떠올랐다.

우리는 그 바위 앞에서 멈추지 않고 계속 달려 작은 마을 질스-마리아로 들어갔다. 우체국을 지나고 단 하나뿐인 식료품 가게를 지나 에델바이스 호텔로 갔다. 호텔 뒤편 언덕의 울창한 숲속에 니체하우스가 웅크리고 있었다. 내가 기억하는 그대로였다. 문과 덧문은 똑같은 색으로 다시 칠해져있었다. 17년이 지났건만 아무것도 변하지 않은 듯했다. 그곳은 니체가 영원회귀를 떠올린 피라미드 모양의 바위가 아니었지만 그래도 괜찮을 성싶었다. 영원회귀라는 개념은 경이롭고 무시무시하다.

어느 낮이나 밤에 악령이 당신의 가장 외로운 외로움 속으로 숨어들어 이렇게 말한다면 어떨까. "네가 이제껏 살아왔고 지금도 사는 이 삶을 한 번 더, 또 무수히 반복해서 살게 될 거야. 새로운 것은 전혀 없을 거야. 반대로 모든 고통과 기쁨과 생각과 한숨 각각이, 또한 네 삶에서 이루 말할 수 없이 작거나 큰 모든 것 각각이 똑같은 순서와 배열로 너에게 필연코 돌아올 거야. 심지어 이 거미, 나무들 사이로 비춰드는 이 달빛, 심지어 이 순간과 나까지 … ”

이런 말을 듣는다면 정말 “어떨까?” 니체의 악령이 내뱉는 말은 오래된 형이상학적 주장이다. 실재의 운동은 원들과 주전원들을 통해, 제 꼬리를 문 뱀을 통해 가장 잘 서술된다고 악령은 주장한다. 힌두교와 불교는 각각 다른 방식으로 이와 유사한 업業의 교리를 이야기한다. 모든 일은 반복의 방식으로 일어난다. 건물은 무너지고 같은 자리에 재건된다. 빙하는 매일 움직이고, 비와 삶도 그러하다. 옛것이 새것을 낳고, 새것은 즉시 제각기 다른 속도로 낡아간다.

니체의 영웅 쇼펜하우어는 이 우주적 논점을 약간 언급하지만, 이 논점을 진지하게 취급하면 심리적으로 약해질 위험에 직면하기 쉽다고 설명한다. 《비관주의 연구》에서 쇼펜하우어는 이렇게 쓴다. “살면서 두세 세대를 보는 사람은 축제에서 마술사의 공연장 안에 한동안 앉아 공연을 연속해서 두세 번 보는 사람과 유사하다. 마술사의 수법들은 딘 한 번만 보여줄 의도로 고안되었다. 그 수법들이 더는 새롭지 않고 관객을 속이지 못한다면, 효과는 없어진다.” 니체는 이런 생각에 대체로 동의했으며, 거의 모든 경우에 우리 대다수는 영원회귀를 — 이것을, 그리고 모든 것을 무한히 반복하기를 — 생각하면 참담해질 것이라고 여겼다. 단 하나의 삶의 안타까움, 지루함, 실망을 무한정한 미래 내내 다시 산다면 그것은 정말 지옥 같을 터였다.

니체하우스를 지나 질스-마리아를 양분하는 강을 건너고 가파른 굽이길 세 개를 오르고 같은 도로의 세 구간을 거쳐, 마침내 우리는 마을 위에 위치한 발트하우스 호텔에 도착했다. 나로서는 다시 도착한 것이었다. 니체의 악령을 언급한 것만으로 영원회귀라는 주제에 대한 논의가 끝난 것은 아니다. 영원회귀는 형이상학적 서술이나, 쇼펜하우어의 철학에서처럼 삶이 이토록 끔찍하게 따분한 이유에 대한 설명에 국한되지 않는다. 영원회귀라는 개념은 말이 아니라 삶의 행보로 응답해야 할 도전이다. 혹은 이런 표현이 더 낫다. 영원회귀 개념은 하나의 질문이다. "모든 것 각각에 깃든 질문, '너는 이것을 다시, 그리고 무수히 반복해서 다시 원하는가?'라는 질문이 당신의 행동들 위에 가장 무거운 짐으로 놓일 것이다! 바꿔 말해, 이 궁극적이며 영원한 긍정과 다짐을 **그 무엇보다도 뜨겁게 열망하려면** 당신은 당신 자신과 삶에 얼마나 호의적이어야 할까?"

윌리엄 버틀러 예이츠의 말을 빌리면, 우리는 "이 모든 것을 다시 사는 것에 만족"할까? 이때의 만족하기는, 피할 수 없는 운명을 외면하기, 혹은 그 운명을 자장가 삼아 잠들기, 혹은 그 운명 앞에서 체념하기가 아니다. 오히려 당신이 이것을, 그리고 모든 것을 영원히 다시 할 것임을 알면서도 당신의 심장이 **만족**하도록 사는 것이다. 우리는 발트하우스 호텔의 진입로에 들어서기 위해 마지막으로 회전한 후 지붕 덮인 입구 앞에서 멈췄다. 니체의 주장에 따르면, 영원회귀의 긍정은 오로지 당신이 당신 자신과 삶에 잘 적응하려 하고 적응할 수 있을 때만 가능하다.

니체가 보기에 잘 적응한다는 것은, 무엇을 생각할지 그리고 어디에서 의미를 발견하고 창조할지를 진심으로 선택한다는 것이다. 소름끼치는 무한한 단조로움은 니체에게 절대적 책임을 받아들이게 하는 지속적인 자극이었다. 선택들이 끝없이 반복된다면, 그것들이 "옳은" 선택인 편이 더 나을 것이다. "옳음"이 어떤 외적인 도덕적 기준이나 종교적 기준에 의해 결정에 덧붙을 수 있다는 생각은 유혹적일 수도 있지만, 니체는 독자들이 이 유혹에 맞서기를 바란다. 실제로 니체의 악령은 우리가 가장 외로울 때 찾아온다. 당신은 "가장 외로운 외로움" 속에서만 그 악령의 질문을 들을 수 있다. 그러므로 합의나 어떤 비개인적인 제도에 의해 대답이 주어질 수는 없다. 오히려 그 악령의 질문에 대한 대답은 가장 개인적이다. 그 대답은 항상 개인적 선택을 결정한다.

당연한 말이지만, 당신은 스스로 원한다면 무엇이든지 선택할 수 있다. 자식을 낳아 기르기를 선택할 수도 있고 결혼을 선택할 수도 있다. 하지만 이것들이 어떤 본질적인 가치가 있기 때문에 선택한 척하지 말라. 내재적 가치는 없다. 당신이 이것들을 선택한 유일한 이유는 당신이 이것들을 선택했으며 기꺼이 책임지려 한다는 것뿐이다. 우리 삶의 이야기에서 이 선택들은 우리의 선택들이며 우리만의 선택들이다. 그리고 이 사실이 모든 사물들에 의미를 부여한다. **오로지 영원회귀를**, 그 순환 전체를 참담해질 위험 없이 직시할 준비가 된 당사자가 당신 자신임을 스스로 깨달을 때만, 오로지 그럴 때만 당신은 예이츠와 더불어 "다시 한번"이라고 진심으로 말할 수 있다.

오랫동안 나는 "영원회귀"를 이해하는 최선의 길은 오래된 무한의 상징인 '우로보로스ouroboros'를 떠올리는 것이라고 생각했다. 우로보로스는 제 꼬리를 문 뱀이다. 영원은 맹렬하고 거침없으며 그와 똑같이 파괴적이며 창조적이다. 우로보로스는 헛되이 자기 자신을 따라잡으려 하지만, 그 결과 다만 계속 맴돌 뿐이다. 그러나 어쩌면 "영원 회귀"가 반드시 이렇게 암울하고 불길할 필요는 없었다. 알프스 계곡에서 산을 향해 올라가다 보면 때때로 오래된 농가들을 지나치게 된다. 농가에는 딱히 특별한 구석이 없다. 한동안 걷다 보면, 모든 농가가 똑같아 보인다. 하지만 그 농가들은 똑같지 않다. 어떤 농가의 벽에, 무수한 계절에 마모된 문틀 위와 창 아래에 조각품이 있다. 편안하게 느껴지는 태고의 조각품. 귀가 연결된 토끼 세 마리가 서로를 뒤쫓으며 영원히 맴도는 모습이다. 이 "세 마리 토끼"는 어디에나 있다. 현재 이란에 있는 12세기 몽골의 금속공예에도 있고, 영국 데본의 중세 교회들에도 있고, 독일의 18세기 유대교 회당들에도 있다. 히브리어에서 그 조각품의 명칭은 '샤판, 샤판, 샤판Shafan'이다. 그 조각품은 원형 대칭이며 유동적이고 진행 중이다. 그 토끼들은 부활을 상징한다. 또한 오래된 독일 수수께끼의 주인공이기도 하다. "토끼 세 마리가 귀 세 개를 공유하고 있는데, 세 마리 모두 귀가 두 개다." 자세히 들여다보라. 실제로 그 상징은 착시 현상을 이용한다. 일부 사람들은 그 상징이 펜로즈 삼각형Penrose triangle이나 에셔의 에칭들과 마찬가지로 불가능한 대상이라고 말한다. 발트하우스 호텔 앞에 멈추면서 나는 그 상징을 생각했다. 알쏭달쏭하지만 딱히 불편하지는 않은 그 모습. 약간 기시감이 들었다.

호텔 진입로에 차를 주차하고 키를 바지 주머니에 밀어 넣다가 비행기에서 입었던 바지를 갈아입지 않은 것을 비로소 알아챘다. 베카가 저녁 기내식을 반쯤 먹다가 기체가 잠깐 흔들릴 때 나머지를 내 무릎 위에 쏟았다. 다행히 우유는 다 말랐지만 내 꼴은 흉했고 냄새는 더 나빴다. 영원회귀의 주인이 되려면 마지막으로 해야 할 것이 하나 있다. 딱 하나, 실존의 가장 달갑지 않은 부분들 — 일시적이고 자잘한 끔찍함 — 까지도 끌어안기. 삶에서 일어나는 많은 사건들은 전혀 선택이 아니다. 그것들은 경고 없이 갑자기 일어난다. 폭우처럼, 우리를 덮치거나 휩쓰는 사고처럼. 그러나 니체는 이렇게 말한다. "운명이 우리를 덮치기 전에, 우리가 운명을 이끌어야 한다."

"여기야?" 뒷좌석의 작은 목소리가 물었다.

그렇다. 우리는 목적지에 도착했다.

처음 발트하우스 호텔에 왔을 때 나는 너무 굶주렸고 그 다음에는 너무 취했기 때문에 자세히 살펴볼 겨를이 없었다. 그 호텔은 1908년에 지어졌다. 니체의 《우상의 황혼》의 재판이 미술품 수준의 금박 장정으로 나온 해이기도 하다. 오늘날 대다수의 학자들은 만약에 니체가 그 책을 봤다면 혐오했을 거라고 생각한다. 아마도 니체는 발트하우스 호텔에 대해서도 비슷한 평가를 내렸을 것이다. 질스-마리아에 머무는 동안 니체는 금욕에 가까운 단순함을 선호했다.

"니체라면 여기에 숙박하지 않았을 거예요!" 우르스 킨베르거가 농담했다. 그는 60대의 조용한 남자로 이 호텔을 소유한 가문의 구성원이다. 킨베르거는 기꺼이 우리를 발트하우스 호텔의 긴 역사로 안내했다. 쿠어의 역사나 한 세대에서 다음 세대로 이어진 다른 장소들의 역사와 그리 다르지 않았다. 우리가 도착한 날 밤에 킨베르거는 로비에서 우리의 이름을 부르며 인사를 건넸다. 그는 '소유주'라는 단어를 한사코 쓰지 않으려 하면서 자신을 "숙소 관리인"으로 칭했다. 처음에 나는 그의 이런 행동이 그릇된 겸손이거나 엄청 낮춰서 하는 말이라고 생각했지만 설명을 들어보니 일리가 있었다. 호텔의 외관은 동화 속의 성처럼 당당하지만 내부 객실은 140개에 불과하다. 그리고 객실 하나당 한 명씩 총 140명의 객실 담당 직원이 있다. 요컨대 발트하우스 호텔은 지나가는 여행자를 위한 곳이 아니라 "**들어**와서come *in* 한동안 머무는" 손님들을 위한 "숙소inn"다. 아도르노, 만, 헤세를 비롯한 많은 지식인들이 그렇게 이곳에 한동안 머물렀다.

베카가 참나무 판재가 깔린 로비에서 이리저리 뛰어다녔다. 대리석 바닥과 오리엔트풍의 밝은 빨간색 카펫도 가로질렀다. 카펫은 짐작되는 연식에 걸맞지 않게 생생한 상태로 보였다. 그 호텔은 여섯 세대 째 킨베르거 가문의 소유다. 어쩌면 그 가문은 오랜 세월에 걸쳐 카펫 관리법을 터득했을 것이다. 그 덕분인지 그 거대한 호텔의 모든 방은 마법처럼 깨끗했다. 알고 보니 우르스 킨베르거는 정말로 "관리인", 반시대적이기로 작정한 한 장소의 집사였다. 그 장소는 과거의 것이었지만 미래에도 대체로 변함없이 존속할 성싶었다. "여긴 박물관이 아니에요." 내 생각을 알아채기라도 한 듯이, 그가 단언했다. "이 건물은 살아있어요. 하지만 너무 많이 변화하지 않는 방식으로 살죠. 어쩌면 강물 한가운데 있는 바위와 비슷하겠네요."

1차 세계대전 이전에 지어진, 전쟁으로 인한 파괴를 용케 면한 발트하우스 호텔은 '광란의 20년대Roaring Twenties'(서양문화에 활기가 넘쳤던 1920년대 — 옮긴이)에 성년기를 맞았다. 그러나 이 호텔은 당시의 수많은 호텔처럼 그 시대를 **위해** 지어진 곳이 아니었다. 킨베르거가 무심하게 말했다. "이 호텔은 웅장하지만 호화롭지는 않아요." 호화로움은 주의를 산만하게 한다. 호화 호텔의 반짝이는 종과 호루라기는 우리를 일상적인 삶 너머 다른 어딘가로 데려가기 위해 존재한다. 반면에 발트하우스 호텔은 눈부심이나 산만함을 일으키지 않는다. 우리의 숙소 관리인에 따르면 그 호텔은 "사치스러운 공간"을 제공했다. 탐험할 공간, 숙고할 공간, 떠날 공간, 붙박여 있을 공간. 단지 공간. 사물과 소유물로 꽉 찬 세계에서 공간은 흔히 채워져 있다. 심지어 공간은 오직 채워져 있을 때만 가치가 있다. 바꿔 말해 공간은 파괴되어야만 가치를 얻는다. 실제로 공간**으로서의** 공간은 전혀 실용성이 없으며 희귀한 사치품이다. 킨베르거가 내 마음을 어떻게 읽었는지 잘 모르겠지만 — 어쩌면 호텔업에 종사하는 사람은 독심술을 터득하는 모양이다 — 호텔 안내가 끝나고 우리의 숙박이 시작될 때 그는 우리를 한쪽으로 데려가 마지막 말을 건넸다. 호텔의 생명은 당연히 실용성 — 차는 따뜻하게 마실 수 있도록 제때 손님에게 도달해야 한다 — 에 달려있다. 그러나 킨베르거는 계곡을 향해 열린 창에서 끝나는 긴 복도를 손으로 가리키며 말했다. "만약에 모든 것이 실용적이라면, 그건 참 딱한 일일 겁니다."

호텔 안내는 우리가 묵을 방, 어쩌면 나는 빼고 베카와 캐럴이 묵을 방 앞에서 끝났다. 나는 질스-마리아에서 맞은 첫 밤을 어디에서 보낼지 아직 결정하지 못한 상태였다. 어찌된 일인지 우리는 예약한 것보다 더 좋은 객실인 244호를 추가 요금 없이 배정받았다. 호수가 내려다보이는 방이었다. 문에 잠금장치가 있었지만 꼭 사용할 필요는 없을 듯했다. 그 방은 별명이 '벨라비스타Bellavist', 곧 "좋은 전망"이었는데 확실히 전망이 좋았다. 이 전망과 '비아 말라'는 두드러지게 대비되었다. 열아홉 살 때 나는 슈플뤼겐에서 여기로 오는 도중에 안데르Andeer 지역과 투시스Thusis 지역 사이의 유명한 협곡 위에 걸린 좁은 다리 위에서 난간 너머를 유심히 바라보았다. 다리의 폭은 겨우 3미터였지만 다리에서 협곡 바닥까지의 높이는 몇백 미터에 달했다. 나는 난간 너머를 응시했고, 현기증은 추락이 아니라 일부러 뛰어내리는 것에 대한 공포와 맞물린 어지럼증임을 처음으로 깨달았다. 완전히 개방된 곳에서는 아주 많은 것들을 선택할 수 있다. 질스-마리아에 처음 왔을 때 나는 이 사실을 순식간에 깨달았고 실감했다.

벨라비스타는 닫혀 있고 보호되어 있었다. 적어도 그 순간만큼은 객실과 그 다리의 차이가 좋았다. 질스-마리아의 유명한 안개가 말로야 고개를 넘어 뱀처럼 산을 휘감으면서 놀라운 속도로 계곡을 향해 내려왔다. 우리 방은 수목한계선 근처에 있어서 햇빛과 안개가 창으로 쏟아져 들어왔다. 발트하우스 호텔에 오래 머물었던 예수회 소속 성직자 알베르트 치글러Albert Ziegler는 이렇게 썼다. "나는 밖을 내다보지 않는다. 상 엥가딘의 호수 풍경이 방안을 들여다본다. 한 걸음 물러나면, 네모난 창틀이 회화작품의 틀이 된다. 나는 작품에 등장하는 색깔과 형태들을 바라볼 수는 있지만 서술할 수 없다." 심지어 베카도 말문이 막힐 정도로 경탄했다. 우리 셋은 창가의 널찍한 식탁에 앉아 저녁을 먹으며 야외의 빛이 방으로 들어오게 했다. 이내 천천히 어둠이 깔렸다.

시인 겸 단테 학자 레모 파사니Remo Fasani도 이 호텔과 마을을 흠모했지만 니체가 질스-마리아를 사랑한 이유와 똑같은 이유로 이곳을 사랑할 필요는 없다고 제안했다.

백여 년 전에 니체는
고독과 고요를 찾아 여기에 왔지.
여기에서 그는 차라투스트라라는 선물을 받았네.
시간 자체를 무너뜨리는 초인을.

나도 여러 해 여름에 여기에 왔지.
여기에서 나는 고요와 나 자신과 더불어 시간을 보내네.
시를 쓰면서 이제껏 과거에 속했던 것을
새로운 것과 결합하려 애쓰네.

니체는 궁극적인 것을 변화시키기를 원했지.
과거를 불태우는 화장의 장작더미를 통해
멋진 신세계를 불러들이기를 원했네.

그러나 내가 원하는 것은
과거가 현재와 미래 모두 속에서 사는 것
모든 시간이 다시 하나로 진동하는 것.

내 생각에 파사니는 착각한 것 같다. 니체도 똑같은 것을 원했다. 과거가 현재와 미래 모두 속에서 사는 것, 시간이 다시 하나로 진동하는 것이야말로 니체의 바람이었다. 이것이 영원회귀라는 과제다. 그러나 이것은 — 역시나 내 생각일 뿐이지만 — 매우 어려운 과제다. 이 과제를 수행할 수 없거나 수행하지 않을 때 종종 니체는 모든 것을 불태우기에 충분할 만큼 행복하거나 슬퍼했다.

2부

사랑에 빠진 차라투스트라

부모를 보면서 울 이유가 없는 아이가 어디에 있겠나? 나는 이 남자가 땅을 감지할 자격과 성숙함을 갖췄다고 여겼지. 하지만 그의 아내를 보았을 때, 나에게 땅은 지각없는 자들의 집으로 느껴지더군 … 이 남자는 영웅처럼 진실들을 찾아 나섰는데, 결국 약간 치장한 거짓을 정복했어. 그는 그 거짓을 결혼이라 부르지.
프리드리히 니체, 《차라투스트라는 이렇게 말했다》, 1883

나는 캐럴 곁에서 깨어났다. 취리히에서부터 운전하고 와서 베카를 먹이고 목욕시킨 뒤에 맞은 간밤에 나는 진짜 철학자가 될 에너지나 마음이 없었다. 니체하우스가 지척에 있었지만, 엄청나게 멀게 느껴졌다. 내일이나 모레 가자고 자신에게 약속한 뒤에 나는 캐럴 옆에 웅크리고 누워 나 자신과 질스-마리아에서의 첫날을 떠나보냈다.

하지만 이제 나는 환히 깨어있다. 새벽 3시 16분이었다. 어렸을 때 어머니는 나를 "떠돌이"라고 불렀다. 내가 작은 야행성 동물처럼 밤중에 우리 집의 모든 방들을 살금살금 돌아다니곤 했기 때문이다. 예나 지금이나 모범적인 어버이인 우리 어머니는 날마다 참을성 있게 떠돌이를 설득하여 침대로 데려갔다. "지금은 자야 해. 안 그러면 내일 힘들어."라고 어머니는 말하곤 했다. 나는 어머니 말대로 하려고 애썼지만, 항상 두 개의 목소리 때문에 주의가 산만했다. 나와 나 자신이 내면에서 대화하는 소리였는데, 그 내면적 대화가 시작된 것은 내가 네 살쯤, 아버지가 우리를 떠난 후 몇 달 지났을 때였다.

니체가 들은 목소리들과 그로 인한 불면증은 가차 없었다. "나와 나 자신은 항상 너무 깊은 대화를 나눈다."라고 그는 고백했다. "친구가 없다면, 내가 그것을 어떻게 견뎌낼 수 있겠는가?" 니체는 독자에게 은둔자의 친구는 언제나 제3자, 나와 나 자신이 "심연으로 가라앉는 것"을 막는 낚시찌라고 말한다. 나에게는 오랫동안 어머니가 그런 친구였고 구명조끼였다. 그러나 성년기에 다가가면서 나의 밤 방황은 더 은밀해졌다.

니체의 말이 옳다. 친구가 없으면 너무 깊이 침몰할 가능성이 있다. 지인들과 함께라면, 사랑하는 이들과 함께라고 해도, 수면에 머무는 것이 더 쉽다. 그러면 숨통이 트이고 삶의 실제적인 일들을 처리할 수 있다. 그러나 때때로 우리는 약간의 깊이를 갈망한다. 나는 니체가 질스-마리아에 도착하자마자 자신의 어머니에게 전한 메시지를 떠올렸다. 그것은 자기가 있는 곳을 친구들에게 말하지 말라는 지시였다. 그는 방문객을 원하지 않았다. 슈테판 츠바이크에 따르면, 한때 니체가 머물렀던 방은 예비용 침실이었으며 방에는 소유물이 딱 하나 있었다. "셔츠 두 장과 정장 한 벌이 들어있는 무겁고 볼품없는 나무 트렁크"였다. 그밖에는 어떤 소유물도 없었다. "그 외에는 책과 원고들이 있었고 쟁반 위에 수많은 병과 단지들, 그리고 약병들이 있었다 … 특히 그의 불면증을 다스리는 끔찍한 진정제들인 클로랄 수화물chloral hydrate과 베로날이 있었다. 무시무시한 독약들을 준비해놓은 셈이었지만, 이 기이한 방의 공허한 침묵 속에서는 유일하게 도움이 되는 것들이었다." 그 많은 약들에도 불구하고 니체는 《차라투스트라》 1부를 쓰는 며칠 동안 거의 잠을 자지 못했다.

아직 3시 38분이었다. 세월이 지나면서 나는 불면증을 이용하는 법, 혹은 최소한 인정하는 법을 천천히 터득했다. 자식을 둔 부모의 산만한 실존에서 불면의 밤은 행복한 고요를 준다. 실제로 지금은 내가 며칠 만에 처음으로 혼자서 누리는 시간이었다. 아버지로 산다는 것은 당연히 함께 산다는 것이다. 완전히 지쳐서 또는 그러는 편이 낫다고 판단해서 아이들에게서 잠시 물러나 있을 때조차도 부모는 항상 아이들과 함께 있다. 고맙게도 아이들은 대개 아주 귀엽고 쾌활하기 때문에 부모는 성인인 자신의 개인적인 삶이 강탈하거나 지워졌다고 여기지 않는다. 그러나 새벽의 완벽한 고요 속에 있으니 부모가 되면서 잃어버린 홀로임을 기억해내는 것이 거의 가능했다. 나는 담요를 젖혀 캐럴을 덮어주고 조용히 다리를 내려 몸의 중심을 매트리스에서 바닥으로 조심스럽게 옮겼다. 캐럴은 뒤척이지 않았다. 베카도 움직이지 않았다. 이제 걸을 시간이었다. 벽이 황백색이고 바닥에 불꽃같은 빨간색 카펫이 깔린 발트하우스 호텔의 중앙 복도는 건물의 한쪽 끝에서 반대쪽 끝까지 뻗어있어서 길이가 얼추 200미터에 달한다. 건물에 층이 세 개나 있으니 중앙 복도만 걸어도 손색없는 "탐험"일 것이었다. "탐험"은 우리 어머니가 즐겨 쓴 또 하나의 단어다. 축축 늘어지는 여름에 우리 형제가 생산적인 소일거리를 발견하지 못하면, 어머니는 우리를 차에 태우고 어딘가 새로운 곳으로 가서 함께 걷곤 했다. 달리기가 아니라 걷기. 우리 어머니는 달리기를 좋아하는 분이 아니다. 우리는 특정한 목적지 없이 느릿느릿 걸었다. 처음에 나는 그 속도에 무척 짜증을 냈지만 어머니는 그렇게 느리게 걷는 것이 사물들을 보는 최선의 방법이라고 설명했다. 그리고 보여주었다. 나무들, 나뭇잎들, 딱정벌레들, 시냇물들, 생각들. 우리가 일상에서 달리며 지나치거나 의도적으로 건너뛰는 사물들을 보는 최선의 방법. 나는 벨라비스타에서 빠져나와 니체를 찾아 나섰다.

1881년 여름 영원회귀의 개념을 떠올렸을 때 니체는 또한 영원회귀의 무한한 책임을 너끈히 짊어질 수 있을 법한 인물을 숙고하기 시작했다. 살면서 내리는 결정들을 자신의 최종적이며 영원한 결정들로 인정할 수 있을 인물. 그 인물은 니체 자신이 전혀 아니었다. 심지어 차라투스트라도 아니었다. 그 인물은 초인이었다. 차라투스트라에 따르면 인간은 이 이상적 초인과 짐승 사이를 잇는 다리 혹은 밧줄에 불과하다. 인간은 꾸준히 조심스럽게 건너가야 할 무언가다. 1882년, 이 장대한 철학적 목표에 관심을 기울이기 시작한 니체는 우선 처리해야 할 실생활의 장애물들에 부딪혔다. 그중 하나는 지속적인 사랑의 어려움이었다.

니체를 사로잡은 초인의 힘이 강해짐에 따라 동반자 관계에 대한 니체의 양면성도 강해졌다. 외부에서 보면 이 모든 것이 한 남자의 인생관에 일어난 이론적 발전으로 보인다. 그러나 진실은 그렇지 않다. 이 모든 것은 개인적 결별들 가운데 가장 거슬리는 결별에 의해 촉발된 이론적 돌파였다. 어쩌면 이 해석은 이른바 "평전적 오류", 글의 형식과 내용을 저자의 삶의 윤곽 탓으로 돌리는 오류에 가까울 것이다. 그러나 니체의 글을 해석할 때는 이 오류를 피하는 것이 불가능할뿐더러 현명하지도 않은 듯하다. 니체 본인이 이렇게 말한다. "[차라투스트라의] 거의 모든 단어 뒤에는 개인적 경험이, 최고 수준의 자기 극복 활동이 있다."

모든 것의 시작은 차라투스트라가 등장한 때보다 여러 해 전인 1873년이었다. 니체는 여전히 바그너 부부와 매우 많은 시간을 보내고 있었고, 낭만주의적 구원에 대한 희망이 아직 일부는 살아있었다. 그때 니체는 파울 레Paul Rée와 만났다. 친구 에르빈 로데Erwin Rohde에게 쓴 편지에서 니체는 "쇼펜하우어 추종자이며 매우 사색적이고 유능한 레라는 사람"을 언급했다. 부유한 유대인 가족의 셋째인 레는 라이프치히에서 철학을 공부했으며 니체와 마찬가지로 쇼펜하우어뿐 아니라 도덕의 역사와 기원에도 관심이 많았다. 아리스토텔레스의 윤리학을 다룬 박사논문을 쓰기도 한 레는 특히 이타성이라는 덕목에 관심을 기울였다. 그는 타인을 돌보는 이타성이 다윈주의적 진화에 의해 선택된 선천적 형질이라는 가설을 내놓았다. 니체는 훗날 《도덕의 계보》에서 이 가설을 사뭇 단호하게 배척하게 되지만 처음엔 그 대안적인 견해를 존중했고, 젊은 니체와 레는 아주 친한 사이가 되었다. 적어도 바그너 부부가 보기에 두 젊은이는 너무 친했다.

19세기가 진행되는 동안 "유대인"은 급격한 속도로 많은 문화적 정치적 문제들의 희생양이 되어갔다. 바그너의 반유대주의는 뿌리가 깊었다. 그는 《음악에서의 유대주의Das Judentum in der Musik》를 1850년에는 익명으로, 1869년에는 실명으로 출판했다. 이 글에서 그는 히브리어는 진정한 미적 느낌을 파괴하는 "삑삑거리고 끽끽거리고 붕붕거리는 코맹맹이 소리"라고 주장했다. 이 글은 오늘날 반유대주의 문학의 대표적인 사례의 하나로 꼽히지만 바그너가 생전에 유사한 내용으로 쓴 수십 편의 짧은 에세이 중 하나에 불과하다. 그 글들에서 바그너는 유대주의를 완전히 버려야만 독일 문화를 구원할 수 있다고 일관되게 주장했다. 레가 몇 안 되는 니체의 친구 중 하나로 추가되는 것은 바그너가 보기에 환영할 일이 아니었다.

1876년 바그너의 바이로이트를 떠날 때(1876년은 바그너가 설계한 축제극장에서 니벨룽엔의 반지가 초연된 해이다 — 옮긴이), 니체는 말 그대로 레와 손잡고 떠났다. 두 사람은 축제가 끝나기도 전에 탈출하듯 바젤로 돌아갔고, 니체보다 다섯 살 연하인 레는 니체의 조력자 겸 친구 역할을 맡았다. 당시 니체는 어머니에게 "우리는 함께 매우 행복합니다."라고 말했다. 나는 대다수의 절친한 친구들이 서로 사랑하는 사이라고 짐작하며 니체와 레도 그런 식으로 서로를 사랑했다고 확신한다. 이 시기에 니체는 눈병을 앓았는데 레는 덧문을 닫고 커튼을 쳐서 어둡게 만든 니체의 방 안에 몇 시간 동안 함께 있곤 했다. 아니나 다를까 두 사람에 관한 소문이 바이로이트에서 나돌기 시작했다. 독신인 두 남자가 어두운 방 안에서 무엇을 하는 것일까? 바그너는 나름의 이론을 유럽대륙의 문화적 모임들에 조용히 퍼뜨렸다. 그 이론에 따르면 니체의 눈병은 과도한 자위행위 때문에 발생한 것이고, 니체가 과도하게 자위행위를 하는 것은 여자와 섹스하는 것에 대한 병적인 공포 때문이며, 니체가 여자를 두려워하는 것은 은밀한 동성애 성향 때문이었다. 그리고 니체가 유대인 파울 레와 어두운 우정을 맺은 것도 동성애 성향 때문이었다. 이것은 터무니없고 악의적인 소문이었지만 여러 해 동안 끊임없이 회자되었고 적어도 부분적으로 니체를 산으로 탈출하게 한 원인으로 작용했다.

니체가 바그너를 마지막으로 한 번 더 자극하기를 고집하지 않았다면 어쩌면 니체는 그 소문에서 벗어날 수 있었을지도 모른다. 1876년 10월에 니체는 어머니와 여동생에게 "우리는 여기 소렌토에 있습니다."라고 알렸다. 휴일에 합류한 레가 함께 있었고 바다는 경이로웠다. 문제는 단 하나, 그곳이 바그너 부부의 휴가지이기도 했다는 점이었다. 니체는 11월 4일 소렌토에서 마지막으로 바그너와 만났다. 두 사람의 대화 내용에 대해서는 많은 논란이 있지만 그 대화가 전적으로 유쾌하지는 않았다는 점에는 모두 동의한다. 두 사람은 노골적으로 남성적이며 기독교적인 바그너의 오페라 《파르지팔Parsifal》을 언급했을 것이 틀림없다. 비록 상세히 논하지는 않았더라도 말이다. 그 작품은 니체가 유대인 동반자와 함께 가는 길과 바그너의 길이 갈라지는 대목의 배경으로서 완벽히게 적합하다.

현상에 아랑곳하지 않고 사랑하는 것은 참된 애정의 증표일 수 있다. 캐럴과 나는 각자의 이혼 과정의 한복판에서 그렇게 서로를 사랑하기 시작했다. 니체의 《선악을 넘어서》가 심지어 칸트주의자인 캐럴에게도 완벽하게 이해되는 드문 순간이었다. 조심성을 날려버리기, (같은 이야기지만) 완전히 포기하면서 사랑하기, 이기적인 친구들의 수군거림을 견뎌내기, 금지된 관계를 거의 의도적으로 맺기. 이것이야말로, 니체가 레에게 배운 성공하기이다. 레는 1882년에 니체에게

루 살로메Lou Salomé를 소개하게 되고, 세 사람이 니체가 누구나 이해할 수 있는 반어법으로 "삼위일체"라고 칭한 관계를 맺으면서 이 교훈은 더 깊은 의미를 띠게 된다.

니체는 사랑에 관한 한 애처로울 정도로 운이 없었지만, 일부 사람들은 전통적인 연애에서 니체가 잘 안 된 것은 실패라기보다 유난히 높은 그의 기준에서 비롯된 결과라고 설명한다. 때로 니체는 일부일처제에 대하여 매우 통찰력 있는 견해를 제시했다. "최고의 친구는 최고의 아내일 가능성이 매우 높다. 왜냐하면 좋은 결혼은 우정을 맺는 재능에 기초를 두기 때문이다." 그러나 때로는 쇼펜하우어의 불굴의 성차별적 발언을 따라 읊는 듯했다. "여자가 남자와 우정을 맺을 수도 있을 것이다."라고 인정하면서도 니체는 이렇게 덧붙인다. "그러나 그 우정을 견뎌내려면 약간의 … 반감의 도움을 받아야 한다." "약간"은 더 나중에 니체가 여성에 대해서 품은 반감을 서술할 때 많은 학자들이 사용하는 단어가 아니다. "여자는 부끄러워할 이유가 아주 많다. 여자 속에는 쩨쩨함, 천박함, 교사 기질, 하찮은 추측, 방종, 경솔함이 정말 많이 숨어있다 … 아아, 여자가 풍부하게 지닌 '여자 속의 영원한 지루함'이 언젠가 튀어나올 수 있다면 좋으련만!" 같은 가시 돋친 대목에서 니체는, 여자는 "소유물"로, "달아날 수 없도록 가둬둬야 하는" 무언가로 이해할 때 가장 잘 이해할 수 있다고 주장한다. 결론적으로, 니체가 소유할 가치가 있다고 생각한 아내는 가둬두기가 불가능할 것이었다.

니체는 루 살로메에 관한 이야기를 1882년 3월 13일에 레에게서 처음으로 들었다. 레의 친구이자 살로메의 친구인 말비다 폰 마이젠부크 Malwida von Meysenbug는 지중해권의 젊은 사상가들을 위한 사교모임을 조직했는데, 레는 로마에 있는 그의 집에서 살로메를 만났다. 당시에 마이젠부크도 니체에게 쓴 편지에서 살로메를 언급했다. 살로메는 "철학적 사유에서 당신과 똑같은 결론에 도달한 듯합니다. 즉, 모든 형이상학적 전제를 떨쳐버리고 형이상학적 문제들을 어떻게 설명할 것인가에 관한 염려를 떨쳐버린 실용적 관념론에 도달한 듯합니다. 레와 나는 당신이 이 예사롭지 않은 개인과 함께 있는 것을 보기를 한마음으로 바랍니다."라고 마이젠부크는 전했다. 니체는 그 젊은 러시아 여자를 만나기도 전에 사랑에 빠졌다.

니체가 사랑한 살로메는 마치 자연의 힘처럼 신비롭고 파괴적이며 거부할 수 없는 여자였다. 1882년 4월에 살로메와 만난 후 니체는 "나는 더 유능하거나 더 사색적인 정신을 발견하지 못했다 … 루는 내가 이제껏 만나본 가장 영리한 사람이다."라고 말했다. 유독 니체만 살로메를 찬미한 것은 아니다. 살로메와의 연애를 평생 이어간 릴케도 그녀의 위대함을 증언했다. 릴케는 그녀에게 "당신 때문에 나의 본질 전체가 나를 휘젓습니다."라고 썼다. 프로이트는 살로메를 "위대한 이해자"라고 칭했으며 거듭해서 그녀에게 지적인 조언을 청했다. 니체에게 살로메를 소개해준 파울 레도 그녀를 사랑했으며 최소한 한 번 청혼했다. 그녀는 최소한 한 번 레의 청혼을 거절했다. 그녀는 결혼할 필요가 적어도 당시까지는 없었다. 차르 체제의 러시아에서 유능한 장군의 딸로 1861년에 태어난 루 살로메는 20대 초반 내내 여행하고 공부할 재력과 자유를 누렸다. 수많은 남자들이 그녀를 숭배했고, 그녀는 그들이 제공하는 다양한 경험을 즐겼다. 그녀는 뛰어난 철학자였으며 정신분석가로 활동한 최초의 여성 중 하나다.

그것은 처음부터 이례적인 관계였다. 니체는 진지한 철학적 연구를 해야 했고 결혼에 대해서, 혹은 최소한 오랜 결혼생활에 대해서 의구심을 품고 있었다. 결혼생활에 몰입하면 그의 창조성이 질식당하리라는 것이 그 이유였다. 어머니를 비롯한 가족들과의 답답한 관계는 니체가 새로운 속박을 경계하게 만들었다. 루와 만나기 전에 니체는 레에게 "내가 앞으로 10년 안에 성취해야 할 것을 감안할 때" 자신이 감당할 수 있는 것은 2년 동안의 결혼생활이 전부라고 말했다. 그럼에도 니체는 자신과 유사한 정신을 지닌 동반자를 원한다고 인정했다. "나는 이런 유형의 여자를 열망해."라고 그는 레에게 털어놓았다. 3월 말경 중년의 니체는 짐을 싸서 이탈리아로 향했고, 그리하여 악명 높은 삼각관계가 완성되었다.

니체가 영원회귀의 개념을 발견한 장소는 질스-마리아 외곽의 피라미드형 바위 위일지도 모른다. 하지만 차라투스트라의 변화(전환)를 위한 영감은 로마에 있는 다른 유형의 "바위"에서 떠올랐을 가능성도 충분히 있다. 1882년 4월 26일 오후 성 베드로 대성당에서 말이다. ('베드로'는 '바위'를 뜻함 — 옮긴이) 그때 그 대성당의 비어있는 고해실 안에서 니체는 살로메를 처음 만났다. "우린 어느 별들에서 떨어져 여기에서 만난 걸까요?" 살로메에 따르면, 이것이 니체가 처음으로 내뱉은 말이었다. 그 만남은 엄숙했고 살로메는 그 철학자의 격식 갖춘 예절이 자신을 "어리둥절한 바보"로 만들었다고 썼다. 그러나 두 사람의 관계는 이내 정말로 급격하게 격식으로부터 해방된다. 니체는 두 번째 만남에서 살로메에게 청혼했다. "외로운 사람은 마주치는 사람들에게 너무 빨리 손을 내민다."라고 니체는 설명했다. 살로메는 니체의 청혼을 거절했다. 니체는 두 번 더 시도했지만 결과는 마찬가지였다.

1882년 봄, 21세였던 살로메는 로마에서 자신이 태어난 러시아까지 함께 여행하자고 니체와 레에게 제안했고, 두 남자는 당연히 동의했다. 세 사람은 그 여행을 끝까지 마무리하지 못했지만, 루체른에 도착했을 때 니체는 쥘 보네라는 사진사를 고용하여 연출된 사진을 찍게 했다. 사진은 그 관계의 일면을 보여주는데, 사진 속에서 살로메는 채찍을 들고 짐마차 안에 서 있고, 니체와 레는 그녀 앞에 길든 말들이 있어야 할 자리에 있다. 니체는 한 여자를 사랑했다. 어쩌면 처음이자 단 한 번뿐인 일이었을 것이다. 그 여행은 니체가 자신의 지적인 뿌리로 — 다시 스위스와 이탈리아 북부로 — 되돌아가는 것이었다. 그러나 이번에는 흠모하는 여자와 함께였다. 장소들은 똑같지만, 살로메와 함께 하는 경험은 다르기를, 자신의 삶과 글의 대부분을 특징지어온 위태로운 고립을 마침내 극복할 수 있기를 니체는 희망했다. 실제로 그 여행은 달랐지만, 젊은 니체가 희망한 대로 다르지는 않았다.

니체의 바람은 살로메에게서 자기 자신을 발견하는 것뿐이었고 그 바람은 거의 실현되었다. 5월에 두 사람은 이탈리아 알프스 지역의 오르타Orta 위로 솟은 몬테사크로산Monte Sacro에 올랐다. 살로메는 이 산행을 회상하면서 그때가 니체와 맺은 관계의 정점이었다고 평가했다. 그 후 두 사람의 관계는 확실한 내리막에 접어들었다. 두 사람의 관계가 심화됨에 따라, 니체의 철학적 사유도 심화되었다. 니체의 철학은 일부 사람들이 성년기의 초기에 그러하듯이 자기 부정과 이기적 과대망상을 오가며 심한 변덕을 부리는 듯했다. 살로메는 몬테사크로 정상에서 니체와 키스를 했는지는 기억하지 못했지만, 그 산행에서 니체가 무슨 말을 했는지, 그가 무엇이 되었는지는 잘 기억했다. 니체는 낮은 목소리로 영원회귀에 관한 이야기를 "엄청난 공포의 모든 징후들을 나타내며" 들려주었고, 그런 다음 초인의 최초 모습이 나타났다고, 니체가 사랑한 여인은 전한다.

처음에 그는 자아도취적 상상과 꿈과 황홀한 환상을 통해 신비적인 우월한-인간의 이상을 만들었다. 그런 다음에 자신을 자기 자신으로부터 구해내기 위해 한 번의 엄청난 도약을 통해 자신을 그것들[상상, 꿈, 환상]과 동일시하려 애썼다. 결국 그는 이중적인 인물이 되었다. 절반은 병들어 고통에 시달리고 절반은 구원받은, 큰 소리로 웃는 우월한 인간이 되었다. 전자는 피조물과 유사하고, 후자는 창조자와 유사하다. 전자는 현실성을 띠고, 후자는 신비적 초현실성을 띤다.

나는 늘 이 인용문이 불필요하게 가혹하다고 느꼈다. 유독 니체만 이중성을 지닌 것은 아니다. 대다수 사람들은 때때로 현실성과 가능성 사이의 틈이 벌어지면서 니체가 겪은 것과 똑같은 갈라짐이 일어나는 것을 경험한다. 그러나 니체가 경험한 틈은 (나로서는 이렇게 짐작할 수밖에 없는데) 심연처럼 깊었다. 그는 계속해서 그 자신이 가질 수 있는 만큼보다 더 많은 것을 원했고 이제는 상상했다.

지켜보는 입장에서 이런 정신적 균열은 상당히 불안하다. 살로메도 불안해했다. 그러나 니체는 그녀의 염려를 덜어주려는 행동을 거의 하지 않았다. 그의 현실은 외로운 현실이었고, 살로메는 숨이 막힐 정도로 대단한 가능성으로서 곁에 있었다. 니체는 살로메에게 이 양쪽 측면을 모두 표출했고, 결국 그녀는 니체의 삶이 자주 밟았던 단층선을 보았다. 그는 먼저 그의 고립된 삶이 자신에게 끼친 영향에 대해 해명했다. "나 같은 외로운 사람들은 타인들을, 심지어 사랑스러운 타인들도 천천히 알아가야 해요." 그러나 동시에 그 외로운 사람의 새롭고 대담한 가능성들도 발설했다. "솔직히 말해서 나는 당신을 최대한 빨리 독차지하고 싶어요." 이것은 틀림없이 솔직한 말이었지만 또한 강박적이고 어쩌면 약간 으스스한 말이었다. 5월 말에 나움부르크에서 니체는 살로메에게 편지를 써서 둘이 함께 보낸 시간을 상기시켰다. "창밖에서 나이팅게일들이 밤새 웁니다 — 어느 모로 보나 레는 현재의 나나 장래에 내가 될 수 있는 나보다 더 나은 친구입니다. 우리 둘 사이의 이런 차이를 유념하세요! — 완전히 외톨이일 때 나는 자주, 아주 자주, 당신의 이름을 크게 외칩니다. 그러면 나는 아주 많이 즐거워집니다." 심지어 살로메에게도 이것은 금지된 고백이었다.

늦어도 한여름 즈음에 니체가 공부와 철학적 자기발견 프로젝트를 시작한 도시인 라이프치히에서 살로메와 레는 니체와 결별하기 시작했다. 니체는 엄청난 충격을 받았고, 그런 사람들이 대개 그렇듯이, 격노했다. 1883년 8월에 니체는 울분을 토하듯이 이렇게 썼다. "그 두 사람, 루와 레는 내 부츠를 핥을 자격도 없다.(이 이미지가 너무 남성적인 것을 용서하라!)" 니체와 살로메의 관계를 다룬 초기 해설서들은 그녀가 그의 비서 겸 제자였다고 주장하지만 편지들은 다른 이야기를 들려준다. 그녀는 니체의 뮤즈이자 변함없는 도전, 그로 하여금 자유로운 정신의 참된 의미를 숙고하게 만든 힘이었다. 그러나 살로메는 점차 니체에게서 벗어나겠다는 결정을 내렸다. 훗날 그녀는 그 탈출이 아슬아슬하게 때맞춰 이루어졌다고 설명했다.

니체의 여동생 엘리자베트도 두 사람의 관계에 끼어들었지만 그녀는 니체와 살로메의 결별을 초래한 결정적 요인이 전혀 아니었다. 애당초 니체, 레, 살로메의 "삼위일체"는 자유로운 세 정신이 이룬 수도회여야 했으나, 니체는 금세 살로메를 또 다른 남성 동반자와 공유하는 것을 몹시 싫어하게 되었다. 그는 이렇게 설명한다. "세 사람이 나누는 모든 대화에서 한 사람은 불필요한 잉여이며 따라서 깊은 대화를 막는다." 이것은 세 번째 바퀴를 없애는 것을 정당화하려고 한 말이지만, 1882년 여름이 지나는 동안 살로메는 레가 아니라 바젤에서 온 교수에게서 멀어지기 시작했다. 이듬해 니체는 완전히 버려질 사람의 처지에 놓였다.

결별의 조짐이 뚜렷해지자 니체는 처절하게 외로운 많은 사람들이 할 만한 행동을 했다. 즉, 결별을 향해 내달렸다. 그는 결별하기로 작정했다. 루가 그를 원하지 않는다면 그가 먼저 그녀를 거부해야 했다. 그러나 이미 일어난 일을 되돌릴 수는 없는 법이어서 살로메는 레와 함께 달아났고(레는 이후 2년 동안 그녀의 동반자가 된다.) 니체는 잡을 수 없는 그녀를 경멸하는 척하는 것으로 만족해야 했다. 살로메를 떠나게 만든 편지들 중 하나에서 니체는 이렇게 썼다. "나에게 이런 편지들을 쓰지 마시오! 이런 형편없는 것들이 나에게 무슨 의미가 있겠소? 나는 당신이 내 앞에서 일어서기를 바라오. 그래야 내가 당신에 대한 경멸을 느낄 필요가 없어질 테니까." 이 경멸은 깊고 영속적인 상처의 징후로 이해할 수 있으며 아마도 그것이 옳은 이해일 것이다. 그러나 지금 나는 그것이 무언가 다른 것이었음을, 자기 뜻대로 할 수 없는 사람이 나타내는 증상이었음을 안다. 니체는 자신과 레와 살로메의 관계가 "그냥 이대로이기를", 수도회풍이고 이상적이기를 바랐다. 그러나 또한 그는 그 관계가 배타적이고 친밀하며 항상 자신의 뜻에 부합하기를 바랐다. 그는 타협에 능한 사람이 아니었으며 자신의 진면목이 아닌 것을 꾸며내는 재주가 없었다. 관계를 유지하려면 흔히 사랑하는 상대에게 거짓말을 해야 한다. 소중한 연인의 마음에 들도록 절반의 진실만 말해야 한다. 우리는 말할 것과 말하지 않을 것을 신중하게 선별한다. 이것은 사랑이라는 게임의 한 부분이고, 니체는 그 게임을 끔찍하게 못 하는 플레이어였다. 그는 자신의 내면에 떠오르는 모든 것을 말하거나 쓰는 것 같았고, 상대는 그것을 받아들일 수도 있고 거부할 수도 있었다. 살로메가 그것을, 그리고 그를 거부했을 때, 그는 격분했다.

이 분노의 여운을 《차라투스트라》에서 느낄 수 있다. 차라투스트라가 결혼을 비판하며 하는 막말, 가끔 드러내는 대화 상대에 대한 적개심, 통상적인 예절과 사리분별에 대한 짜증이 그렇다. 그 작품을 읽는 독자들이 차라투스트라의 발전을 이 시기에 그 작품의 저자가 겪은 개인적 혼란을 이해하는 한 방식으로 해석해도 무방하다고 나는 생각한다. 1882년 9월 16일, 니체는 살로메에게 다음과 같이 썼는데, 이는 훗날 그녀가 니체의 삶을 해석하는 데 사용하게 되는 이론을 두둔

하는 것이었다. "철학의 체계를 그 저자의 개인적 기록의 지위로 환원한다는 당신의 발상은 진정 '쌍둥이 뇌' 아이디어입니다. 바젤에서 나는 정확히 그런 취지로 고대철학사를 가르치면서 학생들에게 이렇게 말하고 싶었습니다. '이 체계는 틀렸음이 입증되었고 이 체계는 죽었다. 그러나 여러분은 이 체계의 배후에 있는 개인이 틀렸음을 입증할 수 없다. 그 개인을 죽일 수는 없다.'"

《차라투스트라는 이렇게 말했다》에는 날카로운 면과 고집스러운 면이 많다. 1882년부터 1885년 사이에 저술된, 4부로 구성된 이 작품은 니체의 작품들 가운데 가장 뜨거운 논쟁을 불러일으키는 저작이다. 어떤 사람들은 찬란한 작품이라고 하지만 다른 많은 사람들은 터무니없는 헛소리라고 한다. 그러나 이것 하나만큼은 참이라고 나는 생각한다. 《차라투스트라》가 틀렸음을 입증해내는 사람들도 그 작품의 배후에 있는 개인이 틀렸음을 입증할 수는 없다. 독자가 《차라투스트라》에서 발견하는 모순과 역설은 어떤 의미에서 니체 자신이다. 그리고 이것은 역설이 아니라고 나는 믿는다. 그 비일관성의 한가운데에 그 책과 저자 사이의 대담할 정도의 충실함이 존재한다. 또한 우리가 솔직하다면 그 책과 독자 사이에도 그러한 충실함이 존재한다. 《차라투스트라》는 근대정신의 분열된 본성을 보여준다.

살로메와의 연애가 파국에 이른 뒤인 1882년 11월, 니체는 살로메에게 편지를 써서 자신이 그녀에게 느낀 경멸은 자기 자신에 대한 감정에서 파생된 것임을 시사했다. "내가 얼마나 의심이 많은지를 올해까지 전혀 몰랐습니다. 내가 말하려는 것은, 나 자신에 대한 의심입니다. 내가 동료들을 대하는 태도가 나 자신을 대하는 태도를 망쳐놓았습니다 …" 이 위험, 동반자 관계가 자아를 파괴할 위험은《차라투스트라》의 핵심에 놓인 주제다. 때로는 영원회귀가 아니라 이 위험이 그 작품의 정수로 보이기까지 하지만 이것은 정확하게 옳은 해석이 아니다. 그 작품의 정수는 영원회귀다. 그러나 자아를 짓누르는 부담들이 끊임없이 그 정수를 위태롭게 만든다. 그 자아는 밀봉되고 통합된 행위자가 아니다.(니체는 이를 잘 알았다.) 그 자아의 번영은 두 가지 조건에 달려있다. 첫째, 그 자아는 자신의 길을 가능한 최대한도까지 선택할 수 있어야 한다. 둘째, 그렇게 선택할 수 없을 때, 그 자아는 자신에게 닥친 운명을 끌어안을 수 있어야 한다. 사랑에 빠지면 이 두 가지 조건이 모두 위태로워질 수 있다. 이것이 니체가 레, 살로메와의 관계에서 얻은 교훈이다. 주어진 상황에 의해, 그리고 자신의 선택에 의해 니체는 결국 외톨이가 되었다. 그는 이렇게 쓴다. "홀로 살려면 짐승이나 신이 되어야 한다고 아리스토텔레스는 말한다. 이는 세 째 경우를 생략한 것이다. 홀로 살려면 둘 다가 되어야 한다. 즉, 철학자가 되어야 한다."

니체가 정신병원 한 구석의 의자에서 몸을 흔들고 있던 1894년, 살로메는 최초의 니체 평전을 썼다. 평전에서 그녀는 니체의 비극적 결말은 가능한 유일한 결말이라고 주장했다. 그녀는 이렇게 강조한다. "니체의 작품들 속에서 길을 잃지 않으려면 이론가로서의 니체가 아니라 인간 니체에 주의를 집중해야 한다. 같은 의미에서, 우리는 그 작품들을 숙고함으로써 새로운 이론적 세계상을 얻는 것이 아니라 니체라는 인간적 영혼의 상을, 그 영혼의 모든 위대함과 병약함의 상을 얻게 된다." 살로메에 따르면, 니체의 내면적 삶과 철학적 저술은 "완벽하게 융합한다." 그의 정신병은 뇌종양이나 매독이나 조울병의 귀결이 아니라 그의 철학의 필연적 귀결이었다. 니체의 개인주의, 회의주의, 완벽주의, 우상 파괴에 너무 깊이 파고드는 것은 경솔하게 심리적 병리현상에 덤벼드는 것이며, 지속적 동반자 관계의 안락으로부터 최대한 빨리 달아나는 것이다. 《차라투스트라》를 읽는 독자는 이를 발견하게 된다.

호텔은 고요했다. 빨간 카펫 위를 걷는 내 발자국 소리만 들렸다. 객실들의 문은 고급 광택제를 바른 참나무 판재로 표면이 덮여 있었다. 옹이 많은 통나무를 켜서 판재 두 개를 만들어 객실 문에 나란히 붙여놓았는데, 거울 대칭 무늬가 만들어졌다. 좌우가 똑같기도 하고 전혀 다르기도 하다. 복도를 걷는 동안, 나비, 구름, 천사, 얼굴들이 내 옆으로 지나갔다. 그야말로 걸으면서 하는 로르샤흐 검사Rorschach test(심리 검사의 일종 — 옮긴이 주)였다. 한 시간 후, 나는 78호 객실 앞에서 걸음을 멈추고 숨을 가다듬었다. 객실 문에서 서로 마주한 공작 두 마리가 나를 향해 미심쩍은 눈길을 보냈다. 나는 녀석들을 오래 응시했다. 그러다가 내 어깨에 닿는 눈길을 알아챘다. 아니, 느꼈다는 편이 더 적절할 성싶다. 야간 직원인 것이 분명한 회색 정장 차림의 대머리 남자가 복도 끝에 나타났다. 그는 나를 가만히 쳐다보았고 잠깐 미소를 짓고 떠났다. 나는 그가 호텔 안에서 마주친 첫 번째 떠돌이가 아닌 것이 분명했다.

다섯 시 오십일 분. 반복되는 복도 일곱, 여덟, 여남은 개가 더 있다. 나는 속도를 높였고 잠옷이 젖을 만큼 땀을 흘리기 시작했다. 새벽이 닥쳐오고 있었다. 나는 곧 방으로 돌아가 겉보기에 괜찮아 보이는 차림을 해야 할 것이었다. 나는 웅장한 대리석 계단실 꼭대기에 놓인 고리버들 흔들의자에 앉아 내 생각으로는 딱 1분 눈을 감고 있었다.

《차라투스트라》가 제대로 시작되기도 전에 우리 독자들은 걷고 있는 차라투스트라를 보게 된다. 차라투스트라는 30세에 외로운 정신을 누리기 위하여 "고향과 고향의 호수"를 버리고 높은 봉우리들로 향한다. 그는 홀로 짐승이자 신으로서 사는 것, 니체의 표현으로는 철학자가 되는 것을 열망할 것이다. 그러나 10년 후, 대다수 사람들이 중년이라고 부르는 나이에 그는 "너무 많은 꿀을 모은 벌처럼" 자신의 외로운 지혜에 싫증이 난다. 바꿔 말해 그는 너무 외로워져서 문명으로 돌아가기로 결정한다. "그렇게 차라투스트라의 하강이 시작되었다." 하산 길에서 처음에 그는 아무도 만나지 못한다. 그러나 계곡이 가까워지자 차라투스트라는 나무들이 울창한 곳에서 오래전부터 알던 한 성자를 발견한다. 그 성자는 산사람 차라투스트라가 변한 것을 알아본다. 실제로 그는 변했다. 그는 여전히 외롭지만 이제 행복하게 외롭지 않다. 하지만 차라투스트라는 자신이 귀환하는 것에 대하여 또 하나의 더 고상한 이유를 댄다. "나는 인간들을 사랑하기 때문이오."라고 그는 설명한다. 그리고 그는 아래 소도시에서 그가 사랑하는 사람들을 계속 찾아다닌다.

사랑과 욕구의 혼동은 작품의 초반부에서 차라투스트라에게 치명적이다. 그는 사랑하는 척하지만, 실은 어리석게도 자신의 모습을 따라 만들어진 동반자를 욕구한다. 초인에 관한 그의 가르침을 그 자신이 받아들이는 것과 똑같이 받아들일 동반자들을 찾아다니는 차라투스트라는 엄격히 정해진 방식으로 충족되어야 하는 나르시스적 욕망을 반영한다. 인간의 동반자 관계라는 것은 늘 그런 식으로 심리적 혹은 인간적 결핍감을 보상하기 위하여 미리 설계되는지도 모른다. 그러나 차라투스트라가 장터에서 만나는 잠재적 애인들과 친구들은 공허감을 채우는 데 거의 도움이 되지 못한다. 그들은 너무 자잘하고, 너무 어리석고, 너무 인간적이다.

차라투스트라만 사랑과 욕구를 혼동하고 이 혼동으로 인한 심리적 아픔을 경험하는 것은 아니다. 어느 정도는 독자도 이 같은 우정이나 교감을 추구하는 것이 처음부터 운명지어져 있음을 알아차린다. 차라투스트라는 순종하면서 강하기도 한, 불가능한 동반자들을 추구한다. 그는 추종자와 경청자를 욕구한다. 그렇지만 그들이 자유로운 정신이기를 바란다. 바꿔 말해, 마지못해 추종하거나 경청하는 게 아닌 동반자를 바란다. 도시 사람들이 그의 기준에 미치지 못하는 불가피한 일이 벌어지자 "차라투스트라는 슬퍼져서 자신의 가슴에게 말했다. '그들은 나를 이해하지 못해 … 나를 바라보며 웃지. 게다가 웃으면서 나를 증오하기까지 해. 그들의 웃음 속에는 얼음이 있어.'" 이 말을 끝으로 차라투스트라는 다시 고립된 오솔길로 떠나 어둠 속으로 걸어 들어간다. "그는 밤에 걷는 것에 익숙했고 모든 잠든 것의 얼굴을 들여다보기를 좋아했으니까." 《차라투스트라》 전체는 그렇게 한 남자가 어둠과 빛 사이를, 홀로임과 함께임 사이를 오가는 이야기다.

《차라투스트라》의 "머리말"을 달리 해석할 수도 있다. 즉, 차라투스트라가 친구를 사귀거나 사랑에 빠지지 못하는 이유를 다르게 설명할 수도 있다. 《차라투스트라》를 처음 읽었을 때 내가 그걸 눈치채지 못했다는 것은 명백하다. 그 해석에 따르면, 차라투스트라의 고립은 동반자 결핍과 아무런 관련이 없다. 그의 고립은 그가 동반자들에게 강제로 들려준 메시지, '신은 죽었다.'와 밀접한 관련이 있다. '신은 죽었다'는 것은 불쾌한 발견이지만 차라투스트라에 따르면 화들짝 놀랄 만한 발견은 아니다.

신의 죽음은 오래전에 시작되었다. 신에 대한 우리의 신앙은 여러 힘의 맹렬하고 꾸준한 공격에 침식되어 왔다. 과학의 발전, 이성의 시대, 근대 자본주의의 탄생, 주의를 산만하게 하는 소비지상주의, 국가의 신격화와 같은 힘들에 의해. 신은 버텨낼 가망이 없었다. 신의 죽음은 축하할 일이 아니다. 아무리 좋게 봐도, 신의 죽음은 채울 필요가 있는 공허를 창출했다. 도스토옙스키가 처음으로 지적했듯이, 신이 없다면 무엇이든지 허용된다. 따라서 무언가 새로운 것이 이루어질 수 있다. (혹은 이루어져야 한다.) 차라투스트라는 자유로운 정신들로 구성된 소규모 집단이 새로운 것을 함께 이뤄내기를 희망한다. 이 희망을 품고 그는 초인과 자기극복을 가르친다. 탈신학적 세계에서 자기극복은 남아있는 극소수의 목표 중 하나다. 자기극복은 흥미진진한 가능성이지만, 또한 싹트는 인간관계에 감당할 수 없는 부담을 지울 수 있는 섬뜩한 가능성이다.

니체가 말하는 자기극복에서 정확히 무엇이 그리 섬뜩한 것일까? 차라투스트라는 자기극복이 세 번의 "변신"이라고 설명한다. 첫째, 당신은 낙타가 되어야 한다. 과거와 전통과 문화적 제약의 짐을 짊어진 낙타. 나는 늘 이 변신이 가장 무자비한 단계로 느껴진다. 보통 상상 속에서 낙타는 완벽하게 줄을 맞춰 걸으면서 충실하게 짐을 운반한다. 그러나 낙타가 항상 그런 모습인 것은 아니다. 낙타는 거대하고 강인한, 정말로 모래괴물이라고 할 만한 동물이다. 낙타는 자신에게 부과된 제약들에 굴복할 의향이 없다. 그래서 낙타 등에 짐을 얹기 전에 먼저 낙타를 굴복시켜야 한다. 사람들은 낙타를 말뚝에 매어놓고 굶긴다. 굶주림이 낙타의 의지를 약하게 하지 못하면 매질이 시작된다. 이런 식으로 낙타는 짐을 나르는 짐승이 된다.

하지만 그 다음에 가장 외로운 사막에서 두 번째 변신이 일어난다고 니체는 말한다. "여기에서 정신은 사자가 된다. 사자는 자신의 자유를 정복하고 자신의 사막의 주인이 된다." 사자는 낙타의 짐을 내던지고 (이렇게 추측할 수밖에 없는데) 과거의 주인을 잡아먹는다. 십대들은, 심지어 겉보기에 학구적인 십대들도 이 단계에 매력을 느낀다. 20세기에 《차라투스트라》가 인기를 누린 것도 아마 이 단계 덕분일 것이다. 사자는 "자신을 위한 자유의 창조이며 심지어 의무에까지 맞서는 신성한 부정sacred No이다." "신성한 부정"이란 모든 이른바 가치들에 대한 부정, 한 번 고려하고 말끔히 지워버리기이다. 하지만 이것으로도 충분히 난폭하지 않다. 사자는 차라투스트라가 "너는 해야 마땅하다Thou shalt."라는 이름으로 부르는 용에 맞서고 죽일 수 있는 유일한 짐승이다. 이 용이 죽어야만 사자의 의지, 즉 순수한 개인적 자유의지가 살 수 있다.

우리 중 다수, 아니 (과감하게 말하면) 대다수는 여기까지만 나아간다. 우리는 비순응성을 끌어안고 사냥감을 잡아먹는 사자로서 여생을 보낸다. 니체에 따르면 사자로 사는 것에 큰 부끄러움은 없으며, 사자의 투쟁 정신은 유지하기 어렵고 따라서 어느 정도 영웅적이다. 더 나아가, 차라투스트라 자신이 세 번째이자 마지막인 변신을 경험했는지는 《차라투스트라》가 종결될 때까지 불명확하게 남는다. 그러나 사자가 할 수 없는 하나, 따라서 아직 되지 못했으며 되어야 하는 하나가 있다. 사자는 자신을 의무와 짐으로부터 애써 떼어낼 수 있지만 이 '아니라고 말하기'는 새로운 가치들을 창조할 준비를 갖추지 못했다. 새로운 가치들을 위하여 사자는 아이가 되어야 한다. 여기에 미성숙의 고유한 가치가 있다. "아이는 천진함 … 새로운 시작, 놀이, 스스로 도는 바퀴, 첫 동작, 신성한 긍정이다." 사자의 한계는, 설사 거부한다 할지라도, 여전히 과거의 방식에 매여 있다는 것이다. 니체에 따르면, 아이에게는 잊고 앞으로 나아가는 기적에 가까운 능력이 있다. 그런데 아이는 어떤 새로운 가치들을 창조하게 될까? 이 질문은 거의 중요하지 않다고 차라투스트라는 주장한다. 그것들은 새로울 것이며 한 번도 본 적 없는 모습일 것이다. 게다가 이 질문은 아이의 것이 아닌 걱정을 아이의 것으로 착각하게 만든다.

니체와 차라투스트라의 관점에서 우정과 연애의 가치는 이 변신을 촉진하고 초인이라는 이상을 강화하고 신의 죽음을 보상하는 능력에 달려있다. 차라투스트라가 찾아다니는 것은 평균적인 친구나 애인이 아니다. 차라투스트라는 가르친다. "네 친구에게서 네 이상으로서의 초인을 사랑하라." 한 개인에게서 사랑하는 것은 몸이나 성격이 아니라 오히려 어떤 고귀한 이상이라는 생각은 아주 오래된 것이다. 아리스토텔레스는 참된 친구는 당신 안의 최고 미덕들에 우호적인 친구라고 믿었다. 그러나 동반자 관계에 대한 니체의 생각은 약간 다르다. 니체가 동반자 관계에서 추구하는 이상은 초인, 더 해방된 미래를 위해 미덕과 정상이라는 올가미를 기꺼이 떨쳐낼 존재다.

니체는 루 살로메와 만나면서 그런 관계를 맛보았다. 그 관계는 엄청난 활기를 주었지만 또한 그만큼 불안정했다. 부분적으로는, 그 관계에 워낙 많은 것이 걸려있기 때문이었다. 우리 시대와 마찬가지로 니체의 시대에도 당연히 이 불안정성을 극복하고 관계를 떠받쳐서 밤잠을 편히 잘 수 있게 하는 방법들이 있었다. 그때나 지금이나 한 가지 방법은 결혼이다. 그러나 그런 유형의 애정이 깃든 우정은 서로의 자기극복을 촉진하기보다는 느리지만 확실하게 이웃의 "사랑", 곧 물리적으로는 가깝지만 정신적으로는 가깝지 않은 사람의 사랑으로 전락할 수 있다는 점을 니체는 우려했다. 차라투스트라는 이렇게 꾸짖는다. "너는 네 이웃과 무리를 이루면서 그것을 좋은 말로 포장한다. 그러나 나는 너에게 말하노라. 이웃에 대한 너의 사랑은 너 자신에 대한 나쁜 사랑이다. 너는 너 자신에게서 달아나 네 이웃에게 가면서 그것을 미덕으로 만들고 싶어 한다. 그러나 나는 너의 **이타심**selflessness을 꿰뚫어본다."

나는 흔들의자에서 일어나 벨라비스타로 향했지만 방에 들어가기 전에 한 바퀴 더 돌기로 마음먹었다. 모든 문에 번호가 적혀 있었는데, 딱 하나만 예외였다. 나는 무엇이든지 열어보고 싶은 욕구가 거의 강박적으로 있었기에 그 문을 열지 않을 수 없었다. 문이 활짝 열렸고 위층의 짧은 복도로 이어지는 좁은 계단이 나타났다. 그 복도에는 아무것도 적혀있지 않은 세 개의 문 앞에 일곱 켤레의 신발이 놓여 있었다. 직원들의 거처일 것이라고 나는 상상했다. 돌아서서 떠나려는 참에 그 복도의 네 번째 문, 301호실의 문이 살짝 열려있는 것을 보았다. 그 방은 비어있었고 좁고 천장이 낮았다. 방의 뒤쪽 벽에는 또 다른 방으로 가는 계단이 있었다. 나중에 알았지만, 그것은 그 호텔에서 가장 높고 전망이 좋은 전망대로 가는 계단이었다. 둥근 반원형 창들은 이제 막 햇빛을 계곡으로 통과시키기 시작한 봉우리들을 향해 나 있었다. 지금 여기를 떠나기를 어려울 성싶었다. 《차라투스트라》의 마지막 문장은 이러하다. "그는 어두운 산속에서 나오는 아침해처럼 찬란하고 강한 모습으로 그의 동굴을 떠났다." 이 위풍당당한 문장은 희망과 소망으로 넘쳐나지만, 나는 그 봉우리를 내려오는 더 험한 방식이 있다는 것을 알고 있었다.

나중에 알게 되었지만 301호는 예전에 야간 직원으로 일했던 니노가 쓰던 방이다. 호텔 측은 그 방을 비워두고 있었다. 관리장 놀디 지아마라와 니노는 오랜 친구 사이였고 자주 전망대에서 함께 밥을 먹었다. 놀디는 이렇게 말했다. "여기에 오면 하늘이 아주 가까워져요. 왕이 된 기분이 들죠. 하지만 어떤 것도 통치하지 않는 왕이에요. 일터가 가까운데도 아주 멀리 떨어진 느낌이 들어요. 우리가 논의했던 문제들도 그렇죠." 여러 해 전 늦여름에 놀디와 니노는 인근의 이탈리아 지역인 발치아베나Valchiavenna로 등산을 갔다. 중간에 두 사람은 각자 알아서 가기로 했는데 놀디가 이발을 하려고 더 먼저 갔다. 놀디는 이렇게 증언한다. “갈림길에서 니노가 길을 잘못 든 게 틀림없어요. 위로 올라가는 길로 간 거죠.” 폭풍우가 몰아쳤다. 등산로는 미끄러웠다. 이튿날 아침에 사람들은 68세 남성의 시체를 발견했다. 때로 우리는 무심결에 위로 올라가는 길로 들어서지 않도록 조심해야 한다.

나는 바로 아래 계곡 바닥을 내려다보다가 시선을 최대한 북쪽으로 옮겼다. 생 모리츠St. Moritz 위로 솟은 봉우리들이 보였다. 파울 레는 1901년에 그 봉우리 중 한곳에서 죽었다. 니체가 죽은 뒤 레는 질스-마리아로 이주하여 지역 사람들을 위해 의사로 일했다. 늙어가는 레는 외견상 성자처럼 살았다. (일부 사람들은 톨스토이적인 삶이라고 칭한다.) 그는 낮은 곳에서 단순한 일에 종사하는 지역 농부들을 이타적으로 도왔다. 그것은 꽤 아름다운 삶이어야 했다. 그러나 10월 28일에 레는 더 높은 곳으로 출발해 율리어 고개Julier Pass 바로 서쪽에 있는 차르나두라 협곡Charnadura Gorge 언저리를 홀로 등반한다. 레가 어떻게 추락했는지 정확히 아는 사람은 없다. 죽기 며칠 전에 레는 한 지인에게 이렇게 말했다고 한다. “나는 철학을 해야 합니다. 철학할 거리가 떨어지면 죽는 게 최선이지요.” 제때에 죽기. 이것은 차라투스트라의 가르침이다. 이것이 쉽지 않음을 차라투스트라는 안다. 이것은 종종 고의로 위로 오르는 길을 선택하기를 포함한다.

나는 조심스럽게 계단을 내려와 버들고리 흔들의자를 향해 되짚어 가고, 나의 딸과 소중한 칸트주의자가 평화롭게 잠든 벨라비스타로 돌아왔다.

산 위에서

우리는, 우리 모두는 분출할 때를 향하여 성장하는 화산이다. 그러나 그때가 얼마나 먼지 가까운지는 아무도 모른다. 심지어 신도 모른다.
니체, 《즐거운 학문》, 1882

1885년에 《차라투스트라》가 완성되었지만 이 작품은 여러모로 시작에 불과했다. 월터 카우프만의 말을 빌리면, 그 작품은 "그의 철학 전체를 제시하는" 니체의 첫 시도였다. "그의 모든 전작들은 발전의 단계들이었다. 《차라투스트라》에서 마지막 단계가 시작된다." 독자는 가물거리는 봉우리를 어렴풋이 보는 느낌을 받는다. 니체는 그 봉우리의 광경을 드러내고 서술하기 위해 애쓰며 여생을 보내게 된다. 1886년 가을에 《선악을 넘어서》를 출판하면서 니체는 친구 야콥 부르크하르트에게 편지를 써서 이렇게 말했다. "부디 이 책을 읽어주시오. (이 책은 비록 나의 차라투스트라와 똑같은 말을 하지만, 다르게, 사뭇 다르게 합니다.)" 《차라투스트라》는 영원회귀와 초인을 인상주의 회화처럼 보여준다. 반면에 《선악을 넘어서》는 상징과 은유를 대체로 사용하지 않는다. 이 작품은 차라투스트라가 오르는 높은 봉우리를 흐릿하게 만드는 모든 것에 대한 체계적 철학적 공격이다.

《선악을 넘어서》는 사업가적 실험의 일부였다. 니체는 그 책을 자비 출판하기로 결정했다. 계산해보니 300부만 팔면 출판 비용을 회수할 수 있었던 것이다. 그러나 실제로 팔린 책은 114부였고, 66부는 지역 신문과 잡지에 기부되었다. 봉우리를 선명하게 만드는 일은 외로운 사업이 될 성싶었고, 니체는 그 참담한 모험에서 "사람들은 내 글을 전혀 원하지 않는다."라는 결론을 내렸다. 그는 홀로 가야 할 것이었다. 그러나 니체 연구가 독자적인 분야로 성장한 20세기 중반까지《선악을 넘어서》는 무수히 출판되고 판매되었다. 그 시절의 판본 한 권이 우리의 여행가방 속 베카의 장난감들 밑에 있었다. 나는 아침을 먹은 뒤에 그 책을 꺼내서 내 배낭에 넣고, 캐럴에게 점심 먹기 전에 돌아오겠다고 약속했다. 그리고 호텔에서 나와 천천히 달리기 시작했다.

니체하우스 뒤편에서 내가 여러 해 전에 걸었던 등산로의 입구를 옳게 찾았다. 그 길은 곧장 위로 올라간다. 워낙 가파르기 때문에 내가 없는 동안 누군가가 지혜롭게도 계단을 설치해놓았다. 가파른 오르막을 걸을 때는 끊임없이 근육에 부하가 걸린다. 스스로 속도를 조절하면서 몸을 그 힘든 상황에 적응시키는 것이 최선이다. 하지만 나는 그럴 시간이 없었다. 점심때까지 돌아와야 했다. 니체는 1888년에 이렇게 가르쳤다. "앉아있는 시간을 최대한 줄여라. 야외에서 자유롭게 움직일 때, 근육들도 한껏 흥청거릴 때 태어난 생각 외에는 그 어떤 생각도 믿지 말라." 내 근육들은 나중에 흥청거릴 수 있을 것이었다. 희박한 공기 속에서 숨을 헐떡거리며 나는 수목한계선을 넘어 나선을 그리며 산등성이를 향해 나아갔다. 거기에 가면 정말로 높은 봉우리들에 도달하지는 못하더라도 최소한 볼 수는 있다는 걸 알고 있었다. 나의 은둔자 니체는 이렇게 설명했다. "가만히 앉아있는 것은 성령에 맞서는 진정한 죄다."

꽤 오랫동안 내 운동화가 흙을 밟는 소리만 들리다가 바람결에 다른 소리가 실려오기 시작했다. 멀리서 짐승이 우는 소리 같았다. 소리는 점점 더 커지고 가까워지고 정체를 알 수 없게 되었다. 그러다가 나는 내가 그 소리를 내고 있다는 걸 깨달았다. 어떤 것들은 산에서는 억누르는 게 불가능하다. 이 산행은 열아홉 살이 되는 것과 비슷했다. 산소는 더 적었지만 말이다. 나는 완만한 내리막 구간에서 속도를 줄였다. 그 짧은 휴식 구간이 지나면 다시 가파른 오르막이 나올 것이었다. 니체는 이 등산로를 걸으며 삶을 견인할 수 있는 철학을 모색했다. "책이나 인간, 음악의 가치에 관한 우리의 첫째 질문은 이것이다. 걸어갈 수 있는가?" 일어나서 자신의 무게를 스스로 지탱하면서 걸어가고 진보할 수 있는가? 니체에 따르면 대다수의 철학자들과 대다수의 철학들은 그럴 수 없다. 나는 배낭을 뒤져 출발 전에 집어넣은 얇은 책을 꺼냈다. 잠깐 쉬었다가 가기로 했다.

《선악을 넘어서》가 공격하는 주요 표적은 두 개, 칸트와 여자다. 서양 주류 사상의 위대한 도덕 이론가들 중 하나인 칸트는 의무에 관한 이론을 제시했고, 그 이론은 니체를 그리 좋지 않은 방식으로 흥분시켰다. 쾨니히스베르크 출신의 그 자잘한 친구가 내놓은 윤리적 책임의 개념은 사람들이 니체가 추구하는 자유로운 정신을 포기하게 만들 위험이 있었다. 그러나 칸트에게는 더 본질적인 오류가 있었다. 칸트가 윤리 이론에 손을 대기도 전에 그의 철학 시스템에서 근본적인 오류가 발생했다. 윤리학으로 눈을 돌리기 전 칸트는 인식론자였다. 그는 인간의 정신이 어떤 유형의 진리를 알 수 있는지 알고 싶어 했다. 1780년대에 칸트는 데이비드 흄의 회의주의와 그밖에 영국 경험주의자들과 맞서며 이들을 극복하겠다고 마음먹었다. 근대 회의주의는 진실을 (무슨 대단한 것이 아니라) 단지 관습, 견해, 습관으로 환원하는 입장에 매우 가깝게 접근했고, 칸트는 진실과 확실성의 최고 지위를 재건하고 싶었다. 그리고 그는 기묘하고, 니체가 보기에 철학적으로 미심쩍은 방식으로 그 재건을 이뤄냈다.

칸트의 주장에 따르면, 인간은 세계에 관한 확실한 진실을 이해할 수 있는 정신적 능력을 소유했기 때문에 세계에 관한 확실한 진실을 이해한다. 물론 칸트의 이론은 이보다 더 복잡하지만 훨씬 더 복잡한 것은 아니다. 니체는 칸트가 적잖은 잉크를 한 순환논증에 소모한다고 주장한다. 그런 다음에 칸트는 그 순환논증을 가치들 — 도덕적 판단들과 미적 판단들 — 의 기원을 설명하는 데 사용한다. 이성을 통해 진실을 알아내는 능력은 인간을 특별하게 만든다. 얼마나 특별하냐면, 인간은 "비교할 수 없는 가치"를 지녔다. 바꿔 말해 인간은 사거나 팔거나 착취할 수 없다. 즉, 칸트의 표현을 인용하면, 인간은 "한낱 수단"으로 이용될 수 없다. 이것은 좋은 이야기지만 순환논증에 기초한 이야기다. 만약에 유럽 철학사가 한 세기 넘게 칸트의 성취를 최고라며 옹호하지 않았다면, 이 이야기는 전혀 주목받지 못했을 것이다. 칸트로부터 한 세기 뒤에 글을 쓰는 니체는 칸트의 좋은 이야기에 질려 있었다.

도덕적 가치들은 어디에서 유래할까? 니체에 따르면 인간이 진실을 파악할 수 있는 것은 어떤 정체불명의 정신적 능력 덕분이 아니다. 오히려 어떤 기초적 욕구에서, 매우 보편적이며 기본적인 어떤 두려움에서 나온다. 그것은 실존의 불확실성에 대한 두려움이다. 근대사회는 이 두려움에 지속적으로 반발하고 이 두려움을 은폐하는 과정에서 형성되었다. 나와 캐럴은 이 논점을 놓고 다툰 적이 전혀 없지만, 내가 이렇게 물은 적은 있다. "당신은 왜 칸트가 좋아? 당신도 알다시피 칸트는 극심한 성차별주의자야. 안 그래?" 그녀도 칸트가 성차별주의자라는 것을 알고 있었다. 단지 그것에 개의치 않을 뿐이었다. 그녀는 칸트가 "명백한 확실성"을 제공했으며 이 업적 때문에 그의 다른 모든 면모를 용서할 수 있다고 했다. "명백한"과 비슷한말로 '선명한' '확연한' '뚜렷한' '손에 잡힐 듯한' '확고한' '자명한' 등이 있다. 그런 유형의 확실성. 심지어 캐럴은 앞서 언급한 순환논증에도 그다지 개의치 않았다. 단지 모든 인간 각각은 이성적 능력을 지녔기 때문에 비교할 수 없는 가치를 지닌다는 결론만이 중요했다. 도덕적 판단과 관련해서 이 결론은 그 누구도 자신의 이웃보다 더 낫지 않다는 것을 의미했다.

칸트의 순환논증은 이를테면 막무가내의 평등을 약속했고, 캐럴은 그런 평등과 함께 계속 기꺼이 살아갈 수 있었다. 나는 그녀를 충분히 잘 알기에 이 문제를 놓고 논쟁하지 않았다. 캐럴은 상아탑에서 멀리 떨어진 캐나다 서스캐처원Saskatchewan 주의 한 소도시에서 성장했다. 그녀가 14세에 처음으로 얻은 일은 그녀의 침실 창밖으로 보이는 트럭 휴게소의 종업원 자리였다. 모든 각자가 자신의 이성의 능력 때문에 평등하다는 것은 학술적으로 증명할 필요가 없는 공리였다. 의문의 여지없는 실천적 힘을 지닌 믿음이었다. 그 믿음이 그녀를 트럭 휴게소에서 나와 캐나다 평등주의Canadian egalitarianism를 지지하게 만들었고, 이 활동이 그녀의 삶의 많은 부분을 가능하게 했다. 그 믿음의 타당성을 부정하는 것은 캐럴이 걸어온 길과 그 결과인 현재의 그녀, 대학을 졸업하고 박사과정을 밟고 결국 철학과 종신교수가 된 그녀를 부정하는 것이었다. 캐럴은 칸트의 명백한 확실성을 마치 자신의 삶이 거기에 달려있기라도 한 것처럼 옹호했다. 왜냐하면 실제로 그녀의 삶은 어느 정도 거기에 달려있었기 때문이다.

니체의 설명에 다르면, 온갖 고결한 외관에도 불구하고 철학은 흔히 특정한 동물적 욕구들을 충족시키는 수단으로 전락한다. 보호받으려는 욕망, 양육되려는 순응적인 성향, 위험한 세계와 협상하기 위한 수단이 된다. 이것이 니체가 "진실을 향한 의지"라고 부른, 칸트가 훗날 서양철학을 지배하게 되는 시스템을 개발하도록 몰아간 힘의 기원이다. 니체는 "의식적 사유의 절반 이상은 본능적 기능들 중 하나로 간주되어야 한다. 철학적 사유도 마찬가지다."라고 주장한다. 명백한 확실성에 매력을 느끼는 것은 이성적 논증의 결과가 아니라 오히려 원초적 두려움의 귀결이다.

나는 다시 걷기 시작했다. 이런, 계곡 바닥이 까마득히 멀어졌다. 여기 높은 곳에는 절대적 확실성이 살지 않는다. 등산로가 좁아졌고, 발

밑의 흙은 밟힌 흔적이 적은 돌로 바뀌었다. 내 왼쪽에는 끝없이 솟은 화강암 암벽이, 오른쪽에는 끝없이 아래로 펼쳐진 무無가 있었다. 난간이나 안전망은 없었다. 칸트 비판에 이어 니체는 "자유로운 정신"으로서 걸어갈 가능성으로 눈을 돌린다. 그런 해방된 사상가들은 어떤 모습일까? 하나는 확실하다고 니체는 주장한다. "그들은 독단론자가 아닐 것이다. 그들의 진실이 여전히 모두의 진실이어야 한다는 것은 그들의 자부심에 반反하고 또한 그들의 취향에 반할 것이 틀림없다. 그런 미래의 철학자는 어쩌면 이렇게 말할 것이다. '나의 견해는 나의 견해다. 다른 사람은 나의 견해에 대한 권리를 쉽게 가지지 못한다.'"

니체는 새로운 철학자들의 시대, 그가 "미래의 철학자들"이라고 부르는 자들의 시대가 온다고 예고한다. 어쩌면 그들도 진실을 향한 의지에 의해 움직이겠지만, 이 새로운 사상가들은 진실을 자신들의 길을 안내하는 이상으로서 광신도처럼 추구하거나, (이것이 더 위험한데) 진실을 웅장한 환상과 혼동하지 않을 것이다. 니체에 따르면, 칸트의 "명백한 확실성"은 경멸할 만하다. 왜냐하면 그 확실성은 객관성인 척하기 때문이다. 칸트는 약한 논증을 완벽하게 포장하여 절대적 진실로 제시하고 있다. "자유로운 정신들에 관하여"라는 제목이 붙은 절의 막바지에서 니체는 진실을 완전히 벗어난 곳으로 초점을 옮긴다. 그가 말하는 미래의 철학자들은 삶을 향한 의지의 편에 서서, 혹은 더 유명한 표현을 쓰자면, 힘을 향한 의지의 편에 서서 글을 쓸 것이다. 힘은 가짜 진실과 다르다. 매우 다르다.

태양이 거의 하늘 꼭대기에 있었다. 나는 캐럴에게 점심 먹기 전에 돌아오겠다고 약속했고, 우리는 그런 약속들을 매우 진지하게 받아들인다. 나는 아쉬운 눈길로 봉우리들 — 트레모기아Tremoggia 봉과 포라Fora 봉은 둘 다 높이가 3400미터에 달한다 — 을 바라보고 뒤로 돌아 질스-마리아로 향했다. 달려가면 점심때까지 도착할 수 있을 것이었다. 내리막 달리기는 일종의 통제된 자유낙하다. 오랜 산행 경험으로 나는 내리막 달리기를 통달은 아니더라도 즐기게 되었다. 이상적인 방법은 보폭을 줄이고 발걸음을 가볍게 하면서, 자연스럽게 생겨나는 두려움을 이겨내고 몸을 아래쪽으로 기울이는 것이다. 많은 달리기 선수들은 달리기가 춤추기와 그리 다르지 않다고 말한다. 약한 바람 속에서 어깨에 힘을 빼고 팔을 휘젓는 춤. 무엇보다도 중요한 것은, 제동을 걸지 않는 것이다. 갑자기 멈추는 것은 어딘가를 부러뜨리는 가장 좋은 방법이다. 미래의 철학자들에 관한 발언의 끄트머리에서 니체는 마치 내리막을 달리듯이, 멈출 수 없는, 언제 끝날지 모를 한 문장을 쏟아낸다.

다양한 정신의 나라에서 살았거나 적어도 손님으로 체류했던, 섣부른 사랑과 섣부른 증오, 미성숙, 혈통, 우연히 만난 사람들과 책들, 심지어 방랑의 권태가 우리를 몰아넣은 듯했던 그 답답하고 쾌적한 구석들에서 늘 다시 빠져나온, 명예나 돈, 직위, 감각의 황홀에 숨어있는 예속의 미끼에 대한 적개심으로 가득 찬, 곤경과 변화무쌍한 질병은 항상 우리를 어떤 규칙과 “선입견”으로부터 해방시키기 때문에, 심지어 곤경과 변화무쌍한 질병에도 감사하고, 우리 안의 신, 악마, 양, 벌레에 감사하고, 폐를 끼칠 정도로 호기심이 많으며, 파악할 수 없는 것을 향한 손가락들과 가장 소화하기 힘든 것을 향한 이빨과 위장을 지녔으며, 통찰력과 예리한 감각들이 요구되는 수작업이라면 무엇이든지 할 준비가 되어있으며, 넘쳐나는 "자유의지" 덕분에 어떤 모험이라도 할 준비가 되어있으며, 아무도 쉽게 그 속의 마지막 의도들을 들여다보지 못하는 전면의 영혼과 후면의 영혼을 지녔으며, 어떤 발도 끝까지 답사하면 안 되는 전경과 후경을 지닌 잔인할 정도로 집요한 탐구자, 빛의 외투 속에 숨은 자, — 비록 우리가 상속자와 방탕자를 닮았다 하더라도 — 정복자, 아침부터 저녁까지 정리하고 모으는 자, 부와 꽉 찬 서랍들을 탐내는 욕심꾸러기, 배움과 망각에 관해서는 검소하고 도식들에 관해서는 상상력이 풍부한, 때로는 범주표를 자랑스럽게 여기는, 때로는 꼼꼼하고 쩨쩨한, 때로는 환한 낮에도 노동하는 밤 부엉이, 꼭 필요할 때면 심지어 허수아비인, 오늘날 반드시 필요한 자, 요컨대 우리가 타고났으며 단호하며 질투심 많은 **홀로임**의 친구, 우리 자신의 가장 깊은 한밤과 한낮의 홀로임의 친구인 한에서, 오늘날 그런 자들이 반드시 필요한데, 그런 유형의 인간들이 바로 우리, 우리 자유로운 정신들이다!

나는 내가 미끄러질 줄 알았다. 낡은 운동화를 신고 있으니 그럴 수밖에 없었다. 미끄러져 넘어졌을 때 나는 마을을 코앞에 두고 있었다. 거기까지의 하산은 순탄했지만 발트하우스 호텔이 시야에 들어오자 조심성을 잃었다. 나는 가벼운 발걸음을 유지하지 못하고, 나를 다시 문명으로 데려갈 넓은 자갈길을 향해 마치 결승선을 앞둔 달리기 선수처럼 내달렸다. 뒤꿈치가 바닥에 닿으리라고는 전혀 예상하지 않았는데, 삐져나온 돌 몇 개가 뒤꿈치에 닿으면서 나는 넘어졌다. 넘어지며 제대로 굴렀다. 가벼운 찰과상과 약간 삐끗한 무릎. 굳이 영웅적이지 않아도 견딜 만했다. 나는 점심식사에 늦지 않게 돌아왔고, 오후를 쉬면서 보내는 것을 충분히 행복하게 느껴야 마땅했다.

"여보, 그건 멍청하기 짝이 없는 책이야." 내가 배낭에서 꺼낸《선악을 넘어서》를 가리키며 캐럴이 말했다.

싸움을 거는 것이 아니라 단지 사실을 말할 뿐이었다. 그녀는 테이블 위에 배낭 속 물건들을 꺼내놓는 나를 스쳐 지나면서 내 팔의 뒤쪽을 꼬집으며 씩 웃었다. 테이블 위에는 크레용과 캐릭터 인형들이 흩어져 있었고, 나는 그것들을 치워 내 소중한 책을 놓을 자리를 마련했다.

칸트의 논증은 순환적이지 않다고 캐럴이 나에게 알려주었다. 그 논증은 "가-설-적"이라며, 내가 확실히 알아들을 수 있도록 천천히 설명했다. 칸트의 논증은 '만일 이러이러하다면, 저러저러하다.'의 꼴을 띤 논증이다. 만일 당신이 객관적 도덕적 가치라고 할 만한 것이 존재한다고 생각한다면, 그 가치의 토대는 다른 모든 가치들을 가능케 하는 우리의 이성적 능력들일 수밖에 없다. 평범한 사물들 — 테이블, 의자, 색칠하기 책, 캐릭터 인형 — 은 그것들에 가치를 두는 누군가가 있기 때문에 가치를 지닌다. 아무도 그것들에 신경 쓰지 않는다면, 그것들은 더 이상 가치를 지니지 않을 것이다.

캐럴은 요새 베카가 가장 좋아하는 동물 인형을 집어 들었다. 이 인형의 목을 자르는 것이 그릇된 행동인 유일한 이유는, 그러면 우리 딸이 울고불고 난리를 칠 것이라는 점뿐이라고 그녀는 설명했다. 하지만 다음 주에 베카가 가장 좋아하는 인형이 다른 것으로 바뀌면, 우리는 안심하고 이 인형을 괴롭힐 수 있을 테고, 그래도 도덕적 괴물이 되지 않을 것이다. 그러나 칸트에 따르면, 인간은 동물 인형과 다르다. 우리의 정신적 능력들 덕분에 우리는, 설령 아무도 우리에게 신경 쓰지 않는다 하더라도, 가치를 지닌다. 칸트는 진실이나 도덕을 믿지 않는 사람들을 설득하려 애쓰는 것이 아니다. 오히려 그는 이미 진실과 도덕을 믿는 사람들에게 그 믿음을 뒷받침할 논증을 제공하려는 것이다. 그가 말을 거는 상대는 정신이 멀쩡하고 대체로 도덕적인 개인이지, 니체가 아니다.

우리는 나중에 이 문제를 논할 수 있겠지만 지금은 부모 노릇을 해야 했다. 우리는 겨울 외투를 챙겨 한때 나의 "어버이 산"이었던 코르바치 봉 아래 리프트 시설을 향해 베카와 함께 출발했다. 계곡은 기온이 18.3도로 온화했지만 정상은 영하일 것이었다. 내가 기억하기로 그곳은 자유로운 정신이 금지된 것을 숙고하기에 적합한 장소였다. 열아홉 살 때 "어버이"를 찾아 헤매다가 나는 한 크레바스와 맞닥뜨렸고, 그 크레바스는 나를 거의 삼켜버렸다. 이제 나는 아버지였고 그런 위험들을 열심히 피해야 마땅했다. 니체가 죽은 후, 코르바치는 수많은 순례자들을 끌어들였다. 가장 최근에 그 산에 오른 알랭 드 보통은 오직 고된 등산을 통해서만 숨 막히는 풍경에 도달할 수 있다고 강조한다. 니체를 연상시키는 발언이다. "성취는 당신을 갈가리 찢어놓을 수도 있는 난관들에 지혜롭게 대응함으로써 이루어진다. 비위가 약한 정신들은 사랑니를 단번에 빼려는 유혹이나 낮은 오르막에서 코르바치를 떠나고 싶은 유혹을 느낄지도 모른다. 니체는 우리에게 견뎌내라고 촉구한다." 알랭 드 보통의 말이 아마도 옳겠지만, 어버이 노릇을 견뎌내려면 때때로 케이블카를 타고 정상에 올라야 한다. 우리는 그렇게 했다.

비록 케이블카로 올랐지만 산은 여전히 약간 겁나는 수준 이상이었고, 베카는 처음에 심드렁해했다. 나는 아이를 안아 올려 곤돌라 창밖을 볼 수 있게 해주었지만, 베카는 풍경에 관심을 주지 않고 얼굴을 내 목에 기댔다. "너무 커."라고 아이가 속삭였다. 납득할 만했다. 산은 내가 기억하는 것보다 더 크게 느껴졌다. 자기에게 다가오는 것을, 내가 파릇한 젊은 날에는 깨닫지 못했던 방식으로, 금지하는 듯했다. 몹시 인정하기 어려웠지만, 나는 동반자들이 있고 등산로를 포기할 명분이 있어서 행복했다.

늦어도 1886년 여름부터 니체는 질스-마리아에 은둔한 그를 찾아오는 방문객을 반기기 시작했다. 주로 젊은 여자들이 그의 은둔처를 방문했다. 그는 삼촌 같은 여행 가이드 노릇을 하면서 방문객들을 험준한 철학적 지형과 지질학적 지형으로 안내했다. 진실을 말하자면, 이 시기에 그는 건강을 잃고 있었고, 오직 그 여자들만이 그를 등산로에 머물게 할 수 있었다. 동반자들이 없었다면, 그는 전혀 걸을 수 없었을 것이다. 존경 받는 스위스 마슐린Maschlin 가문의 마지막 인물인 메타 폰 살리스Meta von Salis는 법학과 철학을 공부한 학자였다. 그녀는 귀족 여성으로서는 유일무이하게 머리를 짧게 잘랐으며 여성의 권리를 다부지게 옹호했다. 그런 그녀가 니체의 가장 절친한 친구가 되었다. 폰 살리스는 혼자 힘으로 은둔 철학자 니체가 엥가딘 지방의 정치적 지적 엘리트들의 호의를 얻게 만들었다. 니체는 그녀와 함께 있는 것을 즐겼으며 자신의 일상적 실존을 밝게 만들려 하는 그녀의 노력을 고마워했다. 니체보다 두 살 아래인 유대인 여성 헬런 짐먼은 더 좋은 역할을 했다. 그녀는 질스-마리아에 와서 니체와 함께 걸었을 뿐 아니라 쇼펜하우어에 관한 그의 논문을 번역했고 결국《선악을 넘어서》도 번역했다. 여성주의자, 유대인 여성, 그리고 니체. 기이한 삼위일체였지만, 니체가 살로메, 레와 교류할 때 꿈꾼 삼위일체보다는 훨씬 더 조화로웠다.

그럼에도 니체는 그 동반자들이 하는 역할에 대해서 양면적인 감정을 품었다. 그는 그들보다 우월하리라고 여겨졌지만, 여러모로 그렇지 않았다. 함께 걷고 나면, 그 여자들은 여전히 돌아다닐 수 있었지만, 니체는 보통 며칠 동안 요양을 해야 했다. 편두통이 재발하여 그의 건강을 약화시키고 있었다. 이 시기에 니체는 약해지고 물렁해지는 것을 끔찍하게 걱정했다. 그 젊은 여자들은 그의 건강을 유지시키기 위해 최선을 다했지만 그들의 존재와 도움은 단지 니체 특유의 섬세하고 까다로운 기질만 도드라지게 했을지도 모른다. 그의 처지에 관해서는 증오할 거리가 많았으리라고 나는 짐작한다. 의심할 바 없이 그는 그들이 곁에 머물면서 편안함을 제공해 주기를 바랐지만, 그런 욕망은 위대한 높이와 외로운 산길을 열망하는 사람에게 어울리지 않았다. 여자에 관한 니체의 많은 언급은 이런 맥락에서 이해하는 것이 최선이라고 나는 생각한다.

《선악을 넘어서》와 그밖에 다른 글의 저자 니체는 여성혐오자였을까? 아마도, 때때로 그러했을 것이다. 니체는 당대의 성차별주의에서 자유롭지 못했으며 여성의 권리를 위한 싸움을 반대했다. 그러나 여성에 대한 그의 언급들은 대개 진정한 증오보다는 혼란을, 심지어 공포를 드러낸다. 그렇긴 해도, 그는 루 살로메를 때때로 증오한 것이 틀림없다. "복수와 사랑에서 여자는 남자보다 더 야만적이다."라고 니체는 썼다. 또한 그는 아마도 자신을 돌보는 두 여자에 대해서도 때때로 적잖은 적의를 느꼈을 것이다. 그러나 전반적으로 그는 인류의 절반에 대해서 경솔한 판단을 내리기에는 너무나 영리했고, 자신이 때때로 내뱉는 독설이 자신의 불안정한 상태에서 비롯된다는 것을 적어도 나중에 돌아보면서도 모르기에는 너무나 자기 성찰적이었다고 나는 생각하고 싶다.

그러나 분노에 휩싸이면 자기를 알아챌 가능성이 희박해진다. 오후가 지날 무렵에 나는 걷잡을 수 없이 화가 났다. 정상은 아름답고 눈으로 덮여 있었지만, 비좁은 곤돌라 안은 얼어붙을 만큼 추웠고, 서로에게 바싹 붙어 앉는 것은 그 금속 상자를 덥히는 데 아무 도움이 되지 않았다. 우리는 추워서 침묵할 수밖에 없었고 그래서 추위를 더 심하게 느꼈다. 영락없이 알루미늄 컨테이너 속의 냉동육 신세였다. 켄터키 출신의 덩치 큰 여자 하나가 니체가 가장 좋아한 산을 더 잘 보려고 나와 베카 사이로 끼어들려 했다. 그녀의 친구가 셀카 봉을 휘두르며 가세했고, 사진 촬영이 시작되었다. 셀카봉으로 어떤 폭력을 행사할 수 있을까? 하강하는 동안 여러 번 이 질문이 내 머릿속에서 맴돌았다. 내가 생각에 깊이 빠져 있을 때, 부드럽고 친숙한 목소리가 나를 끌어올렸다. "여보, 사진 찍자."

내가 캐럴이나 그 켄터키 여자들을 해치고 싶었던 것은 아니다. 스스로 일으킨 부상. 나는 그런 부상을 유발하고 싶었다. 긴 세월이 지났음에도 열아홉 살의 내가 여전히 살아서 나를 죽이거나 캄캄한 구멍 속으로 던져버리려고 날뛰고 있었다. 나는 카메라를 향해 미소 지었다. 헤벌레 웃는 가축 한 마리. 우리가 계곡 바닥에 도착하기도 전에 사진이 페이스북에 게재되어 수십 개의 "좋아요"를 받을 것이었다. 그 "좋아요"들은 나의 "좋아요"를 기대할 테고, 그렇게 양들의 우정은 뻔뻔하게 이어질 것이다. 나는 베카를 바싹 끌어안으며 사진에 대해서 생각하지 않으려고 최선을 다했다.

가족과 함께 여기에 온 건 안 좋은 생각이었다. 캐럴을 만나기 전에는 한번도 자식을 원한 적이 없었다. 손톱만큼도 원하지 않았다. 때때로 나는 여전히 자식을 원하지 않는다. 내 성년기의 삶 대부분의 기본 전제는 부재했던 나의 아버지처럼 되지 않기였다. 그리고 나는 베카나 캐럴을 버리지 않을 수 있다는 희망을 조용히 품게 되었다. 그러나 가끔 내가 베카나 캐럴을 버리는 편이 모두에게 더 나을 거라는 생각이 드는 것을 막을 수는 없었다.

자식 없는 니체는 묻는다. "너는 자식을 욕망할 자격이 있는 남자인가? 너는 성공적인 남자, 자기정복자, 네 격정의 지배자, 네 덕의 주인인가?" 아니다, 전혀 아니다. 실망, 이기심, 불안정성. 부모는 이런 것들을 억제한다고 여겨지지만, 내 제한된 경험상 이것들은 정확히 육아를 할 때 발생하는 심리현상이다. 내가 아는 철학자 중에 자식이 있는 사람은 아주 드문데, 내 친구 클랜시는 그런 철학자 겸 아버지다. 최고의 니체 번역자로 꼽히는 그는 어버이 노릇은 바위 깨기와 비슷한데, 다만 더 고되다고 말한다. 과거에 남자들은 "생활비 벌기"가 육아 못지않게 어렵다는 핑계를 대며 그 고역에서 손을 뗐다. 당연한 말이지만, 그 핑계는 거창한 코미디요 여자를 집안에 눌러 앉히는 데 효과적인 편리한 문화적 신화다. 이제 21세기에 가부장주의가 더욱 쇠락함에 따라, 더 많은 남자들이 어버이 노릇의 고통스러운 진실을 실감하게 될 것이다. 그것은 어려운 정도가 아니라 그 이상일 때가 많다.

베카가 나에게 몸을 기대며 팔을 잡아당겼다. "아빠, 쉬 마려워."

"그래, 그래. 아빠도 알아. 아빠도 마렵거든. 1분만 가면 내리니까, 그때까지 참을 수 있지?"

소크라테스 이전의 철학자인 데모크리토스는 우리에게 이렇게 말한다. "자식 키우기는 불확실한 사업이다. 오직 싸움과 걱정으로 한 평생을 보낸 뒤에야 성공에 이른다." 육아는 매우 어렵다는 진부한 얘기가 아니다. 이 인용문에 담긴 것은, 어버이 노릇이라는 창자 꼬이는 긴장으로부터의 해방은 오직 어버이인 당신이 죽어야만 이루어진다는 더 씁쓸한 주장이다. 육아에 넌더리가 나서 달아나고 싶어지더라도, 그 심정은 단지 육아에 마음 쓰고 있음을 뜻할 뿐인지도 모른다. 플라톤의 《국가》에서 소크라테스는 폴리스를 이끌기에 적합한 유일한 지배자는 지배자 노릇을 꺼리는 지배자라고 말한다. 잘 다스리기는 거의 불가능하고, 잘 다스리기가 쉽거나 유쾌하다고 생각하는 사람들은 결국 기준에 훨씬 못 미치는 결과를 산출한다. 권력을 원하는 사람들은 흔히 그릇된 이유로 권력을 원한다. 나의 가장 깊은 부분을 움켜쥐고 나의 금지된 생각들을 풀어놓는 나에게 이 생각이 적잖은 위로가 되었다. 어쩌면 어버이 노릇에 대해서도 똑같은 말을 할 수 있을지도 모른다. 어버이 노릇에 포함된 책무들 앞에서 공포를 느끼며 전율하는 사람만이 그 책무들을 짊어지기에 적합할지도 모른다.

산 아래서 나는 베카를 들쳐 업고 내달렸다. 관광객들을 헤치고 나가 줄을 서고, 화장실 사용료로 쓸 스위스 동전을 찾아 여기저기 뒤적거린 뒤에, 마침내 변기 앞에 도착했을 때, 베카와 나는 둘 다 축축해져 있었다. 나는 어른 노릇을 하려고 애쓰다가 실패하고는 유아 상태로 전락해버렸다. 베카가 내 침울한 얼굴을 쳐다보며 미소 지었다. "아빠, 미안." 아이가 속삭였다.

늦은 오후의 소나기가 계곡에 내리는 가운데 우리는 호숫가를 따라 도시로 돌아왔다. 차가 호수를 끼고 달리는 동안, 베카는 우리가 정상에서 만든 눈사람을 얘기하며 신이 나 재잘거렸고, 나는 메타 폰 살리스가 1887년 가을에 니체와 헤어진 일에 대해서 쓴 글을 떠올렸다. 두 사람은 그해 여름에 거의 매일 오후를 함께 보냈고 서로를 진심으로 보살폈다. 두 사람의 이별은 바로 여기, 질바플라나 호숫가, 코르바치 산의 기슭, 영원회귀의 피라미드형 바위에서 그리 멀지 않은 곳에서 이루어졌다. 메타 폰 살리스는 지난 1년 동안 니체의 우울증이 지속적으로 악화되는 것을 목격했다. 니체는 그 심리적 질환이 "내가 자주 겪는 극단적이고 격렬한 위기들보다 더 나쁘다."라고 인정했다. 우리 차가 영원회귀의 바위를 지날 때, 나는 그들이 헤어지는 장면을 떠올렸다. "하늘은 니체가 즐겨 '저승의 것 같다.'라고 표현한 은빛 가을의 색조였다."라고 폰 살리스는 썼다. 산들바람 부는 오후였고, 구름이 호수 전체에 비춰 어른거렸다. "호수와 질스 사이의 황량한 벌판"을 건너며 남자는 슬픔과 안도의 한숨을 작게 내뱉었다. 그는 말했다. "나는 다시 독신이자 고아가 되었군."

도덕의 계보

그 관棺은 웅웅거리고 휙휙거리고 쌕쌕거리다가 폭발하듯이 1000배의 웃음을 뿜어냈다 … 나를 비웃고 조롱하고, 나를 향해 으르렁거렸다. 그러다가 나는 무참하게 겁에 질렸다. 그 관이 나를 바닥에 내동댕이친 것이다. 나는 공포에 휩싸여 한번도 울어본 적 없는 울음을 울었다. 나 자신의 울음이 나를 깨웠다. 그리고 나는 정신을 차렸다.

프리드리히 니체, 《차라투스트라는 이렇게 말했다》, 1883

가족과 함께 호텔 주변을 관광하며 사흘을 보낸 뒤에 나만을 위한 오전을 확보하는 데 성공했다. 날이 밝을 무렵 나는 이미 여러 시간째 산길을 걷고 있었다. 해가 떴고, 나는 헤드램프를 벗어 배낭에 집어넣었다. 출발하기 전에 캐럴에게 말한 대로 이제 아침 겸 점심을 혼자서 먹을 것이었다.

이런 도보여행에서 가장 무서운 부분은 시작이다. 하지만 코르바치에 오르는 곤돌라의 피곤한 슬픔보다는 이게 더 낫다. 도보여행은 슬픔을 제어하는 한 방식, 슬픔을 가라앉히지는 못해도 조절하는 방식이었다. 나는 여러 해 전부터 이 방식을 사용해왔다. 그러나 여전히 나는 도보여행이 어떻게 진행될지, 혹은 언제 도보여행을 마치고 돌아갈지 알지 못했다. 캐럴에게는 말하지 않았지만 가득 찬 내 배낭을 보았을 터이므로 그녀는 틀림없이 눈치 챘을 것이다. 어쩌면 나는 저녁을 먹을 때쯤 돌아갈 것이고, 어쩌면 그렇지 않을 것이다. 이번에는 내가 결정할 것이었다. 나는 내가 여러모로 얼마나 운이 좋은지 안다. 대다수의 동반자들은 사랑하는 사람이 위험을 무릅쓰는 것을 가까이에서 목격하기를 전혀 기꺼워하지 않을 것이다. "가까이에서 목격하기"는 "물러나서 지켜보기"와 사뭇 다르다. 전자는 주의 깊은 각성 상태를 함축하는 반면(그 각성이 위험 감수를 가능케 하고, 운이 좋으면 성장을 가능케 한다), 후자는 진실한 염려를 그치고 체념한 사람의 호기심을 함축한다. 나는 참으로 운이 좋았다. 캐럴은 니체가 독자들에게 밝힌 자신의 역할, 곧 급류 옆 유도 레일guide rail 역할에 머무른다. 목발 역할을 자임하는 경우는 없다.

나는 남쪽으로 이탈리아까지 이어지는 빙식곡(빙하작용으로 만들어진 U자형 계곡 — 옮긴이) 발 펙스Val Fex 위쪽, 고도 2100미터의 알프 무오트 셀바스Alp Muot Selvas로 향하는 오르막길 위에 있었다. 이 길을 계속 오르면 빙하의 아래쪽 끝에 닿는다. 반대로 내려가면 발 펙스의 바닥, 계곡 따라 이어진 도로 끝에 옹기종기 모인 집들이 나온다. 나는 거기에서부터 여러 산등성이를 따라 여기로 올라올 수 있었다. 이 길은 내가 파릇한 젊은 날에 임시 거처로 삼았던 거대한 화강암으로 가는 경로였다. 그 평평한 바위는 알프 무오트 셀바스보다 1.6킬로미터 더 높은 곳의 암석 지대에 비스듬히 박혀 있었다. 십대 청소년이었을 때 나는 그 바위 밑에서 이틀 밤을 지냈다. 그 무덤 같은 거처가 그대로 있는지 보고 싶었다.

"네가 태어나기 전에 일어난 일들을 모르는 것은 늘 아이로 머무르는 것과 같다."

키케로가 2000여 년 전에 쓴 이 문장은 1887년에 출판된《도덕의 계보》에서 니체가 채택한 접근법의 축약이라고 할 만하다. 니체는 자신의 가장 기초적인 고전문헌학적 감수성을, 현재에 번창하려면 먼저 먼 과거를 이해해야 한다는 의식을 결코 잃지 않았다. 서양철학의 역사에서 윤리학자들은 대개 좋은 삶의 토대가 될 구체적 이상을 추구해왔다. 니체가 도덕에 접근하는 방식은 그런 유형의 도덕화를 삼간다. 대신 덕에 관한 우리의 생각들의 배후에서 작동하는 추론을 탐구한다. 그의 계보학은 무엇이 좋고 무엇이 나쁜지 판단하는 것을 목표로 삼는 대신 우리가 애당초 이 도덕적 구별을 왜 하게 되었는지, 왜 이제는 거의 무의식적으로 하는지 설명하는 것을 목표로 삼는다. 이런 의미에서 니체의 도덕 연구는 일종의 지적 고고학이다.

한 개인이나 한 무리의 사람들은 지하에 무엇을 감춰놓았을까? 근대를 이끄는 이상과 가치 아래에는 무엇이 있을까? 가면 너머에는 무엇이 있을까? 학자로서 자신의 삶이 저무는 가운데 니체는 이 질문들에 답하고 싶었다. 사십대 중반의 남성 니체에게 1887년은 행복한 해가 아니었다. 니체가 설명하는 대로 과거를 똑바로 바라보는 것은 아주 많은 이유에서 어렵고 불쾌하다. 그는《도덕의 계보》에서 이렇게 쓴다. "필연적으로 우리에게는 우리 자신이 끝내 낯설다. 우리는 우리 자신을 이해하지 못하며 스스로에 대해 착각할 수밖에 없다. 다음과 같은 구호는 우리 각자에게 영원히 타당하다. '각자는 자기로부터 가장 멀리 떨어져 있다.' 우리 자신에 관한 한, 우리는 '지식을 갖춘 사람'이 아니다." 완벽한 자기-지식은 방법론적으로 불가능하다. 제 꼬리를 물려고 열심히 빙빙 도는 개를 생각해보라. 그러나 니체의《도덕의 계보》는 독자들에게 충분히 먼 과거를 돌아보면서 그들이 무엇이 될 수도 있었는지 이해해보라고 요청한다.

과거를 돌아보다가 문득 동요하게 되는 것은 드문 일이 아니다. 니체의 주장에 따르면, 온갖 유쾌한 외관에도 불구하고 서양세계의 역사는 조용한 고난의 이야기며, 근대적 삶의 질서정연함 아래에는 사람들이 열심히 억눌러온 아픔의 연대기가 있다. 이야기는 이러하다. 유럽 문명의 발생지에 두 유형의 사람들이 있었다. 주인과 노예. 그리하여 두 가지 상이한 유형의 도덕이 발생했다.

니체에 따르면 주인 도덕은 고대 말기의 귀족들, 곧 로마인과 그리스인에 의해 개발되었으며 본성상 단순명료했다. 주인에게 "좋음"이란 발전하는 힘, 자기를 긍정하는 힘, 진보하는 힘이다. "나쁨"은 그 반대, 곧 약함, 느림, 비겁함, 에두르기다. 니체는 주인다운, 혹은 "귀족적인 가치 등식"을 이렇게 제시한다. 좋음이란 고귀함이다. 고귀함은 필연적으로 힘 있음을 뜻한다. 힘은 아름답다. (섬뜩할 수도 있지만) 아름다운 것은 행복할뿐더러 신의 사랑을 받는다. 이 등식은 주인으로 하여금 자신의 가치를 신속하고 정확하게 평가할 수 있게 해준다. 이것이 주인은 "자신을 선명하게 본다."라는 니체의 말이 의미하는 바다. 내가 가르치는 학생들은 종종 주인의 예를 들어달라고 요구한다. 아마도 오늘날의 사회에서는 주인의 예를 생각하기가 어렵기 때문일 것이다. 그럴 때 나는 조각상 〈프리마 포르타의 아우구스투스〉를 언급한다. 19세기 중반에 로마 외곽에서 발견된 그 대리석상의 모델은 가이우스 옥타비우스(훗날 로마제국의 초대 황제 카이사르 아우구스투스)다. 조각상이 표현하는 아우구스투스의 키는 2미터 8센티미터다. 만약에 대리석이 아니라 실제 인간이라면, 그 군살 없는 몸의 무게는 113킬로그램에 달할 것이다. 거기에 갑옷의 무게까지 보태면, 아우구스투스의 크기는 대다수 철학자의 두 배다. 실물보다 더 크지만, 그처럼 되기를 열망하지 못할 정도로 크지는 않다. 그는 오른팔을 치켜들고 평온하고 자신만만한 눈빛으로 자신의 손 너머의 미래를 바라본다. 그의 것이며, 오직 그만의 것인 미래를. 그는 맨발이다. 이는 그가 가난해서가 아니라 거의 신적인 존재여서다. 고대 로마의 미술에서는 오직 유한한 인간들만 신발을 신어야 했다.

"학생이 보기엔 이 아우구스투스가 어떤가요?" 나는 비교적 얌전한 학생 한 명에게 이렇게 물었던 일을 기억한다.

그 여학생은 1분 동안 머뭇거리더니 들릴락 말락 한 목소리로 말했다. "얼간이 같은데요." 수강생 전체가 폭소로 호응했다.

오늘날의 서양사회에서 아우구스투스가 얼간이로 여겨지는 것은 니체에 따르면 놀라운 일이 아니다. 놀라운 것은 어떻게 이런 상황이 발생했는가에 관한 니체의 이야기다.

아우구스투스의 죽음과 4세기의 콘스탄티누스 재위기 사이 300년 동안, 로마인들은 주인다운 인간-신을 숭배하는 문화를 버리고, 앙상한 몸매로 십자가에 무자비하게 못 박힌 한 유대인을 숭배하는 문화로 이행했다. 니체의 《도덕의 계보》가 추구하는 바는 이 이행을 설명하는 것이다. 당연한 말이지만 어떻게 로마제국이 신성로마제국이 되었는지를 다룬 역사책들은 이미 있었다. 그러나 니체의 관심은 순수한 역사적 설명에 있지 않았다. 그는 스스로 "노예 도덕"의 발흥이라고 부르게 될 도덕적 심리학적 변화를 탐구하고 싶었다.

노예 도덕은 전혀 단순명료하지 않다. 노예는 끊임없이 주인을 곁눈질하며 숨어서 기다린다. 니체에 따르면, 고대 세계에서는 유대인이 가장 탁월한 노예였다. 이를 《구약성서》에서 더없이 명확하게 알 수 있다. 유대인들은 억압당했으며 다른 사람들은 모두 그들의 주인이었다. 초기 유대인의 삶은 한마디로 최악이었다. 아시리아인은 유대인을 입에는 쇠갈고리를, 눈에는 칼을 박아서 말뚝에 꽂았다. 로마인은 유대인을 사자에게 던져주고 산채로 불태우고 십자가에 못 박았다. 노예 도덕은 이런 고난의 한복판에서 태어났다. 출발점은 고통에 대한 한 기본적인 통찰, 즉 모든 고통이 똑같이 창조된 것은 아니라는 통찰이었다. 한편에는 정말로 견딜 수 없는 고통, 곧 원인이나 설명이 없는 고통이 있었다. 그리고 다른 한편에는 견딜 수 있는, 심지어 행복하게 견딜 수 있는 고통, 곧 대의를 위한 고통이 있었다. 이제 필요한 것은 당신이 고난을 겪는 이유에 관한 아주 좋은 이야기뿐이었다.

니체에 따르면, 노예 도덕은 유대인의 **앙심**, 유대인이 억압자에게 품은 증오에서 시작된다. 주인은 앙심의 영향을 받지 않지만, 노예는 자신의 열등함에서 비롯되는 고통을 강자에 대한 혹독한 경멸로 변환한다. 치료자이자 환자인 니체는 그런 앙심의 뿌리에 깊이 이해할 만한 부분이 있음을 알고 있었다. (왜 아니겠는가! 니체는 자신이 성공한 사상과 사조만 공격한다는 점을 훗날 인정한 인물이다.) 그러나 그는 그런 앙심을 모종의 방식으로 억제해야 한다고 주장한다. "양들이 맹금류 새들을 싫어하는 것은 이상하게 느껴지지 않는다. 다만 … 그것이 새끼 양들을 채가는 그 새들을 비난할 근거가 될 수는 없다." 그러나 양들은 정확히 그것을 비난의 근거로 삼는다. 양들은 독수리의 육식성을 비난한다. 니체는 양들이 회의를 열어 새로운 윤리적 질서를 공식화함으로써 자신들의 처지에 저항하는 것을 상상한다. "이 맹금류 새들은 악하다. 그리고 맹금류와 가장 덜 비슷하고 오히려 그 반대인 양과 비슷한 자는 누구든지 선하지 않겠는가?" 이 대목에서 자연적 가치들natural values이 뒤집히기 시작한다. 아우구스투스가 처음으로 "얼간이"가 되는 순간이다.

노예 도덕이 지배자의 강함에 대해서 지배자에게 책임을 묻고 지배자를 비난할 때, 바꿔 말해 겸손하게 굴거나 약함을 가장하지 않는다는 이유로 지배자를 비난받아 마땅한 대상으로 취급할 때, 지배자는 "얼간이"로 간주된다. 주인은 언제든지 자신의 힘을 포기하고, 자신을 양으로 만들고, 떼거리의 온순함에 굴복할 자유가 있다. 주인이 그렇게 하기를 꺼리는 것은 도덕적 타락의 한 증후다. 그것은 하늘 높은 줄 모르는 오만이며, 노예들의 사회는 그런 오만을 절대로 용서할 수 없다. 당연한 말이지만 아우구스투스는 노예들이 자신을 어떻게 생각하는지 조금도 신경 쓰지 않았을 것이다. 그러나 노예들의 입장에서 이 사상은, 이 새로운 도덕적 판단을 내리는 능력은 생명줄과도 같았다.

노예 도덕의 승리는 그 도덕의 본성에 어울리게 지하에서 은밀하게 이루어진다. 노예 도덕은 압박을 받을 때 번성한다. 앙심의 원동력인 탄압과 고통은 노예 도덕을 더 강하고 더 끈질기게 만들 뿐이다. 유대인의 삶과 더 나중에 (노예 도덕의 절정기를 이뤄낸) 기독교인의 삶이 노예 도덕의 발견을 통해 객관적으로 더 수월해졌다는 뜻은 아니다. 그들의 삶은 편해지지 않았다. 니체의 주장에 따르면, 양심이 노예들을 사로잡으면서 그들의 삶은 더 힘들어지고 고통받았는데 그것은 의도된 것이었다. 역경과 고통이 도덕적 올바름과 한편이라면, 고문 수준의 고통이야말로 참된 신성함의 확실한 증표다. 니체는 이렇게 묻는다. 그렇지 않다면 예수의 십자가형이 신성한 자기희생이라는 것을 어떻게 설명할 수 있겠는가?

1880년대 내내 니체는 스스로 "금욕적 이상"이라고 명명한 것을 탐구하고 이론화했다. 예수의 십자가형은 금욕적 이상에서 그 동기를 얻었다. 하지만 질스-마리아의 은둔자(그리스어로 아스케테스asketes) 니체는 자기 통제의 스펙트럼 전체에, 궁극적으로 자기 파괴적 행동에 관심이 있었다. "금욕적"을 뜻하는 영어 'ascetic'은 '수도승'과 관련이 있지만, 더 직접적인 어원은 "자기훈련이 엄격하게 된"을 뜻하는 희랍어 '아스케티코스asketikos'다. 자기훈련은 인류의 발전에서 길고 풍부한 역사를 지녔다. 니체는 다섯 시간 동안 글을 쓰고 세 시간 동안 걷고 다시 다섯 시간 동안 글을 쓰곤 했다. 그는 금욕적 이상에 매달리는 사람이었다. 고된 운동이나 어려운 산행은 금욕주의를 연상시킨다. 그림 그리기, 글쓰기, 운동하기, 공부하기, 아이 키우기, 이 모든 것이 적잖은 자기 통제를 요구한다. 그러나 1887년에 《도덕의 계보》를 완성해가면서 니체는 금욕주의에 대해 중요한 것을 깨달았다. 그것은 금욕주의가 처음에는 노예 도덕에 의해 쓰이다가 우리 시대에는 노예 도덕의 통제에서 벗어난 것과 관련이 있었다. 노예의 삶이 강한 주인들에 의해 완전히 통제된다면, 자기부정의 훈련은 노예에게 스스로 무언가를 할 기회를 제공한다. 실제로 자기부정은 노예가 자기를 위해서 할 수 있는 유일한 행동이다. 노예에게는 선택지가 거의 없다. 그는 어떤 의지도 없이 전적으로 주인에게 통제되거나 또는 진행 중인 자기부정의 과정 속에서 자신의 의지를 발휘하거나 할 수 있다. 노예는 행동하지 않기와 행동하기 중 하나를 선택할 수 있다. 행동하지 않기는 결국 노예의 죽음을 가져올 것이다. 행동하기, 곧 의지에 따라 자기를 버리기는 노예의 종말을 앞당길 것이다. 어느 쪽을 선택할지는 너무나 자명하다고 니체는 생각한다. 인간은 아무 의지도 없는 수동성을 체현하기보다는 차라리 스스로 자기를 파괴할 것이다.

공기는 엷고 맑으며 바닥은 차갑고 날카로운 산에 홀로 있으면 나 자신도 그렇게 완벽해지고 싶은 마음이 든다. 엷고, 맑고, 차갑고, 날카로워지고 싶다. 그리고 자기를 웅장한 산과 비교하는 이 완벽주의는 낮은 곳으로, 타인들과 함께하는 삶으로 복귀하는 것을 어렵게 만든다. 또한 금욕적 이상을 강화할 수도 있다.

예전에 스위스에 왔을 때 내가 귀에 흉터만 얻은 것이 아니었다. 나는 또한 병과 성향의 중간쯤 되는 무언가도 얻어서 돌아왔다. 물론 그 무언가에 대해서 이야기한 적은 드물다. 그것은 코르바치 정상의 크레바스에 돌을 던져 넣은 이야기와 아주 비슷해서, 대개 나는 이야기하기를 회피한다. 그러나 진실을 말하자면, 십대 시절에 니체하우스 뒤편 언덕을 걸으면서 나는 등산보다 단식을 더 사랑하게 되었다. 사실 나는 등산과 단식이 그리 다르지 않음을 발견했다. 양쪽 모두 불가능한 극단을 추구하는 활동이다. 하지만 단식은 집에 머물면서도 할 수 있다.

내가 처음 방문한 질스-마리아에서 마침내 돌아왔을 때, 필라델피아 공항으로 마중 나온 어머니는 나를 보고 울었다. 어린 시절에 나는 보기 좋게 통통했지만 십대가 되자 마르고 탄탄해졌다. 그러나 그때 공항에서 나는 여윈 정도가 아니었다. "살이 좀 빠졌어."라고 나는 인정했다. 9주 만에 10킬로그램이 빠졌다. 그렇다, 그런 감량이 가능하다. 지금도 어머니와 포옹할 때면, 어머니가 가느다란 양팔로 내 몸을 더듬으면서 못 보는 사이에 내 체중이 더 줄지 않았나 확인하는 것을 느낄 수 있다. 지난 50년 동안 통속 심리학은 심한 거식증은 자기관리 실패에서 비롯된다고 결론지었다. 중요한 것은 허리둘레나 체지방이나 섹시한 몸매나 유행이 아니다. 근본적인 관건은 자기관리다. 지금도 많은 사람들은 남성은 거식증에 걸리지 않는다고 생각한다. 그러나 생각보다 많은 남자들이 거식증을 앓는다. 몸매를 가꾸기 위한 부질없는 노력 수준을 뛰어넘는 고강도 단식은 의지에 대한 검사, 시험, 훈련이다. 그리고 일단 그런 식으로 훈련되고 나면, 단식 의지는 쉽사리 가라앉지 않는다. 단식은 끈질기게 거듭된다. 진정한 강박이 대부분 그렇듯이, 단식을 한 번 경험하고 나면, 단식의 유혹을 늘 느끼게 된다고 나는 믿는다. 그리고 나는 질스-마리아 위의 언덕에서 처음으로 그 유혹을 느꼈다.

도보여행과 마찬가지로 단식은 너무 혼란스럽거나 너무 억압적인 (혹은 양쪽 다인) 삶에서 잠시 한숨을 돌릴 기회, 우리를 무력화하는 힘들로부터 탈출하려는 시도일 수 있다. "먹느냐, 마느냐?"는 현대인의 삶에서 여전히 주로 당사자가 스스로 결정하여 답할 수 있는 드문 질문들 중 하나다. 당신은 도넛 한 개, 또는 여섯 개, 떡 한 개, 브로콜리 한 조각, 연한 귀리죽 한 사발을 원하는가? 아니면 아무것도 원하지 않는가? 무엇이 당신을 지탱하게 할지는 당신 자신이, 오직 당신 자신만이 결정해야 한다. 영어에서는 단식이 "깨졌다"는 표현을 종종 쓰는데, 내 경험에 비춰보면 이것은 그리 적절한 표현이 아니다. 단식은 외부 힘의 영향에 직접 좌우될 수 있는 유형의 활동이 아니다. 단식은 의도적으로 실행되며 중단될 때도 의도적으로 중단되어야 한다. 이 모든 특징 때문에 거식증은 심리적 장애인데도 왠지 영웅적으로 느껴지는데, 아주 오랫동안 나는 그 색채가 진실에서 그리 멀리 떨어져 있지 않다고 생각했다.

왜 단식할까? 근대는 우리의 의지를 작동시키는 기발한 방식과, 그 작동이 어떻게 실제로 유의미한지에 관해 설득력 있는 이야기를 구성하는 기발한 방식을 보유하고 있다. 그러나 19세기에 니체가 성년이 되어가던 무렵, 그 거창한 이야기들은 점점 더 공허하게 들리기 시작했다. 자신을 가족이나 교회나 국가, 그밖의 관습에 바치는 것은 어쩌면 시간 낭비에 불과했을지도 모른다. 혹은 더 정확히 말하면, 자유의지와 경험의 낭비. 근대적 삶의 통상적인 틀은 너무 판에 박힌 것처럼 느껴졌고, 니체를 비롯한 유럽 사상가들은 자유의지의 실재성을 근본적으로 의심하면서 근대적 삶의 단조로움을 깨부수기 위해 극단적인,

때로는 무모한 경험을 추구하기 시작했다. 단식은 그런 경험들 중 하나였다. 단식을 실행한 대부분의 사람들은 의학적 필요성을(단식은 정신과 몸의 건강을 유지하기 위한 급진적 조치일 따름이라고) 내세웠지만, 젊은 니체를 비롯한 소수의 저자들은 건강이라는 허울 너머의 더 중요한 핵심을 꿰뚫어보았다. 그 핵심은 자기지배였다.

이 모든 것이 미친 소리로 들릴 수 있음을 나는 안다. 하지만 니체주의자에게는 그렇지 않다. 단식 같은 자기박탈 행위는 풍요와 과잉의 시대에 발생한다. 그런 시대에 "충동은 자기를 굽히고 낮추는 법뿐 아니라 자기를 깨끗이 씻고 더 날카로워지는 법을 터득한다."라고 니체는 말한다. 그는 평생의 대부분을 식생활 문제로 고생했다. 마치 프로테우스와 메넬라오스처럼, 니체와 식생활은 뗄 수 없는 적대관계였다. 중년에 니체는 이렇게 한탄했다. "내가 다시 내 위장의 주인일 수만 있다면!" 위장에 대한 지배권을 되찾기 위해 니체는 온갖 방법을 동원했다. 처음엔 채식주의를, 다음엔 육식 다이어트를, 더 나중엔 단식을 실험했다. 니체는 먹을거리와 사상 사이의 관계에 관심이 있다고 말했고, 사유는 식생활과 뗄 수 없게 얽혀있다고 믿었다. 나는 이것이 니체가 실행한 단식의 부분적인 이유였다고, 하지만 단지 부분적인 이유에 불과했다고 확신한다.

단식의 길고 풍부한 역사 속에서 자기박탈의 형태를 띤 자기통제는 정신적 초월을 위한 길을 예비하는 것이었다. 적어도 이론적으로 단식은 의지를 더 높거나 더 깊은 무언가로 향하게 하는 수단이었다. 카를 융은 1923년에 니체의 《차라투스트라》를 다루는 세미나에서 이렇게 설명했다. "그 자신을 물질로 채우면, 그는 무거워질 것이었다 …

날 수 없을 것이었고, 땅에 속박될 것이었다." 니체와 함께 보낸 첫 여름의 어느 순간에 나는 융의 말에 담긴 의미를 어렴풋이 깨달았다. 나는 배고픔을 잊었다. 갈망, 만족, 피로가 — 내 몸과 함께 — 서서히 빠져나갔다. 나는 더 이상 자거나 먹고 싶지 않았다. 심지어 글을 읽고 싶지도 않았다. 다만 걷고 싶었다. 나는 건강하지 않은 상태 정도가 아니었지만 전혀 문제를 느끼지 못했다. 이런 유형의 자기박탈이 내가 처음으로 중독된 활동이었다. 오랜 세월이 지난 지금도 나는 그때를 애정 어린 눈길로 되돌아본다. 솔직히 말하면, 질스-마리아에서 보낸 그 여름 이후 나는 식생활이나 배고픔을 그때와 똑같은 방식으로 경험한 적이 한 번도 없다.

당연한 말이지만 모든 강박은 문제를 일으킨다. 오랜 단식은 삶의 많은 부분을 갉아먹어서 다른 것이 투입할 삶이 거의 없어지게 만든다. 단식은 가장 고압적인 동반자다. 단식할 때는 깨어있는 시간 전체를 단식에 바쳐야 한다. 질스-마리아에서 니체와 함께 산행을 한 후 대학교로 돌아왔을 때, 나는 곧바로 경량급 조정 팀에 들어갔다. 그렇게 하면 철학적, 심지어 준종교적 실험에 의해 촉발된 중증 식이장애를 사회적으로 수용할 만한 방식으로 은폐할 수 있을 거라는 생각에서였다. 조정은 철저히 니체적인 스포츠였다. 반복, 유연성, 속도, 그리고 무엇보다도 힘을 통한 자기표현. 나는 조정의 완벽주의를 사랑했지만, 결국 조정 기구에서 운동하다가 갈비뼈에 금이 간 후 내가 실은 타인들과 함께 노를 젓는 것을 좋아하지 않는다는 걸 깨닫고 팀에서 탈퇴했다. 팀 동료들은 자신들의 가벼운 체중에 심각한 의미를 부여하지 않았다. 나는 동반자를 원했지만 여러모로 그들은 내 발목을 잡고 있었다. 나는 사회생활과 연애에서도 비슷한 태도를 취했다. 이 시절의 나를 아는 지인들은 내가 도저히 참아줄 수 없는 놈이었다고 증언한다. 그런데도 그들은 여전히 나와 대화한다.

베카가 태어나기 6개월 전부터 나는 항우울제 셀렉사Celexa를 먹기 시작했다. 그 알약은 나를 "치유하지" 못했지만 삶에서 날을 떼어내어 삶이 끊임없이 나에게 깊은 상처를 내는 것을 막아주었다. 나는 30밀리그램의 소량만 복용했는데도 내가 여전히 웃고 섹스하고 슬플 수 있음을 발견했다. 항우울제를 먹는 것은 아침에 커피를 마시는 것과 약간 비슷했다. 그 약을 먹으면 신기하게도 내가 더 나답게 느껴졌다. 또 금욕주의적 원칙에 연연하기를 중단했다. 나는 베카가 어엿한 성인으로 성장할 때까지만 항우울제를 복용하고 그 다음에는 끊을 것이었다. 그 즈음에 나는 《뉴요커The New Yorker》에 실린 조너선 레덤Jonathan Lethem의 글을 읽었는데, 셀렉사 복용을 소홀히 할 때 일어나는 일에 관한 그의 허구적 서술은 내가 그 작은 분홍색 알약을 끊을 때 발생할 수 있는 위험을 아주 잘 알려주었다. 어지럼증, 메스꺼움, 자살 생각, 자각몽 등. 그러나 우리의 알프스 여행을 며칠 앞두고 나는 항우울제 복용을 중단했다. 복용하지 않아도 괜찮을 거라고 여기면서 편리하게 잊어버린 것일 수도 있지만, 의도적으로 중단한 것일 개연성이 더 높았다. 집으로 돌아가면 다시 복용할 생각이었다. 따지고 보면 나의 복용량은 정말 소량이었고, 지금 나는 훨씬 더 건강했다. 게다가 내가 처음 니체와 함께 도보여행을 했을 때, 나는 어떤 알약도 먹지 않았다.

내가 열아홉 살 대학생이었을 때, 나의 지도교수이자 니체에 관한 모든 것의 길잡이였던 댄 콘웨이Dan Conway는 금욕적 이상의 힘은 어디에나 스며들어 있다고 설명했다. 그 힘은 서양문명의 주요 추진력들 중 하나이며 그에 대한 저항은 대체로 부질없다고 말이다. 당시 나는 그 설명을 의심했다. 혹은 어쩌면 희망이 넘쳤던 건지도 모른다. 틀림없이 일부 사람들은 자기부정의 방식들을 넘어서기를 의지할 수 있을 거라고 나는 믿었다. 댄은 고개를 가로젓더니 나를 바젤로 보냈다.

그가 옳았다. 금욕주의는 인간적 가치 영역에서 끈질긴 힘이며, (금욕주의에 도전할 만한) 비교적 삶을 긍정하는 이상들을 재빨리 자기 것으로 만든다. 금욕주의는 워낙 인내심이 강해서 거의 모든 경쟁자보다 더 오래 견딜 수 있다. 시간과 인간 본성은 금욕주의의 편이다. 쇼펜하우어가 주장하듯이, 우리는 기본적으로 고통을 겪는 존재들이며, 이 통찰이 마침내 정착하면 금욕적 이상은 고난을 향한 진입로에서 우리를 반긴다. 《도덕의 계보》에서 니체는 이렇게 쓴다. "가장 용감하며 고통에 가장 익숙한 동물인 인간은, 고통 그 자체를 배척하지 않는다. 고통의 의미, 고통의 목적을 보여주기만 하면, 인간은 고통을 욕망하며 심지어 열렬히 찾아낸다 … 그리고 금욕적 이상은 인간에게 의미를 제공했다!"

공복에 네 시간 동안 산길을 걸으니 다리가 화끈거리고 머리가 어지러웠다. 어지럼증이 예상보다 더 심했다. 그 바위까지만 가면 쉬게 될 것이다. 두세 시간이면 충분하다. 그 바위에 도착하면 나는 틀림없이 젊은 날의 높이나 깊이로의 행복한 복귀를 경험하게 될 것이다. 돌이켜보면, 철학자들은 늘 걸으면서 생각했다. 아리스토텔레스가 기원전 322년에 사망한 후, 그의 제자들 중 다수는 소요학파Peripatetic school, 곧 돌아다니는 강사들의 집단을 형성했다. 소요학파라는 명칭은 희랍어 '페리파테티코스peripatetikos'("걸어다니는")에서 유래했다. 고대 인도와 네팔의 현자들도 우기에는 집안에 머물다가 우기가 끝나자마자 돌아다니며 사색하고 가르치곤 했다. 부처, 예수, 아우구스티누스, 루소, 워즈워스, 콜리지, 에머슨, 소로, 제임스, 랭보. 이 모두를 비롯한 많은 사상가들이 줄곧 걸어다녔다. 참으로 위대한 방랑자-사상가 중 하나인 소로는 이렇게 썼다. "내 다리가 움직이기 시작하는 순간에 생각이 흐르기 시작한다고 나는 생각한다." 20세기 분석철학자 루트비히 비트겐슈타인은 공동연구자 겸 친구 버트런드 러셀을 초저녁에 찾아가 그의 아파트 안에서 여러 시간 동안 서성거리며 사색에 잠긴 적이 많다. 밤이 오면 그는 러셀에게 여기에서 떠나면, 추측하건대 그의 발이 멈추면, 자살할 것이라고 말하곤 했다. 그러면 러셀은 여기에 머물면서 계속 걸으라고, 계속 살라고 설득하곤 했다.

또한 걷기를 다룬 가장 유명한 러시아 이야기 《순례자의 길The Way of a Pilgrim》도 있다. 니체가 《차라투스트라》 2부를 완성한 1884년에 최초로 출판된 이 작품은 걷기를 어떤 철학적 통찰에 도달하기 위한 수단이 아니라 신을 보기 위한 수단으로 사용하는 어느 탁발 순례자에 관한 이야기며, 끊임없이 기도하는 방법을 알려주는 지침서다. 이야기 속의 방랑자에게 신은 죽지 않았다. 그 익명의 방랑자는 다음과 같은 '예수기도Jesus Prayer'를 하루에 2000번, 나중에는 6000번, 더 나중에는 훨씬 더 많이 읊는다. "주 예수 그리스도, 신의 아들이여, 죄인인 나를 불쌍히 여기소서." 하지만 이야기가 매우 신비로워지는 돌파의 순간은 그가 이 짧은 기도를 걷기, 호흡하기와 연결할 때 찾아온다. 평균적인 사람은 하루에 1만 보를 걷는다. 하지만 하루 종일 걷는다면 거의 4만 보나 5만 보를 걸을 수 있다. 기도를 반복하는 가운데 그 순례자는 어느 순간에 그 기도가 된다. 혹은 그 기도가 그 순례자가 된다. 어찌된 일인지 걷는 동안에 그가 숭배하는 대상 — 멀리 있으며 이 세계에 속하지 않은 무언가 — 이 그에게 온다. 나는 이 책을 대학생 때, 처음으로 질스-마리아를 방문하기 전에 읽고 곧바로 빠져들었다. 책의 서문에 그런 극단적인 금욕주의 실천은 교부들이 말하는 '프렐레스트prelest'(직역하면 "탈선going astray"), 곧 환상을 구원으로 해석하는 몽환적 상태로 귀결될 수 있다는 경고가 있었지만, 나는 그 경고를 무시했다.

걷기는 어쩌면 가장 기운을 북돋고 상쾌함을 주는 인간 활동일 수도 있겠지만, 금욕적 이상에 매달리는 노예 도덕은 결국 이 활동마저도 파괴적 목적에 이용할 수 있었다. 《순례자의 길》은 위대한 도보여행을 하고 신을 발견한 사람에 관한 이야기일 수도 있지만, 어떤 정당한 이유도 없이 발에 무수한 부상을 자초하는 기독교 금욕주의자에 관한 우화일 개연성도 충분히 있다. 유대교-기독교 노예 도덕의 영웅들인 순례자들은 의도적으로 선택한 비참한 조건에서 수백 킬로미터, 심지어 수천 킬로미터를 이동한다. 고될수록 더 좋다. 시련을 자초하는 것은 개인을 깨끗이 정화하기 위해서이다. 그 때문에 더러워진 물집, 감염된 상처, 썩어 들어가는 발가락, 영구적인 흉터를 갖게 될 수 있다는 사실에도 아랑곳없이 말이다. 11세기에 그런 순례자 1만 2000명이 독일에서 약속의 땅 예루살렘을 향해 출발했다. 얼마나 많은 사람들이 실제로 목적지에 도달했는지 누가 알겠는가? 나는 그들의 마지막 날들이 더욱 위대한 고통을 요구하는 어떤 이상을 위해 상당히 끔찍하게 지나갔을 거라고 상상할 수밖에 없다. 고통의 양상을 순례자 본인이 결정한다는 점이 작은 위로가 된다는 것은 알지만, 흔히 그 위로는 참담할 정도로 작은 듯하다.

정오가 지났고, 나는 느리게, 너무 느리게 알프 무오트 셀바스로 나아갔다. 확실히 말하는데, 풍경은 정말 눈부시게 아름다웠다. 다만 내가 눈여겨 감상하지 못했을 따름이다. 왜 나는 이 산으로 돌아오는 것을 죽으러 가는 것처럼 느껴야 했을까? 나는 딱 두 가지에 주의를 집중하고 있었다. 하나는 내 위장에서 시작되어 가슴과 아랫배로 찌릿하게 퍼져나가는 쓰라린 통증, 또 하나는 왼쪽 발목에서 나는 딸깍거리는 소리였다. 그 소리는 내가 더 멍청했던 고등학생 시절의 잔재다. 고등학생 때 시속 40킬로미터로 달리는 폴크스바겐 스테이션웨건의 지붕 위에서 떨어졌던 것이다. 발 펙스 위의 빙하가 시야에 들어왔고, 나는 초점을 나의 목적지에, 이 계곡에 처음 왔을 때 나를 비교적 잘 보호해준 화강암 아래 웅크리고 앉으면 얼마나 기분이 좋을지에 맞추려 애썼다. 그러나 내 발목에서 나는 소음은 나를 놓아주려 하지 않았다. 그 소음은 이 여행의 고통이 무의미할 수도 있음을 끊임없이 일깨웠다.

모든 순례자는 신성한 장소를 찾아간다. 기독교 순례자들에게 신성한 장소란 성자의 무덤, 신성한 인물이 움직임을 멈춘 곳이다. 이탈리아에 있는 성 베드로 성당과 성 바오로 성당, 또는 예루살렘에 있는 예수의 빈 무덤이 그런 신성한 장소다. 그렇게 걷는 순례자들은 확실히 사랑스러우며 또한 병적인 면모를 지녔다. 가족을 떠나기 전에 그들은 자신이 떠난 뒤에도 무언가 작은 것이 남게 하려고 유언장을 쓰곤 했다. 그들은 신발을 벗곤 했다. 그들이 아우구스투스처럼 신성한 발을 지녔기 때문이 아니라 명백하게 유한한 인간의 발을 지녔기 때문이었다. 다시 말해, 인간임에서 비롯되는 고통을 느끼기를 원하기 때문이었다. 순례자들은 그렇게 맨발로 출발하곤 했다. 집에서 그들의 삶은 분명 안락하지 않았다.(11세기의 삶은 일반적으로 견디기 힘든 수준이었다.) 그래서 그들은 자신의 고통에 대한 통제권을 스스로 쥐고 있었고, 어떤 방식으로 고통 받을지를 스스로 결정했다.

니체는 이런 자발적 고통 선택에 영웅적 면모가 있다고 생각한다. 그러나 순례에 관한 모든 것이 기독교 성직자의 설교 속에서 역기능적이 된다고 의심한다. 성직자는 간단하고 솔직한 — 아주 멀리 걷기는 어떤 의미에서 고통을 인정하기라는 — 설명 대신에, 순례자들에게 타락과 복원에 관한 이야기를 들려준다. 물론 실제로 많은 순례자들은 친부 살인부터 빵 절도까지 다양한 범죄를 저지르고 예컨대 종교재판소로부터 멀리 여행을 떠나라는(스스로 유배를 가라는) 판결을 받은 사람들이었다. 그러나 성직자는 순례를 정당화하기 위해 한걸음 더 나아간다. 성직자에 따르면, 모든 순례자는 정화하는 고통을 통해서만 용서받을 수 있는 죄인이요 도망자다. 물론 많은 순례자들은 자신이나 사랑하는 사람의 병을 치유하기 위해 신성한 장소를 찾지만, 요점은 똑같다. 인간은 병들었거나 죄를 지었거나 둘 다이며 구원받기 위해서는 발에 물집이 생기고 발목이 부러지는 고통을 겪어야 한다. 이것이 금욕적 이상의 핵심이다.

며칠 전에 캐럴이 이 산행에 나와 동행하겠다고 제안했다. 나는 적어도 산행 초반에는 혼자 온 것이 기뻤다. 그러나 이제 더는 기쁘지 않다. 계곡의 동남쪽 구석에 화강암들이 모여 있는 것이 보였다. 기하학적 입체 모양의 바위들이 무더기를 이뤄 마치 고대 신전의 유적처럼 보였다. 하지만 20분을 더 걷고 다시 보니 인상이 달라졌다. 만약에 저 바위들이 고대 신전이었다면, 세계 최대 규모였을 것이다. 바위들이 흩어져있는 구역의 길이가 거의 1킬로미터에 달했다. 만약에 단 하나의 지형적 특징인 작은 폭포가 없었다면, 이 높은 고원에서 외톨이 바위 하나를 발견하는 것은 불가능했을 것이다. 나는 내가 없는 사이에 폭포의 낙차가 더 커졌을 거라고 짐작했다. 거기에 그 폭포가 있었다. 어떤 방문자라도 그 폭포를 이정표로 삼으면 냇물 가장자리에 숨어있는 비스듬한 판형 바위를 쉽게 발견할 법했다. 파릇한 젊은 날에도 나는 샘과 거듭남이라는 기독교적 이미지를 주목했다. 또한 바로 이곳에서 니체가 금욕적 이상을 비판하게 되었다는 아이러니를 주목했다.

그 바위는 마름모꼴이었으며 폭이 3미터 두께가 60센티미터였다. 자세한 모양은 미국 메인주와 대충 비슷했다. 어떻게 그 바위가 땅에 비스듬히 박히게 되었는지는 영원히 수수께끼로 남겠지만, 나는 그것이 아주 높은 곳에서 떨어져 미끄러지다가 그렇게 되었으리라고 짐작했다. 나는 일곱 시간 동안 이동한 끝에 여기에 왔다. 나는 지금보다 더, 훨씬 더 많이 감사해야 마땅했을 것이다. 최고의 순례 이야기들은 마침내 순례자가 성소聖所에 다가가고 수도사가 문턱에서 그를 맞이하여 그의 상처투성이 발을 씻어줄 때 걷잡을 수 없이 흐르는 카타르시스의 눈물로 막을 내린다. 그 신화적인 장면 속에는 미천한 순례자와 신성한 목표가 하나 되는 초월적 합일이 있다. 그러나 현실에서는 얼마나 많은 순례자들이 성소에 도달하여 실신할까? 얼마나 많은 순례자들이 성소가 실제로 무덤인 것을 발견하고 절망의 울음을 터뜨릴까? 통상적으로 우리는 그런 순례자들의 이야기를 듣지 못하지만 어쩌면 들어야 할 것이다.

나는 나의 바위 아래로 기어들어가 배낭을 끌어당겨 한낮에 잠자리를 폈다. 어둡고 시원하고 약간 유쾌했지만, 초월적이거나 감격적이지는 않았다. 나는 단지 돌아가고 싶었다. 발트하우스 호텔이 아니라, 과거로 거슬러 올라 이 생각들 이전의 시점으로 돌아가고 싶었다. 불만을 품은 순례자, 찾아 나선 바를 끝내 발견하지 못하는 순례자에 관한 이야기는 어디에 있을까? 삶의 악랄함과 부질없음을 코미디처럼 반복할 따름인 순례자에 관한 이야기는 어디에 있을까? 그런 순례자는 드물다고 생각하고 싶을지 몰라도, 나는 그런 순례자가 당신의 생각보다 더 많다고 확신한다. 나는 딱딱한 바닥에 엉치뼈가 배기는 불편함에 아랑곳없이 배낭을 베고 누웠다.

정신을 차려 보니 마법의 시간이었다. 황혼 직전의 늦은 오후, 가장 보잘것없는 장면조차도 내부에서 빛을 뿜어내는 것처럼 느껴지는 시간이었다. 엉덩이가 욱신거렸지만 위쪽의 알프 무오트 셀바스에서 시원한 산들바람이 불어와 노출된 뺨과 귀를 어루만졌다.

나는 한 가지 생각을 품고 깨어났다. 이제 나는 목표가 있었다. 바로 집.

유명한 순례자들은 어떤 먼 성소에서 위안을 구하고 발견한다. 오로지 다른 모든 것을 버리고 신을 향한 고된 길을 걸어야만 우주적 화해가 성취된다. 그러나 어쩌면 실패한 순례자들도 약간의 구원을 발견할 것이다. 고통은 단지 고통이라는 것, 무덤은 텅 비었다는 것, 단 한 번 발을 씻는 것으로 인간 실존의 때를 벗겨낼 수는 없다는 것을 깨닫고 낙담한 일부 순례자들은 그래도 집으로 돌아갈 것이다. 어쩌면 이것이 구원일지도 모른다. 어쩌면 실패한 순례자가 바라는 것은 약간의 다정함, 그리고 세상이 아예 한 톨의 희망도 없는 곳은 아니라는 단순한 직감이 전부일 것이다.

순례의 후반부, 곧 사회로 복귀하는 여정은 여러모로 전반부보다 훨씬 더 힘들다. 피로감은 확실히 더 심하고, 순례 초기에 생긴 상처들은 거의 그대로 남아있다. 잘 알려진 이야기에서 아브라함은 아들을 데리고 모리아산에 올랐다. 그는 아들을 신에게 제물로 바치고자 했다. 그것은 힘든 경험이다. 그러나 당신이 이삭과 함께, 당신이 죽이고자 했던 아들과 나란히 집으로 돌아오는 여정을 상상해보라. 이 여정이 훨씬 더 힘들지 않겠는가? 당신이 죄책감, 고통, 실망을 용케 헤치고 집에 도착하면, 어쩌면 집 자체가 당신이 처음에 떠났을 때와 달라져 있을 것이다. 어쩌면 성서 속의 욥처럼, 모든 것을 잃은 뒤에 모든 것을 두 배로 되찾을 수도 있을 것이다. 얼마나 많은 실패한 순례자들이 일상으로 복귀하면서 뒤늦게 성공에 이르렀을까? 물론 이 성공은 기독교도가 추구할 만한 것이 아니지만, 어쩌면 이 성공이 더 나을 것이다. 아니, 이것이 최고의 성공일 것이다. 왜냐하면 이것이 진실이니까 말이다. 어쩌면 순례자는 고난 속에서 승리하는 것이 아니라, 집에서 부드러운 무언가를 받아들이는 법을 터득하는 드문 순간에 승리할 것이다. 나의 바위 아래 앉아있는 동안, 이 세상 것이 아닌 듯한 웃음이 새어 나왔다. 내가 지금도 이해하지 못하는 웃음. 그리고 나는 일어섰다.

나는 가족을 향해 걷기 시작했다. 순례지에서 멀어지면서 베카가 귀여운 말투로 "소프팅softing"이라고 부르는 것을 향해 나아갔다. 소프팅을 경험하기 위해 어딘가로 갈 필요는 없다. 소프팅은 대개 손등으로, 혹은 베카처럼 코로 한다. 그것은 가장 부드러운 어루만짐이다. 멀리 떨어져서 소프팅을 할 수는 없다. 대개 소프팅은 거의 매일, 아침이나 늦은 밤에 잠자리에서 이루어지며, 가족의 모든 구성원들이 함께 하는 것이 바람직하다. 먼저 소프팅을 하거나 상대에게 소프팅을 요청할 수 있다. 그 요청은 항상 받아들여진다. 소프팅 중에는 통제할 수 없는 웃음이 허용된다, 아니 기대된다. 그것은 고난의 정반대다. 이것이 진정한 사랑의 모습이다.

퇴폐와 역겨움

자기에게 해로운 것을 본능적으로 선택하기 … 이것이 퇴폐의 공식이라고 하겠다.

프리드리히 니체, 《우상의 황혼》, 1888

니체 같은 사람이 평소답지 않게 심리적으로 고양되는 것은 수상한 조짐이었다. 말하자면 폭풍우 직전의 쾌청한 날씨였다. 1887년에 건강 악화와 금욕적 이상에 맞서 싸우다가, 두 가지 다 강력하고 지속적이라는 결론을 내린 후 갑자기 니체는 애써 자기 자신을 되찾은 듯했다. 지난 1887년 봄은 참담했다. 그는 프랑스 니스로 여행했는데, 그것은 엄청난 실수였다. 해변 도시의 밝은 햇빛과 요란함은 철학자 니체의 주의를 산만하게 했다. 그리하여 이듬해 그는 질스-마리아에서 벗어난 몇 달을 토리노에서 보내기로 했다. 그리고 그 도시 자체를 사랑하게 되었다. 마침내 발견한, 짝사랑이 아닌 사랑이었다.

토리노는 니체의 특수한 생리학적 욕구들에 우호적이었다. 토리노의 태양은 새벽부터 황혼까지 길고 따스한 그림자들을 만들어내는 것 같다. 이른 아침에 산책하면 자갈로 포장된 좁은 길을 따라 행인과 마주치지 않고 도시를 가로지를 수 있다. 길들은 계속 이어지다가 널찍한 광장으로 열린다. 광장들은 햇빛과 사람들을 딱 적당한 비율로 끌어들이는 듯하다. 아무것도 급하거나 바쁘지 않다. 일들은 "시간 맞춰" 일어나지 않고 "좋은 시간에" 일어난다. 맑은 날에는 멀리 알프스가 보이는 토리노에서 주민들의 삶과 일은 자연과 따로가 아니라 자연에 따른다. 1888년 4월에 니체는 이렇게 썼다. "나의 소중한 친구 토리노는 정말 중요한 발견이다 … 여기에서 나는 기분이 좋고 중단 없이 일한다. 나는 반신반인처럼 먹고 있으며 푹 잘 수 있다. 건조하고 쾌활하며 에너지를 주는 공기 덕분이다." 그는 외딴 소도시 질스-마리아에서, 어쩌면 질스-마리아 덕분에 생존하는 데 익숙해졌지만, 여기 토리노에서 니체는 그의 표현으로, "내가 가능한 최초의 장소"를 발견했다. 보통 가능성은 특정한 가능성, 잡을 수 있는 특수한 기회다. 그러나 니체가 토리노에서 발견했듯이 가능성은 훨씬 더 많은 것을 의미할 수 있다.

5월에 니체의 기분은 한껏 부풀었다. "날씨 좋은 날엔 매력적이고 가볍고 장난스러운 바람이 불어 가장 무거운 생각들도 날개를 펴고 날아오른다." 늙어가는 남자 니체는 토리노에서 넘쳐나는 가능성을 느낄 수 있었다. 중력은 예전처럼 그를 붙들지 않았고, 그는 어쩌면 처음으로 당대의 음악을 즐길 수 있었다. 바그너의 음악은 아니었다. 그 음악은 니체의 과거에 속한 음악이었다. 니체가 즐긴 것은 베토벤의 9번 교향곡, 그리고 무엇보다도 비제의 〈카르멘〉이었다. 그는 〈카르멘〉에 매혹되었는데, 과거에 나는 그 작품의 매력을 전혀 이해하지 못했다. 20대를 코앞에 두었을 때 나는 그 오페라의 인기는 줄거리보다 작곡가와 더 많은 관련이 있다고 생각했다. (니체와 마찬가지로 비제도 명성을 얻기 훨씬 전에 사망했다.) 그러나 사십대가 가까운 지금 나는 그 작품의 대본과 음악에 대한 니체의 높은 평가를 이해하기 시작했다.

〈카르멘〉은 칠흑처럼 어두운 주제, 곧 불행한 사랑의 끔찍한 운명을 밝고 가볍게 다룬다. 카르멘은 돈 호세를 처음엔 유혹하고, 나중엔 배척하고, 결국 파괴한다. 돈 호세는 그녀를 사랑하고 칼로 찔러 죽인다. 이것은 곧 부활할 그리스도의 고난과 죽음을 보여주는 〈그리스도 수난극Passion Play〉이 아니다. 단지, 서로를 죽이는 평범한 사람들에 관한 열정적이고 매혹적인 극일 뿐이다. 〈카르멘〉과 〈니벨룽엔의 반지〉에는 몇몇 사건들(이를테면 살인과 욕정)이 공통으로 등장하지만, 비제의 솜씨는 바그너와 전혀 다르다. 카르멘은 관능적이다. 유럽의 많은 부분을 정복한 금욕주의와 영 거리가 멀다. 비제가 창조한 그 아름다운 인물 속에는 자기규제나 망설임이나 초월적 겉치레가 없으며 단지 끝을 향한 저돌적이고 즐거운 달음질만 있다. 니체는 오페라를 그가 훗날 "퇴폐"라고 부르게 될 특정 질병에 빠진 문화를 위한 임시방편적 처방으로 여겼다.

"퇴폐"라는 용어는 1888년에야 처음으로 니체의 글에 등장한다. 그러나 이 용어와 밀접한 관련이 있는 다른 용어는 바그너가 사망한 해인 1883년에 등장했다. 독일어로 "퇴화"를 의미하는 'Entartung'이었다. 퇴폐라는 개념은 니체의 후기 작품들에서 핵심 역할을 함에도 불구하고, 니체는 어디에서도 이 개념을 상세히 논하지 않는다. 퇴폐는 현전한다. 항상 현전한다. 그러나 어디에나 스며든 많은 힘들이 그러하듯이, 퇴폐는 잘 정의되어 있지 않다. 많은 사람들은 니체를 단순명료한 퇴폐의 반대자로 생각하지만, 그것은 틀린 생각일 가능성이 높다. 1888년에 건강이 나아지면서 니체는 다른 누구보다도 그 자신을 비롯하여 서양 근대에 속한 모든 사람들을 괴롭히는 퇴폐라는 정신적 병을 숙고했다. 병을 앓는 동안에는 병이 어느 정도인지 가늠하기가 불가능하다. 오로지 고통이 잠시 가라앉았을 때만, 심각한 병의 범위를 제대로 이해할 수 있다. 토리노에서 니체는 "내 정신을 가장 근본적으로 선점해온 것은 **퇴폐**의 문제"라는 것을 마침내 깨달았다. 이것은 한 사상가가 자신의 철학이 이제껏 거론한 적 없는 한 주제에 관한 것이었음을 갑자기 깨닫는 장면에 불과한 게 아니다. 이것은 한 사람이 자기 삶의 바탕에 깔린 태도ethos를 마침내 깨닫고 고백하는 장면이다.

니체 자신이 퇴폐자decadent, 당대와 당대 상층 부르주아 문화의 산물이었다. 그는 어린 시절에는 어머니에게, 성인기의 초기에는 여동생에게, 만년에는 여성 보호자들에게 응석을 부렸다. 그는 노동, 적어도 손을 더럽히는 노동은 한 번도 한 적이 없으며 대학교에서 나오는 연금과 부유한 친구들의 후원으로 생계를 꾸렸다. 니체가 묵을 당시의 니체하우스는 식료품점 겸 하숙집이었지만, 솔직히 내가 보기에 충분히 좋은 거처였다. 그는 글과 말을 다루는 전문가였고 영국 철학자 토머스 홉스의 "한가함은 철학의 어머니다."라는 말을 진정으로 이해할 수 있는 사람이었다. 물론 고난도 있었다. 그러나 니체의 고난은 흔히 스스로 자초한 것이었다. 친구이자 후원자였던 발비다 폰 마이젠부크에게 보낸 편지에서 니체는 자신이 퇴폐와 아주 가까운 사이라고 말한다. "퇴폐에 관한 한, 나는 지상 최고의 권위자입니다."

퇴폐적 식사, 퇴폐적 건물 앞면, 퇴폐적 가구 덮개, 퇴폐적 음악. 액면을 보면 이것들은 엄청난 부의 다양한 표시들이다. 그러나 니체는 이 화려함이 병과 퇴락을 은폐한다고 믿는다. 퇴폐적 식사, 여러 시간에 걸쳐 정성껏 나오는 코스 요리에 대한 욕망은 평범한 음식을 쉽게 먹을 수 없는 자의 퇴화 증상이다. 건물은 지지구조물이 추할 때만 화려한 앞면을 필요로 한다. 화려한 덮개는 대개 균형이 안 맞는 가구에 쓰이며(누가 셰이커Shaker 걸상[셰이커교도들이 만든 가구는 단순한 아름다움으로 유명함 — 옮긴이]에 쿠션을 장착할 생각을 하겠는가?), 지나치게 예민한 등을 가진 사람을 위해 제작된다. 거창하고 단맛이 너무 강한 퇴폐적 음악은 청력에 문제가 있는 귀를 위해 작곡된다. 퇴폐는 약함에서 비롯된다. 자기파괴 직전의 허약함을 감추는 장막으로, 그 허약함이 조용히 곪고 확산하는 것을 가능케 함으로써 퇴락을 앞당긴다. 퇴폐는 삶의 최후의 과도한 번창, 죽음의 조짐이다.

1888년에 니체는 세기말의 이유 없는 쇠퇴를 받아들이고 또한 더 개인적으로는, 세기말의 황혼 속에서 사는 개인들의 쇠퇴를 받아들이려고 애썼다. 그가 그렇게 애쓴 최초의 인물은 아니었다. 1864년에 출판된 도스토옙스키의 《지하 생활자의 수기》는 화자의 다음과 같은 삭막한 고백으로 막을 여는데, 니체는 자신의 퇴폐를 다루면서 그 고백에 호응하게 된다. "나는 병든 사람이다. 나는 앙심을 품은 사람이다. 나는 매력 없는 사람이다. 나는 간이 병들었다고 생각한다. 그러나 나는 내 병에 대해서 아무것도 모르며 무엇이 나를 괴롭히는지에 대해서도 정확히 아는 바가 없다." 도스토옙스키가 지어낸 인물과 유사하게 니체는 퇴락에 대해서 아주 잘 알았다. 퇴폐적 삶에 "외부"

란 존재하지 않는다. 자기 자신의 병을 진단하고 자신의 죽음을 목격하는 특권을 가진 외부의 관점은 존재하지 않는다. 그러나 그런 시도는 확실히 가능하며, 바로 그것이 니체가 생애 최후의 생산적 기간에 실행한 바였다. 토리노에서 보낸 마지막 해에 니체는 죽음을 코앞에 두고 광란하는 사람처럼 다섯 권의 책을 썼다. 《바그너의 경우Der Fall Wagner》, 《우상의 황혼》, 《안티크리스트》, 《이 사람을 보라》, 《니체 대 바그너Nietzsche contra Wagner》. 이 작품들은 모두 어떤 의미에서 자전적이며, 전체적으로 한 의사-철학자가 자기 자신을 발견하기 위해 펼치는 노력을 담고 있다. 결정적으로 중요한 것은 시간이었다.

니체의 병은 언제 발병했을까? 퇴폐의 문제를 마주하는 것은 니체에게 다시 한번 그가 대大퇴폐자로 평가하는 인물, 곧 그의 "아버지" 리하르트 바그너를 마주하는 것을 의미했다. 바그너는 철학자 니체의 형성기에 큰 영향력을 발휘했으며 니체가 가져본 적 없는 어버이 구실을 했다. 이제 삶의 막바지에서 니체는 아버지로부터 아들에게 전달된 것 — 유산, 감염 — 이 정확히 무엇인지 따져보고 싶었다. 바그너와 결별한 뒤 10년이 지나서 니체는 마침내 그 결별에 대한 설명을 시도한 것이다. 1888년에 과거를 돌아보며 니체는 이렇게 썼다. "그때[1876년]는 정말로 이별하기에 딱 좋은 시기였다. 나는 그 증거를 충분히 일찍 얻었다. 겉보기에 가장 성공적이었지만 실은 퇴락하고 절망하는 퇴폐자가 된 리하르트 바그너는 갑자기, 속수무책으로, 일관성 없게 주저앉았다 …" 그러나 퇴폐라는 전염병은 이미 바그너의 자식에게 전해져 있었다.

발 펙스 위쪽 나의 바위 아래에서 낮 시간을 보내고 발트하우스 호텔로 돌아온 나는 캐럴과 베카가 여전히 거기에 있는 것을 발견하고 약간 놀라며 기뻐했다. 가족의 부드러운 환영은 나를 깊이 안심시켰고, 나는 여러 날 동안 퇴폐적 세계의 편의를 누리며 요양했다.

나의 아버지 잔이 여기 다스 발트하우스 질스에 왔다면, 이 호텔의 세계를, 특히 이곳의 도서관을 흠모했을 것이다. 아름다운 책들로 가득 찬 도서관. 내가 느끼기에는 꼭 읽히기 위해서라기보다 존경받기 위해 거기에 있는 책들. 잔은 이런 장소를 사랑했다. 문화의 올가미들로 가득 찬, 나머지 사회로부터 격리된 화려한 방들. 실제 철학과 문학은 잔의 관심 밖이었을 것이다. 그는 책들이 가득한 광경으로 충분히 만족했을 것이다. 도서관에는 토마스 만, 헤르만 헤세, 카를 융의 저서 초판본들이, 차를 마시며 우아하게 펼치기에 좋은 삽화가 풍부한 풍경에 관한 값비싼 책들과 그 풍경을 숭배한 화가들에 관한 책들 사이에 드문드문 꽂혀 있었다. 책은 모두 진열장 안에 있었는데 진열장의 유리문에 자물쇠가 채워져 있지는 않았다.

홀로 한 고된 산행 후 며칠이 지나서 나는 그 유리문들을 열어보았다. 문은 경쾌한 소음을 내며 열렸다. 이런 도서관에서는, 책을 읽을 수는 있지만 너무 빨리 읽으면 안 되고 특별한 내용을 뽑아내어 흡수하기 위해 읽어서도 안 된다. 이런 방에서 책을 읽는 것은 미묘하고 까다로운 과제다. 이 과제는 장식을 보완하고 강조하는 능력을 필요로 한다. 적절한 책을 적절한 방식으로 숙독하는 모습을 보여주는 능력, 세상에 나와서 독서하기를 즐기는 능력을 필요로 한다. 이 과제는 니체에게 일상사였던 공공장소에서 혼자 식사하기와 그리 다르지 않다. 나는 나 자신을 손에 잡힐 것처럼 뚜렷하게 의식했다. 도서관 구석에, 모든 벽을 뒤덮은 듯한 참나무 장식과 대조를 이루며 외롭게, 별 볼 일 없는 액자 하나가 걸려 있었다. 액자 속에는 40세 니체의 흑백 초상 사진이 들어있었다. 어찌 된 영문인지, 그 우상 파괴자는 고상한 장식품이 되어 있었다. 아니, 기막히게도 심지어 우상이 되어 있었다.

나는 앞에 펼쳐놓은 테오도어 아도르노의《계몽의 변증법Dialectic of Enlightenment》에서 눈을 들어 벽에 걸린 액자를 응시했다. 나의 눈길이 수심 어린 채로 거기에 오래 머물기를 바랐다. 그것은 니체를 촬영한 유명한 사진의 복사본이었다. 깊은 생각에 잠긴 니체가 먼 곳을 응시하고 있다. 흠잡을 데 없는 모습이다. 콧수염은 잘 다듬어 빗었으며, 머리카락은 단정하게 이발했고, 눈빛은 벽이라도 뚫을 듯하다. 이 사진 역시 명백히 연출된 것이다.

거의 모든 성화의 주인공은 성자나 그리스도나 성모 마리아다. 그 주인공들은 관람자를 똑바로 응시한다. 하지만 니체의 사진은 달랐다. 이것은 옆모습을 보여주는 성화였다. 성화의 주인공은 관람자와 눈 맞추는 것에 관심이 없었다. 그는 부분적으로만 거기에 있었다. 그의 얼굴의 절반은 영원히 은폐되어 세계의 반대편에서만 볼 수 있었다. 나는 몇 분 동안 헛되이 그의 관심을 끌려 애썼지만, 결국 포기하고 느릿느릿 걸어 할레Halle(홀, 곧 큰 방을 뜻하는 독일어 — 옮긴이)로 향했다. 거기서 만날 사람이 있기 때문이었다.

복도 벽은 100여 년 전부터 이 지역을 방문한 등반가들의 사진이 담긴 멋진 진열장들로 장식되어 있었다. 그들은 탄탄하고 말쑥한 모습으로 급경사면이나 좁은 산길에서, 상상컨대 그들이 남겨둔 가족이 있는 마을보다 훨씬 높은 곳에서 포즈를 취했다. 니체는 이렇게 쓴다. "개인은 항상 집단에 압도되지 않으려고 몸부림쳐왔다. 당신이 그 몸부림을 시도한다면, 자주 외로워지고 때로는 겁에 질릴 것이다." 이 남자들은 겁에 질린 모습이 아니었다. 분투하고 있고, 어쩌면 동경하고 있지만 겁에 질리지는 않았다. 그들은 멀리 떠나 있어서 행복했다. 니체에 따르면 "당신 자신을 소유하는 특권을 위해서는 너무 비싼 가격이란 없다." 사진들이 작고 흐릿해서, 모든 등반가가 꼭 나의 아버지처럼 보였다. 나는 때로 아버지가 누구였는지 어떤 모습이었는지 잊어버리지만, 또한 어디에서나 희미하게 아버지를 본다.

현대적 호텔의 로비는 흔히 턱없이 작은 공간에 다양한 기능들을 욱여넣으려 애쓰지만 성공하지 못한다. 로비는 앉아있는 공간, 체크인하는 장소, 비즈니스를 하는 장소, 바에 앉아 음료를 마시는 장소, 스스로 커피를 마련해서 마시는 장소, 아이들과 함께 걸어 다니는 장소, 치약을 사는 장소, 배달된 피자를 받아서 방으로 가져가는 장소의 기능을 한다. 발트하우스 호텔에는 그런 로비가 없다. 이 호텔의 입구를 통과하면 안내 데스크가 놓인 작은 공간이 나온다. 데스크 너머에는 보관함들로 이루어진 벽이 있고 보관함에는 객실 하나당 2개의 커다란 열쇠가 들어있다. 앉을 곳이나 치약을 파는 곳은 없다. 숙박료에 관한 대화나 청구서도 없다. (이런 업무는 현관 오른쪽에 별도로 마련된 방음된 방에서 이루어진다.) 이 호텔의 현관은 딱 두 가지 목적에 쓰인다. 그곳은 환영과 떠남의 장소다. 잠깐만 머무는 통로인 것이다. 과거와 미래 사이의 문턱을 느낄 만큼 컸지만 다른 활동을 할 만큼 크지는 않았다. 나는 그 현관을 지나 곧바로 호텔의 심장부에 들어섰다.

발트하우스 호텔에는 앉아 있거나 커피, 차 등을 마시려는 사람들을 위한 장소가 현관 너머에 따로 있다. 그곳은 거대한 응접실이다. 뷔페도 없고, 자기 음식을 손수 가져오는 손님들도 없다. 내가 방금 언급한 할레가 바로 그곳이다. 나는 대저택의 응접실이 이런 모습일 것이라고 늘 상상해왔다. 물론 이 방이 훨씬 더 웅장하다. 10미터 높이의 천장에 크리스털 샹들리에 10여 개가 매달려 있다. 다른 장소라면 그 샹들리에들이 과해 보일 것이다. 바닥은 나무로 되어 있지만 워낙 매끄럽고 단단해서 콘크리트나 테라조terrazzo처럼 느껴진다. 그 바닥 위에 다양한 동방의 양탄자들이 깔려 있다. 10장이 훨씬 넘는 그 양탄자들을 처음 봤을 때 나는 의아했다. 양탄자 하나하나는 미국 가정집의 작은 거실에 어울릴 법한 크기였다. 왜 간단히 큰 양탄자 하나를 사서 깔지 않았을까? 왜냐하면, 천천히 거니는 나에게 어느새 다가온 발트하우스의 "숙소 관리인" 우르스 킨베르거의 말을 빌리면, 만약에 모든 것이 실용적이라면, 그건 참 딱한 일일 것이기 때문이다.

악수를 하고 응접실 입구 반대편의 창문들까지 함께 걸어가서 돌아보니, 그렇게 많은 양탄자를 깐 것이 더 그럴싸하게 느껴졌다. 양탄자들은 분리된 그러나 서로 스며들 수 있는 공간을 만들어냈다. 네다섯 집단이 사용할 수 있는 가상의 거실들이 소파, 의자와 함께 갖춰진 셈이었다. 더 은밀한 장소를 원하는 손님들을 위해서는 대형 창문을 장식한 휘장 너머 구석진 곳에 작은 양탄자를 깔고 2인용 소파 하나만 놓았다.

"여기 괜찮죠?" 킨베르거가 등받이가 높은 파란색 의자들을 가리키면서 그것들이 이 호텔과 나이가 같다고 설명했다. 우리가 의자에 앉는 동안 그는 "나는 옛날 물건을 아주 좋아해요."라고 고백했다. 머리를 단정히 올려 묶은 버들가지처럼 날씬한 근무자 — "웨이트리스"라는 명칭은 너무 격식 없게 느껴진다 — 가 나타나 우리의 주문을 받고 사라졌다가 커피를 들고 다시 나타났다. 아마도 그녀는 예뻤거나, 어쩌면 심지어 눈에 띄게 매력적이었을 테지만, 그녀의 제복 — 베이지색 바지, 조끼, 흰색 셔츠, 나비넥타이 — 은 그런 말을 할 수 없게 만들었다. 확실한 것은 그녀가 우리의 여행을 최대한 편안하게 만들기 위해 그녀의 임무를 수행하고 있다는 사실이었다. 숙박 기간이 길어지자 그녀는 캐럴과 나의 성을 기억했고, 우리가 주문하는 음료, 우리가 커피를 마시는 방식, 우리가 머무는 객실을 기억했다. 발트하우스 호텔의 손님을 불필요한 질문이나 청구서로 불편하게 만드는 것은 안 될 일이었다. 우리는 마치 대저택에서 집사를 부리며 사는 것 같았다. 킨베르거에게 그녀는 실제로 그의 대저택에 고용된 집사였다. 그리고 킨베르거는 손님이 있었다.

킨베르거는 나와 너무 오랫동안 대화할 수 없다는 말로 대화를 시작했다. 그러고 싶지 않아서가 아니라, 다른 손님들과의 형평을 고려해서였다. 숙소 관리인은 모든 손님들이 동등하게 환대받는다고 느끼게 해야 하고, 따라서 손님들을 상대하는 시간을 공평하게 할당해야 한다. 그것은 체면치레하는 문제라고 그는 인정했지만, 이 할레에서는 그게 상당히 중요한 일이었다. 사교적인 인사말을 건넨 뒤에 그는 곧바로 나의 관심사로 뛰어들어 이 호텔을 자신의 집이라고 부른 철학자들을 거론하기 시작했다. 어쩌면 내가 손에 든《계몽의 변증법》을 보았을 수도 있고, 어쩌면 이미 그 책을 생각하고 있었는지도 모른다. 아무튼 킨베르거가 내 쪽으로 몸을 기울여 호텔의 비밀을 속삭였다. "아도르노가 여기에서 무려 420일을 숙박했습니다."

나는 그리 놀라지 않았다. 아도르노에게 발트하우스 호텔은 강렬한 사랑과 역겨움을 똑같이 일으켰을 것이다. 어쨌거나 그는 완전히 집착했을 것이다. 프랑크푸르트 학파의 창시자 중 하나인 아도르노는 20세기의 많은 기간 동안 유럽 최고의 사회비평가였고, 니체의 철학적 후계자를 자처했다. 부유한 유대계 포도주 상인과 오페라 가수의 아들로 1903년 프랑크푸르트에서 태어난 아도르노는 근대적 퇴폐에 어려서부터 익숙했다. 아도르노가 나이가 들수록 두 사상가, 아도르노와 니체의 관계는 꾸준히 깊어지고 더 복잡해졌다.

니체와 마찬가지로 아도르노도 폭넓은 지식을 갖췄으며 음악, 철학, 사회학, 심리학에 정통했다. 훗날 그는 이 분야들을 도구로 삼아 서양 문화를 진단하고 대책을 제시하게 된다.《존재의 용기The Courage to Be》의 저자 파울 틸리히의 지도로 1931년에 교수자격을 취득한 후, 아도르노는《우상의 황혼》에서 니체가 멈춘 자리를 출발점으로 삼아 자신의 이론을 구성했다. 그리고 다음과 같은 매우 어려운 질문들에 답하려고 애썼다. 자기를 파괴하기로 작정한 듯한 시대에 인간의 실존에는 어떤 가능성들이 열려 있을까? 무엇이 그 시대의 힘을 늦추고 작용 범위를 제한할까? 무엇이 퇴폐를 가속할까? 어떻게 한 문화나 개인이, 거의 운명적으로 일어날 것으로 보이는 쇠퇴를 극복할 수 있을까? 아도르노는 발트하우스 호텔에서 대답을 궁리했다.

프랑크푸르트학파 안에서 아도르노는 막스 호르크하이머, 발터 벤야민, 헤르베르트 마르쿠제와 연합하여 오늘날 "비판이론"으로 불리는 사조를 옹호했다. 비판이론은 최소한 처음에는 신마르크스주의 운동이었으며, 문화 자체가 억압하는 힘으로 사용될 수 있으며 실제로 그렇게 사용되고 있다고 주장했다. 억지스러운 주장처럼 보일 수도 있을 것이다. 문화 — 연예나 소비, 예술 — 는 사람들을 속박할 수 있는 유형의 것으로 보이지 않는다. 그러나 바로 이런 직관이 우리의 방어를 허술하게 만든다고 아도르노는 주장한다. 대중문화는 사람들의 선호를 형성하고 활동과 욕망의 범위를 한정한다. 우리의 소비문화는 우리에게 선택지를 주고 외견상 선택의 자유를 줄 수도 있겠지만 그러나 모든 각자에게 똑같이 제한된 선택지가 주어진다면, 이 선택의 자유는 초라할 정도로 미미하다. 아도르노와 함께 《계몽의 변증법》을 쓴 호르크하이머에 따르면, 비판이론은 사람들을 노예화하는 미묘한 힘들로부터의 해방을 추구한다. 대학원생 시절 나는 비판이론이 그 해방을 어떻게 할 셈인지 전혀 이해할 수 없었다. 그러나 발트하우스 호텔이 실마리를 주었다.

비판이론가들은 — 니체의 뒤를 이어 — 모든 형태의 대중문화를 공격했다. 그들은 아름다움과 숭고함의 상품화에 반발하고 차이와 개인적 취향의 획일화에 반발했다. 니체처럼 아도르노도 군중심리를 주목하고 혐오했다. 많은 심리학자들과 달리 아도르노는 군중심리가 자연스러운 사회적 충동이 아니라 성직자풍의 지휘자가 지휘하는 웅장한 공연이라고 단언했다. (그는 나치가 지배하는 독일에서 성년기를 맞았으며 모든 형태의 파시즘에 반대하는 글을 썼다.) 떼를 이룬 양들은 언제든 공연에서 빠져나올 수 있을 법하지만, 자본주의의 필요와 결합한 문화 연출 덕분에 공연에는 거의 거스를 수 없는 흡인력이 생긴다. 그럼에도 아도르노는 1951년에 이렇게 쓰고 있다. "만일 그들이 1초라도 멈춰서 생각한다면, 공연 전체가 산산조각이 나고 그들은 공황에 빠질 것이다."

나는 킨베르거의 어깨 너머로 응접실의 우아한 공간을 둘러보았다. 이곳은 떼거리를 위한 장소가 아니었다. 우리는 대화의 마지막 10분을 이 호텔과 아도르노의 복잡미묘한 관계를 그의 후기 철학에 비춰 논하는 것에 할애했다. 가까이 있는 양탄자 위에서는 잘 차려입은 독일인들이 바흐의 〈미사곡 B단조〉의 뉘앙스들을 분석하고 있었다. 이 웅장한 공간의 입구에서는 60대 중반의 한 쌍이 조용하지만 알아들을 수 있는 목소리로 횔덜린의 시를 논하고 있었다. 대중문화에서 발을 빼는 방법 하나는 뻔뻔한 엘리트주의를 끌어안는 것이다. 이곳의 문화는 배타적일지언정 억압적이지는 않았다. 그래서 아도르노가 이곳을 좋아했던 것이다. 그는 지적인 동반자들과의 느긋한 식사를, 우아함이 매끄럽게 자연의 아름다움과 연결되는 것을, 그리고 무엇보다 고요를 좋아했다. 고요, 떼거리가 견디지 못하는 하나. 침묵, 자기 자신의 소리는 생각을 가능케 하고 심지어 강제한다. 정신없는 추종자가 "1초라도 멈춰서 생각한다면"이라고 말할 때 아도르노는 틀림없이 고요한 환경을 전제했을 것이다. 질스-마리아에는 여기보다 더 고요한 곳들이 있다. 이를테면 니체가 여름을 나던 가로 3미터 세로 3.4미터짜리 방이 그런 곳이다. 하지만 발트하우스 호텔은 지금도 반가운 고요와 속삭임으로 충만하다.

나에게 할당된 시간이 거의 다 되었다. 킨베르거는 다른 손님들을 상대해야 했다. 그가 자리에서 일어나는 것과 거의 동시에 응접실의 반대편 끝에서 음악 연주가 시작되었다. 킨베르거는 "아도르노는 이 호텔을 사랑했어요."라고 되풀이해서 말하더니 가려고 몸을 돌리며 이렇게 덧붙였다. "하지만 저건 몹시 싫어했죠. 삼중주단을 경멸했어요." '발트하우스 트리오'는 이 호텔만큼 오래된 악단이며, 내가 들은 바로는 여러 세대 내내 연주 목록을 바꾸지 않았다. 바이올린과 베이스의 음량이 약간 부풀면서 속삭이면서 이야기를 주고받을 가능성을 침몰시켰다. 나는 킨베르거에게 고맙다고, 어쩌면 너무 큰 목소리로 말했고 그는 떠났다.

음악이 고요를 깼지만 그래도 그리 나쁘지는 않다고 나는 생각했다. 파헬벨의 〈캐논 D장조〉를 변주한 곡에 이어 브람스가 연주되다가 어느 틈엔가 모차르트로 넘어갔다. 발트하우스 트리오는 초심자를 위한 실내악 메들리를 연주하고 있었다. 이를테면 '인기 클래식 40곡' 같은 것이었는데, 때때로 약간 느끼했지만 불쾌한 느낌은 전혀 없었다. 나는 생각했다. '뭐야? 들을 만하구만! 아도르노는 엄청 잘난 척하는 속물이었던 모양이군.' 그러나 그때 뮤지컬 음악들이 연주되기 시작했다. 끝도 없이 이어졌다. 떠나려고 일어섰지만 너무 늦었다. 〈애니Annie〉의 서곡이 시작되었다. 베카가 함께 있었다면 무척 좋아했을 것이다. 삼중주단은 몇 대목을 덧붙이기도 하고 즉흥연주도 삽입하면서, 쾌활하게 연주했다. 그러나 한 곡이 한낮처럼 환하게 들렸다. 〈내일Tomorrow〉이었다. 니체와 아도르노가 들었다면 혐오감을 감추지 않았을 것이다.

나오는 길에 할레와 식당 사이의 파란색 방에서 반짝이는 벨테-미뇽Welte-Mignon 한 대를 보았다. 피아노 롤에 수록된 연주를 자동으로 재생하는 피아노였는데, 여느 자동피아노와는 다른 것이었다. 벨테-미뇽사는 1905년에 최초의 무건반 재생 피아노(자동피아노의 일종 — 옮긴이)를 생산했는데, 이게 바로 그중 하나였다. 그러니까 그 벨테-미뇽은 세계 최초의 음악 재생 기계인 셈이었다. 기계 옆에는 피아노 롤로 가득 찬 캐비닛이 있었다. 피아노 롤은 음악을 재생할 때 기계에 삽입하는 천공 두루마리다. 나는 그 기계의 내부를 살펴보았다. "황금시대The Golden Age(주로 '벨 에포크Belle Époque'라는 프랑스어 명칭으로 불리는, 서양사에서 19세기 말부터 1차 세계대전 직전까지의 시기 — 옮긴이)." 아도르노는 매일 밤 똑같은 음악을 완벽하게 반복하는 이 기계도 혐오했을 것이 틀림없다.

미래를 내다본 기술을 장착한 이 "피아노"의 등장은 진짜 음악의 종말을 알리는 신호였다. 나는 그 벨테-미뇽을 지나치면서 잠깐 동안 발터 벤야민을 생각했다. 아도르노의 가장 친한 친구라고 할 벤야민은 1936년에《기술 복제 시대의 예술작품》을 썼다. 벤야민이 언급한 것은 영화지만 그의 논지는 벨테-미뇽에도 적용된다. "가장 완벽한 복제품에도 한 가지가 빠져있기 마련이다. 그것은 예술작품의 지금-여기, 예술작품의 현재 장소에서의 유일무이한 현존이다. 예술작품이 존속하는 동안 겪은 역사는 다른 어떤 것이 아니라 이 유일무이한 현존에서 진행되었다." 현존, 이것이 발트하우스 호텔이 약속한 바였다. 킨베르거의 말을 빌리면, "사치스러운 공간". 현존은 무언가, 어쩌면 중요하거나 유일무이한 무언가가 이루어질 수 있는 특별한 장소와 시간을 함축한다. 그러나 그런 현존은 여기에서도 불가능했다. 유일무이한 현존 혹은 실존은, 니체가 평생 찾아다녔지만 어디에서도 발견되지 않았다. 단지 반복, 얽힘, 실망이 있을 뿐이었다.

어느새 저녁식사 시간이 임박해 있었다. 나는 곧 정장을 차려입어야 할 터였다. 벨라비스타로 방향을 돌리면서 나는 호텔 입구를 흘끗 보았다. 밝은 노란색 포르쉐911 한 대가 진입로로 들어왔다. 어쩌면 40년은 되었을 확실한 구형 자동차였지만 티 하나 없이 깔끔했다. 포르쉐911은 나의 아버지가 처음으로 소유한 자동차였다. 아버지의 다정한 할머니는 유일한 손자 "로키"를 위해 그 자동차를 중고로 샀다. 아버지가 채 16세가 되기 전의 일이었다. 중고 자동차는 밝은 노란색 페인트로 진하고 광이 나게 새로 칠해졌다. 거의 모든 것을 험하게 다룬 로키는 그 차도 몹시 험하게 몰았다. 나의 어머니는 등산을 하다가 아버지와 그 포르쉐를 만났다. 누가 1등으로 정상에 오를 수 있을까? 항상 그것이 문제였다. 빠르고 위험한 자동차 경주는 자동차와 운전자의 힘을 증명한다고 여겨졌다. 그러나 광이 나는 페인트는 깊은 결함을 은폐할 수 있고 실제로 흔히 은폐한다.

3단 기어를 넣고 속도를 최고로 높인 상황에서 기어를 4단으로 올리는 게 아니라 실수로 2단으로 내리면 "밸브가 망가질" 수 있다. 엔진 밸브의 약한 부위가 압력을 받아 깨져 실린더 안에서 산산조각날 수 있다. 그 고장을 알아채면 조심스러운 운전자들은 차를 갓길에 세운 후 즉시 수리를 받는다. 그러나 잔은 조심성과는 거리가 한참 멀었으므로 차를 세우지 않았다. 대신에 고장난 차를 몰고 펜실베이니아 주 레딩에 있는 집까지 가려 했다. 직선거리로 30킬로미터에 불과했다. 결국 레딩시의 경계에서 엔진이 멈춰버렸다. 퇴폐가 촉발한 죽음. 잔 본인도 그런 식으로 살았고, 죽었다.

열 살 때 아버지가 사는 뉴욕의 아파트를 방문한 적이 있다. 드문 일이었다. 아버지는 우리 형제를 데리고 비버가 56번지의 유명한 델모니코스Delmonico's 레스토랑에 갔다. 그는 마티니 세 잔과 거대한 대접에 담긴 홍합, 그리고 베이크드 알래스카Baked Alaska(케이크와 아이스크림 등이 들어간 디저트 — 옮긴이)를 먹었다. 식당에서 나올 때 입구의 대리석 기둥들을 가리키면서 그는 "이게 폼페이에서 가져온 거야."라고 말했다. 나는 여러해 뒤까지도 폼페이가 무엇인지 몰랐지만 지금은 안다. 그 성대한 저녁식사 후 10년이 지났을 때 나는 아버지가 술이 취한 상태로 아주 높은 곳에서 고의나 사고로 떨어져 턱과 치아가 산산조각이 났다는 소식을 들었다. 그는 가까스로 목숨을 건졌다. 그로부터 다시 10년이 지났을 때 우리 형제는 뉴욕시 메모리얼 슬로언 케터링 암센터 앞에서 아버지와 만났다. 그는 방금 그 병원에서 말기 식도함 진단을 받은 뒤였다. 우리는 저녁을 먹으러 구멍가게 같은 식당으로 갔다. 아버지는 배가 고프지 않았지만 식욕이 넘치는 연기를 훌륭하게 해냈다. 홍합 한 대접을 바닥의 국물까지 후루룩 쩝쩝 쿨럭 쿨럭 삼켜버렸다.

그날 밤 나는 발트하우스에서 캐럴과 베카와 함께 저녁을 먹었는데 모든 음식의 맛이 이상했다. 어쩌면 하얀 식탁보 때문일지도 몰랐다.

아니, 화려한 옷차림에 허리를 곧게 펴고 팔꿈치를 식탁에서 뗀 내 딸의 모습, 혹은 내 앞에 펼쳐진 은제 식기들의 압도적인 수, 혹은 주방에서 풍기는 고기 굽는 냄새 때문일 수도, 혹은 강렬한 구토 충동, 혹은 희미한 자기혐오의 조짐, 혹은 내 대접 바닥에 고인 반투명 소스 때문일 수도 있었다. 원인이 무엇이었든, 나는 홍합과 국물의 냄새에서 벗어날 수 없었다.

심연호텔

우리 지식인은 우리 자신을 모른다. 그럴 만한 이유가 있다. 우리는 자신을 찾아 나선 적이 한 번도 없다. 그러니 우리 자신을 발견하는 일이 어떻게 일어날 수 있겠는가?

프리드리히 니체, 《도덕의 계보》, 1887

1888년 말에 니체는 질스-마리아에서 토리노로 가는 도중에 이렇게 반성했다. 혹은 고백이거나 탄식이었을 것이다. "나는 퇴폐자다." 이와 별개로 그는 이렇게 주장했다. "또한 나는 퇴폐자의 정반대다. 이에 대한 나의 여러 증명 중 하나는, 내가 끔찍한 상황들에 대처할 수단을 항상 본능적으로 옳게 선택해왔다는 것이다. 반면에 퇴폐자는 대개 자신에게 해로운 수단을 선택한다." 니체를 퇴폐자로 칭하는 것은 이상하게 느껴지지만, 니체가 이해한 퇴폐란 단순히 쇠락의 마지막 단계를 의미했다. 그리고 실제로 그는 쇠락의 마지막 단계에 있었다. 니체는 자신이 병들었음을 알았고 병증들을 다스리기 위해 처음엔 질스-마리아에서 나중엔 이탈리아에서 극단적인 처방들을 채택했다. 쇠락은 불가피했지만, 종말을 맞는 방식은 결코 불가피하지 않았다.

니체의 기억에 질스-마리아는 퇴폐의 유혹을 헤치며 일한 장소로 남게 된다. 니체가 머문 하숙집은 당시 두리슈 가족의 소유였다. 그때는 "니체하우스"가 아니라 나이든 교수 하나가 정기적으로 여름을 나는 집일 따름이었다. 니체는 대체로 눈에 띄지 않게 왔다가 갔고 마을 주민들로부터 방해받지도 않았다. 그는 1883년 여름에 수백 권의 책을 자신의 좁은 침실에 들여놓았다. 곁에 최소한의 동반자는 있었던 셈이다. 집 주인이 잠자리에 든 밤이면 니체는 빈집의 고요한 어둠 속에 홀로 앉아있곤 했다. 자신이 머무는 침실의 궁핍함과 외로움은 종종 힘겨운 제약이었다고 그는 고백했다. 손을 뻗으면 천장에 쉽게 닿는 침실이었다. "비좁고 천장이 낮은 방에 저녁에 홀로 앉아 힘겨운 상황을 겪으면서" 그는 몇 안 되는 친구 중 하나에게 편지를 썼다. 그러나 그것은 계산된 "힘겨운 상황"이었다. 즉, 호화로운 여생에 대한 약속이 없는 금욕주의적 생활이었다. 니체는 그런 생활이 자신을 더 강하게 만들고 어쩌면 붕괴를 늦춰줄 거라고 여겼다.

아버지의 홍합과 벨테-미뇽을 떠올렸던 발트하우스 호텔에서의 저녁식사 후, 그런 니체의 생활을 곱씹으면서 나는 니체하우스로 돌아가기로 결정했다. 파릇한 젊은 날에 그곳을 처음 방문했을 때 나는 니체가 퇴폐와 맞서는 고투를 공감할 수 있었다. 소진은 불가피하다. 그러나 용기를 낸다면, 빠르게 불타기를, 더욱더 빠르게 — 따라서 밝게 — 불타기를 선택할 수 있다. 어쩌면 그 공감의 일부가 여전히 남아있는지도 몰랐다.

1990년대 말의 니체하우스는 이렇다 할 특별함이 없었다. 관심을 자기 자신이나 당면 과제로부터 떼어내 다른 곳으로 돌릴 만한 것이 없었다. 그곳은 1960년대부터 대중에게 개방되었지만 여전히 대체로 외딴 곳이었다. 니체하우스는 공적이면서도 사적인 장소, 차라투스트라가 실존주의의 산을 반복해서 오르내리며 체현한 양면성의 적절한 상징이었다. 여기에서는 짐승 같은 것을, 참된 디오니소스적인 것을 편안히 탐험할 수 있을 법했다. 당시에 니체하우스의 주인은 거대한 울프하운드 한 마리를 키우고 있었다. 이름이 메를린이었는데, 그 개는 선별적으로 친절했다. 바꿔 말해, 무시무시했다. 19세의 나와 메를린이 처음 만난 자리에서 니체하우스의 주인은 이렇게 말했다. "이 녀석이 자네를 좋아하는군." 메를린은 내 사타구니에 코를 대고 킁킁거렸다. 그날 밤, 그 개는 쥐죽은 듯 고요했지만, 나는 녀석이 여전히 어둠 속 어딘가에 있는 모습을 상상했다. 한밤중에 그 집의 짧고 좁은 복도를 걸을 때 나는 그 개와 마주치기를 절반쯤 바랐다. 하지만 우리는 한 번도 마주치지 않았다.

니체가 머물던 방은 이 무렵 때로 잠겨있지 않을 때가 있어서, 나는 문을 열어보곤 했다. 그 방은 복도 건너편 내 방과 쏙 빼닮았고 냄새도 아주 비슷했다. 내 방의 거울상이라고 할 만했다. 여기가 위대한 사유와 창작이 이루어진 곳이었다. 나는 그 방 안에 잠시 머물곤 했다. 당시에도 나는 그 상황이 얄궂다고 느꼈다. 이 방의 벽들은 병적인 망상에 가까운 열망도 목격했다. "나는 인간이 아니다. 나는 다이너마이트다." 이 생각이 태어난 장소가 바로 여기였다. '다이너마이트'는 "힘"을 뜻하는 희랍어 뒤나미스dunamis에서 유래했다. 어떻게 사람이 다이너마이트가, 힘을 향한 의지가 될 수 있을까? 아도르노에 따르면, 예술의 관건은 카오스를 질서로 이끄는 것이다. 극소량의 다이너마이트로도 얼마나 큰 카오스를 창출할 수 있을까? 나는 이 질문의 답을 알아내려 애쓰며 나의 첫 질스-마리아 여행의 대부분을 보냈다.

니체하우스 2층의 짧은 복도는 늘 비어있었다. 벽에 걸린 그림들과 함께 나만 홀로 있었다. 게르하르트 리히터Gehard Richter의 두개골 사진을 물감으로 더럽혀놓은 듯한 그림들이었다. 햄릿은 요릭의 두개골을 보며 이런 대사를 읊는다. "아아, 불쌍한 요릭. 나는 이 친구를 안다네, 호레이쇼. 한없는 재담가였지 … 지금은 이렇게 되어버렸다니 생각만 해도 소름이 끼치는군. 구역질이 날 것 같아. 여기에 달려있던 입술에 나는 얼마나 많이 입을 맞추었는지 몰라. 좌중을 웃음바다로 만들던 그대의 익살, 광대 춤, 노래는 모두 어디로 가버린 건가?" 열아홉 살에 리히터의 작품들 앞에서 역겨움을 느꼈을 때 나는 눈에 띄는 가장 높은 봉우리이자 사실상 최정상인 곳으로 내달렸다. 찾던 것을 발견하는 데 실패한 후, 나는 심연의 경계에서 멈췄다. 비교적 유명한 작품에서 리히터는 파란 물감을 잔뜩 묻힌 유리창 닦이로 두개골 사진을 문질러버렸다. 파란 물감이 인간의 얼굴을 마구 더럽혔다. 그는 자신의 특이한 기법의 바탕에 깔린 충동을 이렇게 설명했다. "붓을 쓰면, 통제력을 갖게 된다. 물감이 붓을 따라 움직이고, 표시를 하게 된다. 경험을 통해서 무슨 일이 일어날지를 정확히 안다. 유리창 닦이를 쓰면, 통제력을 상실한다. 완전히 상실하는 것은 아니고 부분적으로 상실한다." 요릭의 얼굴에 약간의 다이너마이트를.

내가 없는 사이에 니체하우스에는 다이너마이트가 꼼꼼히 제거되어 있었다. 17년을 건너 다시 만난 건물의 실내는 깨끗하고 새롭고 살균되어 있었다. 니체라면 역겹다고 느꼈을지도 모른다. 가끔 들르는 고민 많은 방문자가 무자비한 자연으로 걸어 들어가기에 앞서 머무를 만한 장소가 더는 아니었다. 이제 그곳은 제대로 된 박물관이자 저자들의 은거처였다. 그 장소의 불안과 자유는 거의 사라지고 없었다. 두 번째 — 또한 아무래도 마지막일 — 방문 때 나는 늦여름 아침에 그곳에 도착했다. 비가 오고 있었고, 정말이지 나는 발트하우스 호텔에서 느낀 우아한 친절의 나날을 잠재울 약간의 우울을 바랐다. 다시 만난 니체하우스는 그런 나를 더없이 실망시켰다.

건물이 사람들과 빛으로 가득 차 터져버릴 지경이었다. 주방의 웃음소리가 계단을 타고 올라와 현관에 들어서는 나를 맞이했다. 나는 재빨리 목소리들을 셌다. 다섯, 여섯, 일곱. 곧바로 떠나고 싶었다. 하지만 나는 과거에 내가 묵었던 방이 있는 2층으로 느릿느릿 올라가 내가 수많은 긴 밤을 새우며 걸었던 복도를 살펴보았다. 리히터의 작품들은 치워지고 없었다. 건물 전체에서 유일하게 남은 그 미술가의 흔적은 2층의 스테인드글라스 한 점뿐이었다. 서쪽으로 난 창을 장식하는 색색의 기하학적 격자 작품이었는데 내 기억 속 두개골들과는 전혀 딴판이었다. 음울한 오후에 스테인드글라스 창은 칙칙해 보였고 흉물스러울 정도로 주변과 어울리지 않았다. 여기는 로마 가톨릭 대성당이 아니라고, 나는 성마르게 속으로 말했다. 여기는 — 성자가 아니라 — 한 사람이 삶의 비극들과 화해하기 위해 최선을 다했던 장소다. 나의 흔적과 다이너마이트는 어디로 갔단 말인가? 리히터의 스테인드글라스는 그가 1970년대에 디자인한 〈4096가지 색깔〉의 축소 복제품이었다. 원래 〈4096가지 색깔〉은 가로세로 2.4미터의 정사각형 캔버스에 가시광선 스펙트럼 전체에 걸친 4096개의 색깔들을 격자 형태로 배열한 작품이다. 이 작품을 그리기 위해 리히터는 견습생들을 고용했다. 나는 그가 어떤 고차원적인 미학 이론을 그 작품에 담았다는 것은 알겠지만, 어둑한 오후에 니체하우스의 좁은 창틀 안에 갇힌 그 작품은 우스꽝스러웠다. 나는 당장 그 자리에서 그 끔찍한 흉물을 깨부수고 싶은 충동을 용케 억누르고 벽에 관심을 집중했다.

니체하우스는 미술관으로 바뀌어 있었다. 초인을 보기 위해 질스-마리아를 찾은 역사적 인물들을 소묘한 작품들이 벽에 걸려 있었고, 트랙조명이 작품들을 환히 비췄다. 아래층에서 더 큰 웃음이 올라왔다. 이곳은 단지 미술관이 아니라 일종의 호텔로 변모해 있었다. 아래층 사람들이 니체와 영원회귀에 대해서 떠드는 소리가 들렸다. 그들 앞에는 필시 빵과 카푸치노가 놓여있을 것이다. 1962년에 헝가리 마르크스주의자 죄르지 루카치는 질스-마리아로 몰려들어 발트하우스 호텔에서 숙박하는 아도르노를 비롯한 학자들을 비판하는 글을 썼다. 그는 발트하우스 호텔을 "심연호텔the Abysmal Hotel"이라고 불렀다. 심연의 가장자리에 위치한 웅장한 호텔, 실존의 공허를 성찰할 수 있는 사치스러운 장소, 세계의 종말을 안락하게 관람하는 미술관. 더 많은 웃음이 올라왔고, 나는 바로 니체하우스가 그런 심연호텔이 되었다고 생각하며 몸서리쳤다. 아마도 내 생각이 옳을 것이다.

나는 복도를 따라 걸어가며 전시된 작품들을 살펴보았다. 거기에 아도르노가 있었고, 그의 친구이자《일차원적 인간One-Dimensional Man》의 저자인 헤르베르트 마르쿠제도 있었다.《일차원적 인간》은 근대가 자아실현을 억압하는 경향을 지녔다고 설명하는 책이다. 이들 다음에는 루 살로메의 연인 릴케가 있었다. 그는 엥가딘을 정기적으로 방문했다. 그리고 거기, 갤러리의 구석에 토마스 만이 있었다. 그는 1940년대 중반에 아도르노의 도움을 받아《파우스트 박사Doctor Faustus》를 썼다. 엄청난 부자였던 만은 2차 세계대전 후에 니체하우스가 아니라 발트하우스 호텔을 제2의 집으로 삼았다. 이들 모두 니체의 한 자락을 붙들려 애썼다.

만의《파우스트 박사》는 여러모로 니체를 닮은 아드리안 레버퀸이라는 남자에 관한 이야기다. 뛰어난 지성을 짐처럼 짊어진 레버퀸은 괴테와 독일 설화가 묘사하는 원조 파우스트처럼 자신의 지식에 깊은 불만을 느낀다. 그 지식은 결국 인간의 지식일 따름이다. 레버퀸은 그 이상을 원한다. 그리하여 그는 광기를 통해 자신의 천재성을 강화하기 위하여 일부러 매독에 걸린다. (지금도 많은 이들은 니체를 광기로 몰아간 병이 매독이라고 여긴다.) 그리고 그때부터 당연히 레버퀸도 소설의 줄거리도 빠르게 힘을 잃는다. 책의 막바지에서, '최후의 심판'과 '그리스도의 고난'에 강박적으로 매달리는 레버퀸은 친구들(사실상 제자들)을 불러 그의 자발적 십자가형을 곁에서 지켜보게 한다.

만의《파우스트 박사》는 니체를 부활시키려 했지만, 나는 그 작품이 한 가지 중요한 측면에서 과녁을 빗나갔다고 생각하지 않을 수 없었다. 그 작품은 세계대전의 포화 속에서 망명한 저자가 썼다. 여기까지는 니체적이다. 그러나 집필 장소가 로스앤젤레스였다. 만은 로스앤젤레스를 무척 좋아했다. 그는 푸들을 데리고 퍼시픽 팰리세이즈 구역의 저택들 사이를 매우 행복하게 산책하곤 했다. 노벨상 수상자인 그는 말쑥하고 사교적이었으며 한결같은 날씨를 사랑했다. 그는 잔혹한 일들이 벌어지는 현장에서 탈출한 사람이었으므로 좋은 날씨를 누릴 자격이 있었지만, 퇴폐가 둥지를 튼 캘리포니아의 호화로움 속에서의 집필은 니체의 지적 프로젝트와 어긋나 보였다. 그런 집필은 문명의 하강 나선운동에 맞선 싸움이 아니라 묵인으로 느껴졌다.

나는 걸어가면서 헤르만 헤세의 사진 두 점을 보았다. 검은 사진 틀 속에서 헤세가 엄한 표정으로 나를 응시했다. 늘 그렇듯이 헤세는 무언가를 철저히 의심하는 듯했다. 그의 의심은 아마도 정당했을 것이다. 따분한 현실과 무한한 가능성 사이의 불협화음, 사회생활과 있는 그대로의 진정성 사이의 불협화음은 근본적인 염려가 필요한 사안이거나 더 심각한 문제일지도 몰랐다. 나는 헤세에게서 시선을 거두고 한때 니체가 묵었던 방으로 향했다.

이번에도 모르는 사이에 점심시간이 지나가 버렸다. 나는 배가 고프지 않았다. 어느새 오후의 중간이었고, 햇빛이 리히터의 창을 통해 총천연색으로 쏟아지기 시작했다. 니체가 머물던 침실은 잠겨있었다. 이제 일부 구역들은 출입금지였다. 박물관 큐레이터가 방문을 잠가놓은 것이 틀림없었다. 문이 잠기지 않은 관람시간에도 니체의 방에는 저지선이 쳐졌다. 황록색 문틀과 열린 문의 손잡이 사이에 묵직한 흰 밧줄이 걸렸다. 나는 한동안 살펴보다가 캐럴이 도착하기 전에 내 방을 보기 좋게 정리하기로 마음먹었다. 우리 가족의 친구가 하룻밤 동안 베카를 맡아주기로 했다. 캐럴은 니체하우스가 으스스하지 않게 바뀌었다는 말을 듣고 그날 저녁 니체하우스에 가는 것에 동의했다. 하지만 먼저 우리 가족은 다 함께 발 페도츠Val Fedoz로 도보여행을 갈 예정이었다. 니체에 따르면 사람은 퇴폐자이면서 또한 퇴폐자의 정반대로서 참담한 상황에 대한 옳은 처방을 발견할 수 있었다.

발 페도츠는 발 펙스의 바위투성이 쌍둥이다. 빙하가 만든 그 평평한 계곡은 발 펙스보다 훨씬 더 좁고, 계곡에 흐르는 강의 양쪽 기슭은 곳곳에서 깎아지른 화강암 절벽을 이룬다. 나는 우리가 그 절벽들에 도달하지는 못하리라고 확신했지만 아무튼 출발할 수는 있었다. 그곳으로 가는 도보여행자는 발트하우스 호텔 뒤편, 라렛숲이 우거진 완만한 구릉들을 통과해야 한다. 그 숲은 미국 북동부의 숲과 다르다. 애디론댄산맥이나 화이트산맥의 숲으로 들어가면 정말로 빠져나올 길이 없다. 그곳의 숲들은 북쪽으로 캐나다의 툰드라 지역까지 대체로 끊이지 않고 이어진다. 라렛 숲은 다르다. 짧은 오솔길 구간들에 침엽들이 카펫처럼 깔려있고 소나무들이 지붕처럼 덮여있으며 양옆에는 바위들이 늘어서있다. 그런 구간들이 갑자기 끝나면 아름다운 풍경과 야생화가 만발한 풀밭이 나온다. 이곳의 길바닥은 흙이거나 대개는 그저 짓밟힌 풀이다. 질스-마리아를 방문한 철학자들의 대다수는, 니체도 포함해서, 이 오솔길을 만끽했다. 라렛 숲은 고도가 충분히 높아서 산책하는 사람이 세상을 내려다볼 수 있게 해주지만 어지럼증을 일으킬 정도로 높지는 않다. 나는 우리가 호수가 내려다보이는 곳에서 잠시 쉰 다음에 남쪽의 높은 계곡으로 방향을 잡을 수 있을 거라고 생각했다. 아침 비는 벌써 그친 뒤였다. 우리가 볼 풍경은 놀랄 만큼 아름다울 것이었다.

하지만 베카의 생각은 달랐다. 숲속에 꽃들이 있었고, 베카는 꽃을 따서 모아야 했다. 그 아이가 원하는 것은 크고 눈에 확 띄는 꽃들이 아니라 작아서 지나치기 쉽고 각각의 개성을 놓치기 쉬운 꽃들이었다. 풀밭에 꽃들이 널렸는데 왜 산길을 걸으려고 하는 거야? 왜냐하면 나는 원래 어딘가에 도달하고 싶었기 때문이다. 캐럴도 마찬가지였다. 우리는 힘을 합쳐 한 시간 넘게 베카를 어르고 달랬다. 베카는 풀밭에서는 달리고 춤추고 맴돌다가도 산길에 접어들면 신기하게도 어김없이 힘들어했다. 굼뜬 개를 산책시키는 기분이었다. 그러다가 우리는 마음을 고쳐먹고 도보여행을 포기했다. 지금까지의 여정만 해도 충분한 모험이었다. 우리는 망루에서 1킬로미터쯤 떨어진 개활지에 도달해 있었고, 베카는 화원에 진열된 꽃다발처럼 풍성한 미나리아재비 꽃무리를 향해 풀밭을 가로질러 내달렸다. 그리고 꽃무리 위에 엎어져 즐거운 한 더미가 되었다. 그 아이는 벌써 2킬로미터 정도를 걸었다. 오늘의 걸음을 다 걸은 셈이었다.

그곳은 오후를 보내기에 딱 좋은 장소였다. 베카로부터 90미터쯤 떨어진 언덕 위에 홀로 자리 잡은 하얀 오두막은 자연이 인간의 삶을 수용할 수 있음을 반갑게 일깨우는 역할을 했다. 하지만 자연이 어떤 유형의 삶이든 다 받아들일 수 있는 것은 아니다. 지금 베카는 양손을 뻗어 우리에게 자신이 따 모은 꽃들을 보여주면서 웃자란 풀을 헤치며 달려오는 중이었다. 우리 앞에 도착한 아이는 우리 각각에게 꽃잎을 한 움큼씩 맡기면서 조용히 요청했다. "잃어버리지 않게 조심하세요." 공손하지만 확연히 강압적인 말투였다. 캐럴과 나는 근처의 높은 곳에 앉아 우리 아이가 노는 모습을 지켜보았다. "진짜 어른 속에는 놀고자 하는 아이가 숨어있다."라고 니체는 말했다. 아마도 그의 말이 옳을 것이다. 하지만 실제로 아이들과 노는 것에 더 능숙했던 사람들은 대체로 여성 철학자들이었다.

나는 손에 쥔 꽃잎들을 들여다보았다. 철학사에서 사상가들은 이런 것들을 간과해왔다. 그러나 19세기 미국 철학자 엘라 라이먼 캐벗Ella Lyman Cabot은 지금 캐럴과 내가 베카와 꽃잎들과 함께 경험하는 것과 그리 다르지 않은 순간에 관한 글을 썼다. 캐벗은 한 무리의 아이들을 데리고 체리를 따러 갔다. (그녀는 가족의 재산을 써서 수십 명의 아이들을 양육했다.) 꼬마 아이 하나가 그녀에게 체리 세 개를 건네면서 먹지 말고 보기만 하라고 했다. 처음에 캐벗은 눈앞에 있는 것이 무엇인지도 몰랐지만 문득 이런 생각에 도달했다. "이번에도 나는 우리가 둔감하고 어리석고 불경스러워서 우리 손가락 사이에 나란히 늘어선 체리 세 개의 압도적인 기쁨을 알아보지 못한다는 것을 깨달았다." 나는 배낭에서 지퍼백을 꺼내 베카의 꽃잎들을 조심스럽게 집어넣었다. 뉴잉글랜드의 우리 집 뒤뜰에도 꽃이 많았지만 베카는 그 꽃들에 별다른 관심이 없었다. 반면에 알프스의 꽃들은 그 아이에게도 특별했다. 일상 너머의 세계에서 발견한 꽃들이었다. 걷는 동안에 베카가 사물과 시간을 대하는 태도가 살짝 바뀌었다. 베카에게 알프스의 꽃은 처음 보는 알프스의 꽃이었으므로 관심을 기울이고 보호할 가치가 있었다.

캐럴이 내 손을 잡으며 언덕 위의 오두막을 가리켰다. 그곳을 한참 바라보다가 나는 구릿빛 피부의 일곱 살쯤 된 벌거숭이 남자아이가 오두막 안으로 급히 들어가는 것을 보았다. 잠시 후 들통을 들고 다시 나온 아이는 마당의 수도꼭지를 틀어 물을 받았다. 키가 베카보다 약간 큰 그 아이는 머리부터 발끝까지 고르게 햇볕에 그을려 있었다. 아이의 어머니로 보이는 아름답고 덩치 좋은 삼십대 여성이 나타나 벌거벗은 갈색 몸을 일광욕 의자에 눕혔다. 그녀는 풀밭 너머로 우리를 보고 느릿느릿 손을 흔들더니 눈을 감았다. 그녀의 손짓에는 자의식이 전혀 배어있지 않았다. 그녀는 노출증 환자가 아니지만 다른 사람이 자신을 보는 것에 무관심했다. 나는 늘 자신에 대해서 막연한 불만을 품고 살기 때문에, 그런 그녀를 거의 이해할 수 없었다. 베카가 고개를 들어 그들과 눈을 맞춘 후 다시 꽃으로 갔다. 나는 내 아이가 나의 불안증을 아직 물려받지 않은 것에 안도하며 한숨을 내쉬었다. 어느 순간 베카가 자리에서 일어나, 언덕을 흘러내리는 좁고 깨끗한 개울을 향해 출발했다. 아이의 걸음을 멈추게 할 경고의 외침이 내 안에서 터져 나오는 것을 간신히 억눌렀다. 베카는 멈춤 없이 첨벙거리며 여름 오후를 가로질렀다.

전통적으로 아버지 노릇의 핵심은 아이가 느끼는 가능성의 범위를 제한하는 것이다. "아빠가 제일 잘 알아."라는 표현의 짝꿍은 "아이는 그렇지 않아."이다. 분명 이런 입장이 옳을 때가 있다. 아장아장 걷는 아이가 위험한 산에 오르는 것은 막아야 마땅하다. 아이들은 종종 신체적으로나 심리적으로 해로운 가능성을 탐험하고, 그럴 때 부모로서 우리는 실존적 자유가 아이들에게 부과하는 위험을 따져봐야 한다. 그러나 니체를 계승한 실존주의자들은, 우리의 지나친 위험 회피는 어떤 상황의 실제 위험이 아니라 우리 자신의 불안에서 비롯된다고 주장한다.

불안과 공포. 일상에서 우리는 불안과 공포를 열심히 회피한다. 더 정확히 말해서 우리는 불안과 공포를 일으키는 대상들(거미, 시험, 총격, 광대, 빠르게 흐르는 강물)을 회피한다. 그러나 19세기와 20세기의 유럽 철학자들에게 불안과 공포는 특별한 의미를 지닌다. 그 사상가들은 불안과 공포가 회피할 수 있거나 회피해야 할 것들이 아니라는 점에 대체로 동의한다. 니체를 비롯한 실존주의자들에 따르면 공포는 특정 대상이나 원인과 결부된 것이 아니라 불편하게도 인간임이라는 구덩이 자체에서 나온다. 키르케고르의 말을 빌리면 공포란 "자유의 가능성을 감지함"이다. 당신의 삶이 지닌 모든 가능성을 상상해보라. 그 가능성의 개수에 10의 거듭제곱을 곱하고, 거기에 다시 10의 거듭제곱을 곱하라. 마지막으로 당신이 아주 어린 나이였을 때부터 당신 자신에게 금지한 무수한 가능성을 생각해보라. 지금 당신의 느낌이 어떠하든, 그 느낌은 자유의 무한한 가능성을 약하게 희석해서 느끼는 것과 어느 정도 비슷하다. 판에 박힌 어른의 삶은 대개 우리를 마비시켜 이런 유형의 공포를 느끼지 못하게 한다. 그러나 아이들은 최선을 다해 우리에게 공포의 힘을 일깨운다.

왜 우리는 아이들에게 한계를 부여할까? 당연한 말이지만, 사실상 모든 아버지는 아이가 가장 잘 되기를 바라기 때문에 자신이 이런저런 행동을 한다고 생각한다. 그러나 나는, 우리 대다수가 아이를 보호하는 것은 적어도 부분적으로는 우리 자신의 불안을 회피하거나 불안을 다스리기 위해서라는 깨달음에 천천히 도달하는 중이다. 아이의 안전이 중요하다는 주장을 하면 할수록 결국 우리 자신이 중요하다는 점이 더 명백해진다. 아이들은 개별 인간으로 산다는 것이 무엇인지를 우리에게 유쾌하고 아프게 일깨운다. 베카의 거침없는 호기심, 순박한 용감함, 한 톨의 부끄러움도 없음은 먼 과거에는 나 역시 이 가능성들을 갖고 있었음을, 그리고 내가 그 가능성들을 없애기 위해 적잖이 수고했음을 나에게 일깨운다.

늦은 오후에 하늘이 맑아졌다. 해는 아직 높았지만 벌써 서쪽 봉우리들 너머로 숨기 시작했다. 우리 가족이 앉아있는 풀밭에 마지막 햇볕의 온기가 드리웠다. 캐럴은 과일과 포도주를 싸왔다. 우리 셋은 먹었고, 우리 중 둘은 마셨다. 막 짐을 챙겨 일어나려 할 때 일이 터졌다. 처음엔 빗방울 몇 개뿐이었고 다음엔 옅은 안개가 끼었다. 그러더니 소나기가 제대로 퍼붓기 시작했다. 여전히 하늘은 구름 한 점 없었다. 오로지 찬란하고 아련한 하늘색만 보였다. 그런데도 비가 오고 있었다. 그것도 많이. 말 그대로 무無에서 오는 비였다. 전에도 여우비를 만난 적이 있다. 20대 초반에 홀로 차를 몰아 미국을 횡단할 때 몬태나주 동부에서였다. 해질녘이었는데 몇 킬로미터 떨어진 하늘에서 구름이 모여 비가 되는 것을 희미해지는 햇빛 속에서 지켜보았다. 비는 대기 상층부에서 수평으로 흩날렸다가 햇빛으로 떨어졌다. 평야에서는 그래도 구름이라도 볼 수 있었다. 미국 서부의 여우비는 그런대로 이해할 만했다. 발 페도츠의 여우비는 달랐다. 비를 만든 구름이 산에 가려 보이지 않았고, 그래서 빗방울들이 해와 파란 하늘에서 만들어지는 것 같았다. 베카는 깔깔거리며 웃었고 우리는 서둘러 짐을 꾸렸다. 베카를 어깨에 들쳐 안고 우리는 황급히 발트하우스 호텔로 돌아왔다.

여우비에 신화적인 의미가 있다는 건 알았지만 그 순간에는 그런 의미를 생각할 겨를이 없었다. 그저 여우비sun shower를 가리키는 또 다른 영어 단어를 떠올릴 수 있을 따름이었다. 프랑스어에서 유래한 단어 'serein'은 "평화로움"이라는 뜻이다. 혹은 그 단어가 옛 프랑스어 'serain'에서 유래했다면 "저녁"이라는 뜻이다. 우리가 만난 여우비는 밤의 문턱에서 모든 것을 차분하게 만드는 비였고 우리를 참으로 평화로운 경험으로 이끌었다. 우리는 호텔에 돌아와 흠뻑 젖은 옷을 허물 벗듯 벗고, 셋이 다 함께 벨라비스타의 초대형 욕조에 몸을 담갔다. 짧은 저녁식사 후에 베카를 돌볼 사람이 왔고, 캐럴과 나는 손을 잡고 니체하우스로 걸어갔다.

다른 손님들은 아직 잠들지 않고 아래층 주방에 모여 니체의 마지막 나날에 대해서 즐겁게 떠들고 있었다. 캐럴과 나는 2층으로 가는 계단을 올랐다. 여기는 대단히 쾌활한 장소인 것 같다고 캐럴이 말했을 때, 나는 동의할 수밖에 없었다. 우리는 침대에 누웠고, 여러 시간이 지난 후에 잠을 자기로 결정했다. 캐럴은 금세 곯아떨어졌고, 나는 남겨져 "심연호텔"에서 스스로 편안함을 찾아야 했다. 나는 사뭇 다른 두 가지 생각을 했다. 한편으로는 평화롭고 고요하고 전적으로 유쾌했다. 니체하우스는 첫 방문 때는 전혀 상상할 수 없었던 장소가 되어 있었다. 이제 이곳은 연인들과 친구들을 위한 숙박 시설이었다. 실존주의적 폭우가 쏟아질 법도 했지만, 여전히 한 가닥 햇살이 비칠 가능성이 남아 있었다. 이 모든 것이 진실이지만, 나는 다른 생각도 했다. 그날과 그 장소는 무언가 으스스한 구석, 혹은 용기를 잃게 만드는 구석이 있었다.

나는 몸을 돌려 엎드린 자세에서 가슴을 들고 팔꿈치로 떠받쳤다. 복부가 팽팽히 펴지면서 매트리스에 밀착했다. 나는 내 인생의 많은 시간을 이 자세로 보냈다. 지금도 나는 밥을 먹은 후에 여건이 되면 바닥에 엎드려 대다수 사람들이 만족감이라고 부르는 불쾌한 포만감이 가실 때까지 그 자세를 유지한다. 어느새 내 팔과 팔꿈치는 피로를 느끼지 않는 경지에 이르렀다. 나는 한참 동안 캐럴을 응시하다가 그녀의 흐트러진 머리카락을 쓸어넘기고 다시 원래 자세로 복귀했다. 그녀는 이 자세를 취한 나를 "스핑크스"라고 부르면서 부드러운 말투로 느긋하게 살라고 타이른다. 하지만 오늘 밤 그녀는 잠들었다. 나는 옆으로 돌아누워 거의 무의식적으로 엄지손가락을 갈비뼈 사이로 밀어 넣었다. 이것도 익숙한 동작, 내가 어린 시절부터 해온 강박적 행동이다. 그렇게 하면 내가 여전히 여기에 있음을, 혹은 여기에 있는 나 자신의 양이 적당하지 않음을 재확인하게 된다.

방금 전까지는 이 생각을 하고 싶지 않았는데, 캄캄한 방 안에 홀로 깨어있으니 생각하지 않기가 불가능했다. 여우비는 "serein" 말고 다른 단어로도 불린다. 이 기상학적 현상은 전 세계에서 놀랄 만큼 유사한 설화적 의미를 지녔다. 프랑스 사람들은 여우비를 "늑대의 결혼"이라고 부른다. 짐작하건대 신부의 눈물이 비로 내린다는 뜻이 담겼을 것이다. 필리핀에서는 더 나쁜 의미가 부여된다. 여우비는 '틱발랑Tikbalang'의 결혼을 나타낸다. 신화적인 사기꾼인 틱발랑은 여행자들이 길을 잃고 영영 목적지에 도달하지 못하게 만든다. 그런 끔찍한 놈을 기꺼이 사랑하고 심지어 배우자로 삼는 사람은 나의 이해를 초월한다. 틱발랑은 키 크고 빼빼 마른 사람처럼 보인다. 말의 머리를 가졌다는 점만 빼면.

3부

말

내가 조금이라도 관심을 가진 인간들에게 나는 고통, 황폐, 병, 혹사, 모욕을 기원한다. 그들이 근본적 자기경멸, 고통스러운 자기불신, 패배자의 참담함을 모르는 채로 머물지 않기를 기원한다. 나는 그들을 연민하지 않는다. 왜냐하면 나는 그들에게, 오늘날 한 개인이 가치가 있는지 아닌지를 증명해줄 수 있는 단 하나의 것, 즉 그들 각자가 버텨내는 것을 기원하기 때문이다.
프리드리히 니체, 《힘을 향한 의지》, 1888

니체는 1888년 9월 20일에 질스-마리아의 여름 은둔처를 마지막으로 떠났다. 그가 향한 곳은 토리노였다. 그의 기분과 생산성은 부풀어 있었다. 이탈리아 도시에서 니체의 활기는 — 나는 그것을 조병mania이라고 표현하는 걸 거부한다 — 이웃과 친구들의 관심을 끈 한 가지 기이한 점 때문에 점점 더 자주 중단되었다. 만약에 니체가 질스-마리아에 홀로 있었다면, 이 심리적 여우비가 몇 달, 심지어 몇 년이고 주변에서 알아채지 못한 채로 지속되었을 거라고 나는 믿어 의심치 않는다. 그러나 행운인지 불행인지, 토리노에는 동반자들이 있었고, 그들은 이 시기에 니체가 겪은 성격의 변화를 이해하기 어려워했다.

1888년에 니체는 편지에 서명할 때 "디오니소스"라는 이름을 쓰기 시작했고 이듬해에는 "십자가에 못 박힌 자der Gekreuzigte"라는 필명을 채택했다. 1889년이 시작되고 며칠 후, 그는 친구 야콥 부르크하르트에게 보낸 편지에서 "기본적으로 나는 역사 속의 모든 이름이다."라고 설명했다. 니체가 가장 기이한 행태를 보이는 때는 그가 오랫동안 일한 뒤에 찾아와 밤늦게까지 지속되었다. 당시에 그는 디오니소스적 창조성과 기독교의 결함, 벗어날 수 없는 역사의 항적을 다루는 자서전적인 글을 쓰고 있었다. 또한 다른 한편으로 그는 자신의 과거와 싸우고 있었다. 가장 명확한 싸움 상대는 결별한 양아버지 리하르트 바그너의 끈질긴 유령이었다. 실제로 니체는 토리노에 머무는 동안 피아노 앞에 앉아 끊임없이 바그너의 음악을 기억에서 떠올려 연주했다. 집주인에게는 몹시 당황스럽게도 니체의 연주는 주로 건반을 팔꿈치로 마구 내리치는 행위로 변모하곤 했다. 하지만 만약에 니체와 말이 등장하는 그 운명적이고 부당하게 유명한 에피소드가 없었다면 이런 기이한 행태의 많은 부분은 양해될 수 있었을 것이다.

우리의 여행이 마무리되어 갈 때 나는 니체의 종말에 대해서 생각하지 않으려고 정말 애써 노력했다.

그날은 엥가딘에서 맞은 화창한 하루였다. 며칠 전에 베카는 언덕 아래, 발트하우스보다 더 낮은 곳에서 말들을 보았고 이제 그 녀석들을 쓰다듬고 싶어 했다. 나는 베카를 나무랄 수 없었다. 키가 180센티미터에 달하는 그 말들은 다른 세계에 속하기라도 한 것처럼 위풍당당했다. 내 등을 타고 올라가 어깨 위에 앉은 베카는 전혀 겁먹지 않고 "아빠, 가까이, 더 가까이."라고 졸랐다. 나는 한 마리에게 조심스럽게 다가가 베카의 작은 손이 검은 갈기를 쥘 수 있게 해주었다. 그 짐승은 다른 움직임 없이 발굽만 굴렀는데, 하마터면 그 발굽에 치여 발이 부서질 뻔했다.

베카는 사랑스러운 아이다. 내가 보기엔 최고로 사랑스럽다. 다정하고 차분하고 호기심 많고 장난기 많은 것이 엄마를 빼닮았다. 그 아이가 오른손으로 말의 귀밑을 쓰다듬고 왼손으로 앞목을 쓰다듬었다. 이것만으로도 눈물이 날 만큼 아름다운 장면이었지만 나는 울지 않았다. 베카가 말 등에 올라타게 해달라고 부탁했다. 나는 몇 분 동안 설득한 끝에 말 뒤에서 마차를 타도 말 등에 타는 것과 거의 다를 바 없이 좋을 거라고 베카가 믿게 하는 데 성공했다. 우리는 오후에 마차를 타고 발 펙스에 가기로 했다. 페도츠 도보여행이 무산된 후, 캐럴과 나는 베카가 아직 너무 어려서 도보여행은 무리라는 것에 동의했다. 그리고 계곡에 차 진입은 금지되어 있었다. 우리는 말과 마차를 이용할 것이었다. 아마도 니체는 우리의 계획에 고개를 가로저었겠지만, 우리 가족이 다 함께 발 펙스에 도달하려면 그 길밖에 없었다.

빙하로 이어지는 높은 고도의 등산로는 폭이 좁다. 도보여행자 한 명, 기껏해야 두 명이 어깨를 딱 붙이고 걸으면 길이 꽉 찬다. 급커브, 뛰어넘어야 할 폭포, 굴러다니는 돌들 때문에 날이 어둑할 때 통과하려면 약간 위험한 정도가 아니다. 반면에 발 펙스로 가는 길은 넓고 완만하다. 눈을 감고도 걸을 수 있을 정도다. 짐작하건대 우리를 태운 말들은 눈을 감고 걸었을 것이다. 베카는 마차의 앞좌석에 마부와 함께 앉았다. 마부는 두 마리의 말 위로 긴 채찍을 느릿느릿 휘둘렀다.

뒷좌석을 차지한 캐럴과 나는 풍경을 만끽하고, 아이가 얼마나 빨리 성장하는지 경탄했다.

이 길은 아도르노가 걸었던 길이다. 그는 2차 세계대전 후에야 발트하우스 호텔을 방문하기 시작했다. 니체와 질스-마리아에 관한 에세이 〈질스-마리아에서Aus Sils-Maria〉를 쓸 당시에 아도르노는 60대 중반이었다. 1966년 10월 독일의 한 유명 신문에 비망록 형식으로 처음 발표한 이 에세이에서 아도르노는 동료 철학자 헤르베르트 마르쿠제와 함께 질스-마리아를 방문한 일을 회고한다. 70세를 코앞에 둔 그 두 사람은 말하자면 니체 순례를 했다. 그들은 니체의 발자취에서 무언가를 발견하겠다는 희망을 품고 발 펙스로 걸어갔다. 그러나 나는 그들이 높은 고도의 등산로를 걸었으리라고 상상할 수 없었다. 그들의 여행은 니체의 여행의 창백한 복사본이었다. 그리고 우리의 여행은 더욱더 창백했다. 어떤 의미에서 이것은 불가피했다. 사실 니체는 토리노에서 바그너를 악보 없이 연주하며 며칠을 보낸 끝에 이와 유사한 결론에 이르렀을지도 모른다. 아도르노의 설명에 따르면 "인간은 다른 인간들을 흉내 냄으로써만 인간이 된다." 이것은 서술문으로서 진실일 수도 있겠지만, 적어도 이 경우에 진실은 아프고 실망스러웠다. 아도르노는 이렇게 쓴다. "오늘날 자기의식은 단지 자아를 난감한 것으로, 무기력의 화신으로 반성하는 것을, 즉 자기가 아무것도 아님을 아는 것을 의미할 따름이다."

나는 눈을 들어 채찍을 든 사내와 베카를 바라보았다. 처음에는 그 사내가 채찍을 전혀 사용하지 않는 것처럼 보였다. 그러나 일이 분이 지나자 나는 그가 가끔, 특히 오르막에서 채찍을 충분히 내려 채찍 끝의 가닥들이 움직이는 말들의 엉덩이를 쓸게 만든다는 것을 알아챘다. 채찍이 닿으면, 말들은 곧바로 속도를 높였고, 나는 이런 복종이 폭력에서 비롯된다는 것을 베카가 알아챌 거라 예상하고 민망함을 느꼈다. 고맙게도 아이는 알아채지 못했다. 잠깐 동안 나는 루체른에서 레, 니체, 살로메가 찍은 비현실적인 사진을 떠올렸다. 채찍을 든 여자 하나와 말을 대신하는 남자 둘. 우리가 다음 오르막을 천천히 오를 때, 채찍이 말들 위에서 살랑거리며 소리를 냈다. 채찍의 움직임을 말은 어떻게 느낄 수 있을까? 이런 감각을 개발하려면 어떤 훈련을 견뎌야 할까?

높은 고도에 도달하기 시작했다. 우리 뒤로 계곡이 길게 펼쳐졌다. 우리 위로는 내가 그 주에 이미 오른 등산로가 있었다. 지금 그 길은 녹색 바탕에 갈색 줄무늬처럼 보였다. 햇볕에 그을린 자국 같았다. 나는 그것이 곧 사라지리란 걸 알았다. 저기에 서면, 한참 아래의 작은 마을 펙스를 내려다볼 수 있을 것이었다. 아도르노는 이 계곡의 바닥에 흩어져있는 마을에 대해, 마을들은 위에서 내려다볼 때 가장 멋지다고 썼다. 정말, 한참 높은 곳에서 보는 것이 최선이다. "이 높이에서 보면, 하늘에서 날렵한 손이 마을들을 내려놓은 것처럼 보인다. 마치 마을들이 움직일 수 있을 것 같고 확고한 기반이 없는 것 같다. 그래서 마을들은 거대한 상상력을 지닌 자들에게 행복을 약속하는 장난감처럼 보인다. 마치 그 마을들을 가지고 무엇이든 내키는 대로 할 수 있을 것 같다." 아주 높은 고도는 이런 느낌을 유발할 수 있다. 니체는 이를 "거리의 파토스pathos of distance"(거리가 지닌 감정 유발 능력 — 옮긴이)라고 칭했고, 아마도 이것은 괜한 명칭이 아닐 것이다. 높은 곳에서 내려다보는 광경의 장엄함을 생각해보라. 그러나 그런 광경은 일시적으로만 펼쳐진다. 무한한 가능성에 대한 느낌은 빨리 끝난다. 더 멋지고 더 넓고 더 포괄적인 광경을 보려고 더 높이 올라갈수록, 고산병에 걸릴 위험도 높아진다. 또한 다시 낮은 고도에 적응하느라고 큰 어려움을 겪을 수도 있다.

발 펙스 곳곳을 걸어서 돌아다니지 않을 때 아도르노와 마르쿠제는 니체라는 사람을 아직 기억하고 있는 극소수의 질스-마리아 주민들을 인터뷰했다. 그 철학자가 마을에 은둔하던 때 아이였다는 '차운'이라는 늙수그레한 상인의 기억에 따르면, 니체는 민감한 머리를 보호하기 위해 날씨와 상관없이 빨간 우산을 가지고 다녔다. 차운은 마을의 다른 아이들과 함께 몰래 그 우산 속에 돌멩이들을 집어넣곤 했다. 니체가 우산을 펼치면, 그 돌멩이들이 비처럼 쏟아지곤 했다. 자신을 보호하기 위한 성실한 노력이 놀랄 만큼 빈번히 역효과를 낸 사람, 그것이 니체였다. 차운에 따르면, 니체는 달아나는 아이들을 쫓아오곤 했지만 붙잡거나 해코지한 적은 한 번도 없었다. 나는 이 행동이 단념의 표현, 자신이 모든 면에서 부드럽게 패배한 자임을 운명으로 받아들이는 태도의 표현이었다고 생각할 수밖에 없다.

마차가 속도를 늦췄고, 베카가 진주알 같은 웃음을 터뜨렸다. 내가 본 가장 큰 말 중 하나인 스무 살 먹은 종마 루키가 느릿느릿 걷다가 똥을 쌌다. 말똥은 양이 엄청나게 많았고 우리 딸이 보기에는 정말 재미있었다. 배설물은 마구 뒤에 매달린 마대 주머니로 떨어졌다. 발 펙스로 가는 길의 청결에 관한 법규가 있는 모양이었다. 루키는 아직 볼일이 끝나지 않았는지 다시 한번 멈췄다. 대다수의 말은 정상적으로 걸으면서 볼일을 볼 수 있다. 그러나 루키는 그렇게 하고 싶지 않았다. 멈춘 시간이 너무 길었다. 채찍이 녀석의 등에 부드럽게 닿았다. 그 다음엔 그리 부드럽지 않게 또 한 번 닿았다. 좋든 싫든, 루키는 볼일을 끝냈다. 매일 채찍을 맞으면서 자기 똥을 운반하도록 강제당하는 짐승, 나는 연민의 대상으로 그보다 더 적절한 대상을 생각해낼 수 없다. 《죄와 벌》에서 라스콜리니코프는 맞아 죽어가는 말 한 마리를 목격하는 꿈을 꾼다. 그의 반응은 자연스럽고 자동적이다. 그는 술에 취해 말을 때리는 자로부터 말을 보호하면서 그 가련한 짐승을 끌어안고 입을 맞춘다.

라스콜리니코프의 꿈은 니체의 현실이 되었다. 니체는 1889년 1월 3일 토리노의 카를로 알베르토 광장에서 말 한 마리를 끌어안았다. 그러고는 의식을 잃고 쓰러졌다고 한다. 니체의 의도는 마부의 매질로부터 말을 보호하는 것이었지만, 그 과정에서 그는 자신이 오랫동안 직면해온, 생리적, 심리적, 철학적 압력들에 무릎을 꿇었다. 카리냐노 궁Palazzo Carignano의 바로크풍 정면, 계몽과 퇴폐의 상징이 광장에 쓰러진 그를 굽어보았고, 그는 허물어졌다. 니체는 바로 이 장면에서 붕괴했다고 여겨진다. 대다수의 학자들은 그가 11년의 여생 동안 다시는 온전한 정신을 차리지 못했다고 주장한다. 니체의 철학을 논하는 많은 책들은 토리노에서 니체가 말과 만나는 운명적인 장면에서 막을 내린다. 그러나 이 서술들에는 틀렸거나 취약한 구석이 있다. 이 서술들은 정확히 니체가 더 유심히 보라고 독려했을 지점에서 한눈을 판다. 퇴폐에 대한 후기 연구에서 니체는 쇠퇴와 자기파괴를 연구할 때는 참을성을 가져야 한다는 교훈을 얻었다. 쇠퇴와 자기파괴의 과정은 흔히 통념보다 더 오래 진행되며, 연구자는 무언가가 완전히 사라지는 대목에 특히 집중해야 한다.

니체 일생의 마지막 10년은 많은 것들을 일깨워준다. 삶 자체가 철학을 능가한다는 것, 인간이 정말로 꿈과 환상 속에서 살아갈 수 있다는 것, 삶과 이야기는 뗄 수 없이 얽혀있다는 것, 흔히 퇴화는 은폐할 만한 난감함으로 간주된다는 것, 제때에 죽는 것은 인생의 가장 큰 과제라는 것, 광기와 심오함을 가르는 선은 높은 산의 희미한 등산로처럼 결국 사라진다는 것을 말이다.

이 사람을 보라

가장 높은 사람은 … 실존의 반정립적 성격을 가장 강하게 … 표현한 사람일 것이다.
프리드리히 니체, 《힘을 향한 의지》, 1888

우리는 사흘 뒤에 산을 떠날 예정이었고, 내 옷가방 속에는 짧은 책 두 권이 있었다. 《이 사람을 보라》와 《안티크리스트》. 둘 다 니체가 토리노에서 정신적으로 붕괴한 후 여러 해가 지나서 출판된 작품이다. 나는 내가 《이 사람을 보라》를 어디에서 읽고 싶은지 알았다. 잘 나셔진 길을 벗어난 곳, 높은 고도의 등산로보다 더 위쪽, 발 펙스 계곡을 굽어보는 질벽의 가장자리였다. 나는 짐을 아주 가볍게 꾸렸다. 물병, 헤드램프, 책만 챙겨서 해뜨기 전에 출발했다.

떠나기에 앞서 캐럴의 귀에 속삭였다. "점심시간 지나서 올게."

니체의 마지막 10년은 이 등산로에 대한 갈망으로 채워졌지만, 그는 대부분 실내에서 지냈다. 방문엔 자물쇠와 열쇠가 있었고, 어머니와 여동생이 그를 감시했다. 니체의 어머니는 처음부터 니체가 겪는 아버지의 부재를 보상해주려 애썼고, 이는 절대적 상호의존에 가까운 절대적 헌신을 낳았다. 나는 늘 이것을 의도하지 않았으나 예상할 수 있었던 결과라고 여겼다. 아들은 다양한 경우에, 예컨대 어머니가 자신의 여자관계에 끼어들 때, 어머니에게 거리를 두었다. 그러나 1888년에 니체의 정신 건강이 악화되었다는 판단이 내려지면서, 마침내 프란치스카는 중년의 자식을 정확히 자신이 원하는 대로 돌보게 되었다. 이제 그녀가 니체를 데리고 나가 산책시킬 것이었다. 그녀는 니체가 이웃들에게 소리지르거나 고함칠 수 없도록 산책 시간을 정했다. 또한 니체가 종종 소망했던 치명적인 길로 가지 못하도록 막았다. 그 길은 니체가 어린 시절 영감을 얻었고 말년에 돌아온 여러 사상가들이 만든 길이었다. 그 사상가들 중 하나는 낭만주의-모더니즘 시인 프리드리히 횔덜린이었다.

횔덜린은 니체보다 거의 한 세기 앞서 서양문명의 쇠퇴에 맞섰다. 프랑스혁명의 여파 속에서 독일어와 고대 희랍어의 융합을 꾀하는 문체로 글을 썼고, 파괴와 창조의 관계를 이해하려 애썼다. 그리고 니체와 매우 비슷하게 파괴가 새로운 탄생을 위한 공간과 기회를 창출한다고 주장했다. 조각글로 남은 에세이 《소멸하며 생성하기Der Werden im Vergehen》에서 횔덜린은 이렇게 쓴다. "그러나 존재와 비존재 사이의 상태에서 무릇 가능한 것들은 실재하는 것이 된다. 그리고 … 자유로운 예술모방에서 이것은 섬뜩하지만 신성한 꿈이다."

소크라테스 이전 철학자 헤라클레이토스의 뒤를 이어 횔덜린은 "우는 철학자"였다. 그는 당대에는 "건강염려증"이라고 했지만 오늘날 우울증이나 불안장애라고 말하는 질환을 심하게 앓았다. 그의 심리적 연약함은 삶을 매우 어렵게 만들었고, 그는 어머니의 도움에 크게 의존했다. 자유롭게 보낸 마지막 몇 년 동안 그는 "아침부터 밤까지" 피아노를 쳤다. 자유로운 몇 년은 결국 끝났다. 횔덜린은 1800년에 아우텐리트 정신병원에 보내져 구속복을 입고 강제로 아우텐리트 마스크를 썼다. 가죽과 나무로 된 마스크는 환자가 말하거나 소리 지르지 못하도록 막는 입마개였다. 병원은 횔덜린에게 강제로 음식을 먹였다. 이것은 내가 자주 상상했던 지옥이다. 그리고 그는 대다수 사람들이 광기라고 부르는 상태로 점점 더 빠르게 하강했다.

니체는 횔덜린의 글을 흠모했다. 미친 듯이 창작하다가 내적으로 붕괴한 그에게 적잖게 공감했을 것이 틀림없다. 그러나 횔덜린에 대한 니체의 깊은 존중은 이 두 사상가가 자신의 세계관에 가장 근접한 고대철학자에게 품은 존경에서 비롯되었다고 할 수 있다. 그 고대철학자는 헤라클레이토스가 아니라 엠페도클레스였다. 엠페도클레스는 세계가 딱 두 개의 질서 원리, 즉 사랑과 다툼에 의해 작동한다고 믿었다. 그의 우주론은 다툼과 사랑의 역동적 순환을 서술한다. 그 순환 속에서 사물들이 흩어지는 다툼의 단계와 사물들이 모이는 사랑의 단계가 영원히 반복된다. 엠페도클레스에 따르면 이것이 모든 창조의 핵심이자 영혼이다. 횔덜린과 니체 둘 다 현실에 대한 이 설명을 전적으로 받아들일 수 있었다.

알프스는 어느 곳이든지 위험할 수 있다. 산을 넘는 방식에 따라 위

험을 더 높이거나 낮출 수 있다. 나는 고도가 2100미터 정도 되는 산악지역을 가로지르는 높은 고도의 등산로를 선택했다. 하지만 두 시간 동안 걸은 뒤에 나는 멈춰 서서 가장 높은 지역을 바라보았다. 그 능선은 고도 3400미터의 트레모기아 봉Piz Tremoggia으로 곧장 이어졌다. 내가 거기에 도달할 수 있을지는 딱히 나의 관심사가 아니었지만, 나는 아무튼 꼭대기에 서고 싶었다. 그래서 십대 시절에 애용하던 방법을 채택하여 등산로와 직각을 이루는 방향으로 올라가기 시작했다. 그리 멀리 가지는 않을 생각이었다. 1-2킬로미터면 충분했다. 젊은 날에 그렇게 했으므로 이번에도 할 수 있으리라고 나는 확신했다.

걷기와 전문적인 암벽등반 사이 무정형의 중간지대에 기어가기가 있다. 당신은 짐승처럼 사지로 기어간다. 바닥을 손으로 끌어당기면서 동시에 발로 밀어낸다. 알프스에서는 스위스 알파인 클럽(다른 모든 운동선수를 부끄럽게 만드는 80대 노인들의 단체)의 표지들이 붙어있는 잘 다져진 등산로를 선택할 수도 있고, 기어가기를 통해 당신만의 경로를 개척할 수도 있다. 솔직히 나는 후자를 선택하는 등산객을 거의, 실은 전혀 보지 못했지만, 기어가기를 선택하는 등산객의 대다수는 나처럼 이른 아침에 출발하고 오르막의 처음 30미터를 최고속도로 오를 거라고 나는 확신한다. 그들은 몇 분 만에 목소리가 닿는 거리를 벗어나고 이내 시야에서도 벗어난다. 내가 이렇게 서둘러 등산로에서 멀어지는 이유는 확실히 모르겠다. 아마도 어떤 표시되지 않은 경계를 넘었다는 이유로 제지당하거나 처벌당할까 봐 두려워서일지도 모른다. 혹은 어쩌면 단지 그렇게 할 수 있어서인지도 모른다. 아무튼 그 날 오전에 나는 빨리 움직이려 애썼다.

알프스 기어가기에는 두 가지 규칙이 있다. (아마도 더 많은 규칙들이 있겠지만 나는 아직 다른 규칙들을 배우지 못했다.) 첫째 규칙은 "선 발견하기"다. 당신은 죽지 않고 통과할 수 있는 루트를 발견해야 한다. 상세한 지형도를 활용할 수도 있겠지만, 나는 늘 이 방법을 일종의 커닝으로 간주해왔다. 기어가기를 선택한 등반자는 굴러내릴 수 있는 바위가 가장 적은 경로를 찾아야 하고, 3미터 넘는 수직 상승 구간은 무조건 피해야 한다. 미끄러운 표면 — 얼음이나 점액으로 덮인 바위 — 을 조심하면서 등산화나 (내 경우에는) 낡은 운동화를 디딜 자리를 잘 선택해야 한다. 기어가기의 둘째 규칙은 기어가기라는 명칭에 속아서 이 등산 방법을 만만하게 보지 말아야 한다는 것이다. 기어가기는 전문적인 암벽등반보다 훨씬 덜 위험하게 느껴질 법하다. 만약에 등반자가 몸을 밧줄에 연결하고 기어간다면 실제로 암벽등반보다 훨씬 덜 위험할 것이다. 당신이 전문적인 암벽등반을 하다가 추락하면, (바라건대) 밧줄이 당신을 붙잡아줄 것이다. 그러나 기어가기는 밧줄 없이 하는 등반이다. 당신은 어떤 도움도 없이 바위 위에 머무를 각오를 해야 한다. 따라서 등반가들이 "노출exposure"이라고 부르는 것 (체온 저하 — 옮긴이)을 특히 조심해야 한다. 또 중심을 잃고 허공으로 쓰러지는 것도 조심해야 한다.

처음엔 등반이 쉬웠다. 중고도의 이끼 낀 풀은 움켜쥘 거리가 되어주었고 경사도 그리 가파르지 않았다. 미끄러진다면 무릎이 까질 테지만 그게 다였다. 나는 부지런히 손을 옮기며 전진하여 상당히 긴 첫번째 오르막을 무난히 통과했다. 물론 이를 통해 얻은 것은 다음으로 오를 오르막을 더 명확하게 볼 수 있게 된 것뿐이었지만 말이다. 풀은 사라지고 화강암으로 대체되었다. 오르막을 두 개 더 통과했을 때 나는 내가 출발한 지점을 알아볼 수 없었다. 나는 헛되이 아래쪽을 훑어보다가 이건 내 잘못이 아니라고 생각했다. 자신의 최근 역사를 알아보지 못하게 되는 것은 아마추어 등반가에게 당연히 일어나는 일이다. 나는 내가 저 아래 어딘가에서 출발했다는 건 알았지만, 정확히 어디에서 출발했는지는 오직 신만 알았다. 나는 목적지에 대해서 어느 정도 생각하는 바가 있었지만, 그 생각은 막연한 수준이었다. 저 위 높은 어딘가에서 멈출 것이었다. 종착점은 여러 시간 뒤에야 모습을 드러냈다. 나는 발 펙스 위로 뻗은 이름 없는 능선을 발견했다. 그리고 얼마 후 늦은 오후에 나는 선반처럼 돌출한 바위 위에 앉았다. 내가 찾던 절벽과 대충 비슷한 절벽에서 돌출한 바위였다.

고도는 충분히 높았다. 거의 빈 배낭에서《이 사람을 보라》를 꺼내면서 나는 몇 페이지만 읽고 어둠이 내리기 전에 기어 내려가기로 나 자신과 약속했다. 두세 쪽만 읽자. "내 글의 공기를 호흡할 수 있는 독자들은 그것이 높은 곳의 공기, 강한 공기라는 것을 안다. 당신은 그 공기에 적합한 사람이어야 한다. 그렇지 않으면 그 공기 속에서 감기에 걸릴 위험이 상당히 높다. 가까이에 얼음이 있고, 외로움이 어마어마하다. 그러나 모든 것이 빛 속에 얼마나 고요하게 놓여있는가. 당신은 얼마나 자유롭게 숨 쉬는가! 당신은 얼마나 많은 것들이 당신 아래에 있는 것을 느끼는가."《이 사람을 보라》는 니체의 자서전이다. 그가 정신적 붕괴의 문턱에서 내놓은 설명이다. 어쩌면 이 작품은 니체가 미치는 것을 **허용하는** 이야기일지도 모른다. 실제로 이 작품은 내가 읽은 이야기 중 가장 개인적이며 진실로 진실성이 없는 이야기다.

《이 사람을 보라》는 허풍과 자기 자랑, 갈팡질팡, 막다른 길로 가득 차있다. 일부 독자들은 그것들을 흐트러진 정신의 징후로 여긴다.《이 사람을 보라》를 구성하는 주요 장들의 제목은 이러하다. "나는 왜 이토록 지혜로운가." "나는 왜 이토록 영리한가." "나는 왜 이토록 좋은 책들을 쓰는가." 만약에 니체가 자신의 과장을 자각하지 못했다면, 그가 완전히 미친 상태였다는 것에 나도 동의한다. 그러나 이것은 너무나 뻔한 거짓 허풍이다.

아이러니는 동시에 두 가지를 말할 수 있게 해준다. 실제로 아이러니를 구사하면 양립 불가능한 두 가지 실재를 하나의 진술로 표현할 수 있다. 사랑과 다툼을, 감사와 배은망덕을, 구원받았음과 죄인임을 한꺼번에 말할 수 있게 해준다. "나는 세계 최고의 철학자다." "나는 완벽한 부모다." "나는 절대적인 자기-지식이 있다." 이 불가능한 과장법의 사례들은, 실은 그 문장들 자체가 진실로부터 얼마나 멀리 떨어져있는지를 매우 정직하게 드러낸다. 아이러니는 두 얼굴을 지닌 언어다. 아이러니는 당신이 퇴폐자인 동시에 퇴폐자의 정반대인 상황을 허용한다. 니체는 이렇게 고백한다. "이중의 경험 계열, 외견상 별개인 두 세계와의 접속이 내 본성의 모든 측면에서 반복된다. 나는 이중생활자Doppelgänger다. 첫째 얼굴과 더불어 둘째 얼굴을 지녔다. 그리고 어쩌면 셋째 얼굴도."

이런 고백들은 어쩌면 광기의 발현, 혹은 줄리언 영Julian Young이 주장하듯이, 더 구체적으로 양극성장애의 증상일지도 모른다. 또는 어쩌면 니체는 독자의 주의를 인간 실존의 많은 부분을 떠받치는 이중성으로, 어른으로 살면서 경험하는 분열과 파열로 이끄는 것인지도 모른다. 《이 사람을 보라》를 붙들고 씨름한다는 것은 나이들어 가는 것의 지혜 섞인 슬픔을 깊이 느끼기, 자신의 젊음이 오래전에 떠난 것이 아니라 어딘가에 영영 숨어 보이지 않는 것임을 이해하기, 창조를 열망하면서 자기파괴에 직면하기다. 부모로 산다는 것은 의무와 개인적 자유 사이의 괴리를 살아내기, 자신의 존재 전체로 자식을 사랑하기, 그러나 부모 노릇이 건드릴 수 없는 자기 정체성의 일부를 보존하기다. 니체는 이 분열된 자아가 가능할뿐더러 불가피하다고 설명한다.

니체는 책 제목을 신중하게 정했다. "이 사람을 보라Ecce homo."(라틴어 문장의 직역은 "보라, 사람이다." — 옮긴이) 이 문장은 폰티우스 필라투스(본디오 빌라도)가 십자가형에 앞서 예수를 군중 앞에 내보이며 한 말이다. 그때 예수는 심하게 매질 당한 후 가시관을 쓰고 최후의 모욕으로 왕의 옷을 입고 있었다. 온갖 고통을 겪고 온갖 약점을 드러낸 채로 조롱당하는 이 사람을 보라. 메시아인 척하는 이 사람을 보라. 이 장면을 묘사한 카라바조의 1605년 작 회화에서 필라투스는 16세기 귀족-학자의 옷차림으로 예수 앞에 서서 관람자를 정면으로 바라본다. 마치 필라투스가 자칭 메시아를 가렸던 장막을 방금 걷기라도 한 듯하다. 그의 몸짓과 손짓은 명확하게 말한다. "봐, 내가 말했잖아. 그저 사람이라니까." 그리고 거기에 그 사람이 있다. 중심에서 밀려났다고 할 만한 그 사람은 그냥 평범한 덩치의 남자다. 헝클어진 머리카락, 가시관, 아래로 향한 시선. 그는 자신을 결박한 밧줄을 부끄러워하는 듯하다. 그 사람 뒤에는 그를 고문한 인물이 있다. 기이하고 양면적인 그 인물은 증오와 연민으로 죄인에게 옷을 입힌다. 말할 필요도 없겠지만 예수는 본질적으로 분열된 존재, 곧 온전히 인간이며 또한 온전히 신인 존재로 여겨진다. 그러나 《이 사람을 보라》에서 예수는 인간적이며 너무나 인간적이다. 《이 사람을 보라》의 끝에 남는 것은 빈 무덤의 수수께끼뿐이다.

보슬비가 내리기 시작했다. 어느새 늦은 오후였다. 그렇게 하고 싶지 않지만 나는 곧 일어서야 할 것이었다. 나는 바위의 가장자리 너머를 살펴보았고, 절벽이 아래로 60미터쯤 이어진 다음에 경사가 약간 완만해진다는 것을 파악했다. 《이 사람을 보라》의 핵심은 "노출"이었다. 자신을 개방된 곳으로 끌어내고 일반적으로 접근금지인 부분들을 드러내는 것이 관건이었다. 암벽등반가들은 존경과 공포가 뒤섞인 독특한 감정으로 "노출"을 언급한다. 실제로 "노출"은 그렇게 언급되어야 마땅하다. 니체는 오비디우스를 인용하여 이렇게 쓴다. "Nitimur in vetitum." 번역하면 "금지된 것을 추구하라." 니체가 《이 사람을 보라》를 완성하며 토리노에서의 마지막 나날을 보낼 때 스웨덴 극작가 아우구스트 스트린드베리August Strindberg는 니체에게 편지를 써서 이렇게 밝혔다. "나는 미치기를 의지합니다."

왜 니체와 횔덜린은 엠페도클레스에게 그토록 빠져들었을까? 단지 그의 사랑과 다툼의 우주론 때문만은 아니었다. 전설에 따르면, 엠페도클레스는 일종의 등반가였다. 어느 날 그는 에트나산Mount Etna에 올랐다. 시칠리아섬의 동쪽 끝에 있는 그 거대한 활화산은 더 유명한 (폼페이를 매장해버린) 베수비오산Mount Vesuvius보다 2.5배 크다. 엠페도클레스는 에트나산의 분화구로 뛰어들어 생을 마감했다.

그러나 이 죽음은 여느 자살과 다르다. 전설에 따르면 엠페도클레스의 죽음은 영원한 삶의 시작이다. 그는 불꽃에 태워지면서 불멸을 허락받는다. 이 전설을 믿는다면 제때에 죽는 것은 이로운 행동이다. 니체는 젊은 시절에 횔덜린의《엠페도클레스의 죽음The Death of Empedocles》을 읽고 곧바로 빠져들었다.《이 사람을 보라》에서 그는 명시적으로 그 작품의 주제를 소환한다. "불멸하려면 대가를 톡톡히 치러야 한다. 살아있는 동안에 여러 번 죽어야 한다." 로마 시인 호라티우스는 엠페도클레스의 죽음을 근본적 창조 행위로, 규칙을 증명하는 예외로 간주한다. 예술가들은 독창성을 위해 자기를 파괴하는 경향이 있을뿐더러 그런 파괴를 허용받는다.

나는 눅눅해진 책에서 시선을 들어 산 아래를 바라보았다. 불현듯, 내가 "선을 발견하기"에서 무언가를 깜박했다는 것이 생각났다. 기어가기를 선택한 등반자는 쉬운 하강 경로를 미리 살펴둬야 한다. 날씨가 맑았다면 하강은 그리 어려운 일이 아닐 터였다. 그러나 지금은 바위가 미끄러웠고 보슬비가 계속 내리고 있었다. 오도 가도 못하게 된 암벽등반가의 다수는 전혀 암벽등반가가 아니다. 그들은 기어가기로 너무 멀리 올라갔다가 추락이 두려워 꼼짝 못하게 된 자다. 운이 좋으면 헬리콥터가 와서 그들을 끌어올려 곤경에서 구해준다. 지난번에 알프스에 왔을 때 그런 장면을 보았다. 빨간 판초 차림의 도보여행자 두 명이 코르바치 산의 고도 3000미터 지점까지 기어올랐다가 한 능선에서 꼼짝 못하게 되었다. 헬리콥터가 나타나 그들을 구조하는 동안 나는 그들을 부끄럽게 여겼다. 나는 빗속에서 하강을 감행할 것이었다. 그러나 이번엔 나도 조심하기로 했다.

내가 조금씩 하강하고 황혼이 놀랄 만큼 빠르게 다가오는 동안, 나는 횔덜린의《엠페도클레스의 죽음》에서 이제껏 눈여겨보지 않은 한 대목을 떠올렸다. 그 시의 대부분은 에트나산을 무대로 삼는다. 철학자 엠페도클레스는 그 산 위에서 자신의 운명을 숙고한다. 그때 그가 사랑하는 사람들이 다가온다. 그의 아내는 산에서 내려가 평범하게 살자고 애원한다. 그러나 아내의 애원을 들으며 그는 하강하는 길밖에 없다는 확신에 이른다. 경계에서 물러서라는 애원을 들어야 하는 상황에서는 어쩌면 불꽃이 정말로 매력적으로 느껴질지도 모른다. 엠페도클레스는 불멸하기 위해서가 아니라 삶의 긴 고통을 이미 초월했음을 증명하기 위해서 분화구로 뛰어든다. 불이 그를 삼키고 결국 아무것도 남지 않는다. 혹은 거의 아무것도 남지 않는다. 에트나산으로부터 멀리 떨어진 곳의 하늘에서 청동 샌들 한 짝이 떨어진다. 치명적인 혹은 신성한 그의 실험이 남긴 것은 그 신발뿐이다.

니체의《이 사람을 보라》는 어쩌면 엠페도클레스의 분화구를 향한 도약에 해당한다. 니체는 미끄러지지 않는다. 그는 자신이 무엇을 하는지 정확히 안다. 광기처럼 보이고, 어쩌면 실제로 광기지만, 그래도 그의 광기다.

아니, 어쩌면《이 사람을 보라》는 한마디로 니체의 샌들이다.

내가 발트하우스 호텔에 도착했을 때는 점심식사 시간뿐 아니라 저녁식사 시간도 지나서였다. 산은 벌써 어둠 속에 잠겨 있었다. 캐럴의 속이 부글부글 끓고 있었던 것은 이해할 만한 일이었다. 내가 방에 들어서는 순간, 그녀의 감정은 심한 걱정에서 극심한 분노로 바뀌었다.

"대체 뭐하다 이제 와?" 미간을 잔뜩 찌푸린 그녀의 속삭임이 노출된 치아 사이로 새어 나왔다.

우리는 아빠가 떨어져 죽었든지 아니면 자기를 버렸다고 안달하며 초저녁을 보낸 베카를 진정시켰다. 캐럴은 베카를 데리고 다른 방으로 가서 우리가 여기 머무는 내내 침묵하던 텔레비전을 켜고 볼륨을 높였다. 상황이 좋지 않았다.

여행을 시작할 때 캐럴의 기분은 차분하고 유쾌했지만, 최근 들어 내가 산에 더 자주 가고 더 오래 머무르자 인내심이 약해졌다. 그리고 지금은 인내심의 한계에 도달했다. 그녀는 방으로 돌아와서 오직 칸트주의자만 할 수 있는 방식으로, 그러니까 조용하고 매정하고 반박할 수 없게 나를 닦아세웠다. 나의 부실한 자기변론의 시도를 받아줄 생각이 없었다. 나는 꼭 산 위에서 나의 실존주의적 여행 안내서를 읽어야 한다고 강변해왔는데, 바로 그런 철없는 헛소리는 비난받아야 마땅했다. 나는 멍청이로 공인받을 만했다. "우린 육아를 공평하게 분담하기로 합의했는데, 그 약속은 어떻게 된 거지? 베카를 돌보는 일을 나에게 떠넘기고 혼자 산에 가는 당신의 심보는 대체 뭐야? 그렇게 혼자 있는 게 좋으면 내가 그냥 베카를 데리고 집에 갈 수도 있어. 그러면 당신 혼자 홀가분하게 남아서 늙어가고 미칠 수 있겠네."

당연히 그녀가 옳았다. 결국 나는 사과했고(진심이었다) 다시는 예고 없이 산에 가지 않겠다고 약속했다.(이것도 진심이었다고 나는 생각한다.) 그리고 우리의 어린 딸을 목욕시키고 재우려고 방 밖으로 나갔다. 비교적 순조롭게 풀리던 상황은 내가 아이의 이를 닦으려 할 때 새로운 국면을 맞았다. 평소에 베카는 말을 잘 듣고 성격이 좋기 때문에 나는 그 아이가 늘 그러할 거라고 거의 당연시한다. 대개 베카는 순순히 입을 벌리고, 나는 아이의 자그맣고 하얀 이를 칫솔로 닦는다. 하지만 오늘밤은 달랐다. 아이는 잠시 정상궤도를 벗어났던 아버지에게 합당한 벌을 주었다.

내가 입을 벌리라고 부탁하기도 전에 베카의 씹기근육이 굳어지는 것을 나는 보았다. 아이는 입을 굳게 다문 채 도리질했다. 내가 다시 부탁했지만, 아이는 말할 수 있을 만큼만 입을 벌려서 "고맙지만 사양할게."라고 말하고는 입을 다문 채로 싱긋 웃었다. 내가 목소리를 높였지만, 아이는 도리어 입을 더 굳게 다물었다. 이것은, 나도 알았듯이, 장난이었지만 나는 웃지 않았다. 나는 베카에게 니체의 사자에 대해, 권위에 맞서 "아니오."라고 말하는 그 자유로운 정신에 대해 이야기해준 적이 없었다. 허먼 멜빌의 《필경사 바틀비 Bartleby the Scrivener》를 언급한 적도 없었다. (1853년에 저술된 단편소설 《필경사 바틀비》는 자유가 자기파괴를 무릅쓴 복종 거부의 형태로 실현될 가능성을 숙고한다는 점에서 니체를 연상시킨다.) 그러나 일부 아이들은 이들이 주는 교훈을 타고난다. 그리고 지금 베카는 나에게 맞서 그 교훈을 활용하고 있었다.

멜빌이 지어낸 인물 바틀비는 월스트리트의 법률가에게 고용된 필경사다. 그는 삶이 요구하는 과제들을 수행하기를 차츰차츰, 체계적으로 거부한다. 그가 늘 그렇게 까다로웠던 것은 아니다. 한때 그는 완벽한 (명랑하고, 의무에 충실하고, 순종적인) 직원이었다. 그러던 어느 날 그는 너무나 따분한 법률 문서를 교정하라는 요청을 받는다. 그리고 돌변한다. 이렇다 할 이유도 없이 그는 소설의 나머지 부분에서 숱하게 등장하는 다음과 같은 대답을 내놓는다. "안 하는 쪽을 선택하겠습니다." 업무 요청을 받으면, 그는 "안 하는 쪽을 선택"한다. 법률사무소를 떠나라는 요청을 받자 (왜냐하면 당연히 해고되었으므로) 그는 "안 하는 쪽을 선택"한다. 당연히 우리는 그가 안 하는 쪽을 선택하는 이유를 알고 싶지만, 이유 따위는 존재하지 않는다. 바틀비는 이유를 댈 필요가 없다. 이 소설의 주제는 자유의지다. 바틀비는 계속해서 모든 것을 거부한다. 심지어 먹을거리와 물까지. 그리하여 나흘 뒤, 그는 탈수와 굶주림으로 숨진 채 발견된다. 완전히 죽어버린 채로.

베카의 바틀비스러운 삶은 2년 전 단호하며 설명이 없는 한마디의 "아니야."로 시작되었다. 내가 제발 신발을 신으라고 요구했을 때였다. 어느 모로 보나 합당한 요청이었다. 우리는 공원에 가려는 참이었다. 베카가 정말 좋아하는 공원이었고, 공원에 가려면 신발을 신어야 한다. 그럼에도 아이의 입에서 그 단호한 "아니야."가 나왔다. 결국 나는 아이에게 신발을 신겼지만 문제는 계속 이어졌다. 그날 밤과 이후의 많은 저녁식사 자리에서, 간단한 "아니야."는 발음이 또렷하고 충격적으로 침착한 "아니, 난 싫어."로 변신했다. 아니, 베카는 콩이나 오렌지나 포도나 요구르트나 파스타가 먹기 싫었다. 아니, 베카는 그것들을 식탁에서, 또는 소파에서, 또는 자기 의자에서 먹기 싫었다. 그 아이는 그것들을 여기에서, 또는 저기에서 먹기 싫었다. 어디에서도 먹기 싫었다. 나는 어쩔 도리가 없었고, 지금도 그랬으며, 이 글을 쓰는 시점에도 대체로 그러하다. 베카 덕분에 나는 멜빌의 그 단편소설이 우리 자신에 관한 심오하고 불안스러운 진실을 반영하기 때문에 충격적이라는 것을 이해했다. 멜빌과 니체를 비롯한 19세기의 저자들은 그 진실에 접근하기 시작했다. 그 진실은, 우리 삶의 이성적 습관들 밑에 우리의 더 나은 판단을 거스르면서까지 거부를 선택하는 설명할 수 없는 무언가가 숨어있다는 것이다. 그리고 내가 원한 것은 베카 안에 숨어있는 그 무언가를 진압하는 것뿐이었다.

캐럴이 욕실로 머리를 들이밀고 거의 미소 지으며 말했다. "주는 대로 받기 마련이에요, 아빠."

나는 "미운 세 살"이 흔히 한 과정으로, 부모를 힘들게 하지만 세월이 흐르고 아이의 이가 다 나면 넘어가는 일시적 단계로 간주된다는 점을 떠올렸던 것을 기억한다. 낙관적인 부모들에게 그 단계는 자율성의 탄생, 개인이 자신의 삶을 (타인이 자기를 대신하여 강제로 결정하는 것을 허용하지 않고) 스스로 결정하기 시작하는 시점이었다. 그리고 이 자율성은 강화되어야 한다. 그래야 아이가 나중에 책임감 있는 어른이 되고 질서정연한 사회의 어엿한 구성원이 될 수 있다. 그러나 내가 《이 사람을 보라》와 어린 니체주의자 베카와 함께 보낸 그날은 이 모든 것이 단지 희망일 뿐이라는 의심으로 나를 몰아갔다.

자유는 우리가 책임감 있는 행위자로 행동할 수 있게 해주지만 또한 다르게 행동하게도 해준다. 우리가 자식 안에 키우고자 하는 그것, 자유의지는 최소한 때로는 우리가 자식을 몹시 빼아프게 상실하게 만들 수 있는 바로 그것이다. 그런 상실의 전망은 끔찍함 이상이다. 아장아장 걷는 자식을 키우는 일은 잘 알려진 수많은 이유 때문에 힘들다. 그러나 적어도 한 명의 아버지인 나의 입장에서 그 일의 고통은 내 딸이 나의 어떤 바람을 거역하는 것, 심지어 나의 여생 내내 그렇게 하리라는 예상과 거의 관련이 없다. 나에게 그 일의 고통은, 자신에게 가장 이로운 것을 고의로 고소해하며 묵살할 수 있는 작은 존재와 내가 뗄 수 없게 얽혀있다는 사실에서 비롯되는 두려움과 밀접한 관련이 있다.

베카는 여전히 입을 앙 다문 채로 웃고 있었고, 횔덜린의 마스크와 내 아버지의 부모 노릇 방식을 기억하는 나는 하나의 몸을 강제로 기준에 맞추는 것은 인생을 바꿔놓을 수도 있음을 잘 알았다. 나는 그렇게 하지 않을 것이었다. 적어도 오늘만큼은. 베카는 내 품에서 빠져나가 침실로 달려갔다. 아이가 이겼다. 베카의 이는 정확히 그 아이의 마음에 들게 썩을 수도 있을 것이었다.

엠페도클레스와 니체는 그들을 산 위로 이끈 실존주의적 반항심 혹은 용기를 어떻게 키웠을까? 아마도 처음은 이런 식이었을 것이다. 명백히 자신에게 이로운 행동을 아주 간단히 거부해버리는 것이 출발점이었을 것이다. 그런 거부 속에는 삶을 긍정하는 유쾌함이 배어있다. 심지어 가장 반듯한 사람도 다양한 경우에 그런 유쾌함의 조용한 유혹을 느낀다. 그것은 다를 자유, 가망 없는 행동을 할 자유의 유혹이다. 침실의 등을 끄면서 나는 (이번이 마지막이 아니리라 확신하면서) 내 딸이 철학자가 되지 않기를 바랐다.

황야의 늑대

우리 인간들이 삶과 경험이라고 부르는 이 회화는 점진적으로 형성되었으며, 실은 지금도 전적으로 형성 과정 안에 있다. 따라서 이 회화를 고정된 대상으로 간주하지 말아야 한다.
프리드리히 니체,《인간적인, 너무나 인간적인》, 1878

우리 여행의 마지막 날, 잠자리에서 처음 깨어나는 순간이었다. 나는 이불을 정리하고 마지막으로 캐럴을 끌어안은 후, 습관대로 동트기 전의 배회에 나섰다. 나는 어둠 속에서 옷가방을 뒤져 니체의《안티크리스트》를 찾으려 했지만 책 한 권을 꺼내고 보니 그것은 얇은 소설이었다. 그 소설의 저자는 니체가 죽고 몇십 년 뒤에 발트하우스 호텔에 은둔한 또 다른 인물이다. 나는 이곳을 다시 방문하고 싶었던 이유 중 하나가 이 책이었음을 기억했다. 그리하여 날이 밝기 두 시간 전인 오전 네 시, 말로야 고개 위에 보름달이 떠있을 때, 나는 호텔의 둥근 탑 안에 있는 니노의 방으로 향했다. 그 방은 잠겨있었지만, 나는 계단 아래에 놓인 소파에 편안히 앉았다.

아도르노, 만, 마르쿠제가 드나들던 시절에 발트하우스 호텔은 오늘날 유명한 또 다른 손님이 자주 찾는 곳이기도 했다. 그는 이 호텔에 총 370일 숙박했다. 그의 방은 이 건물에서 가장 현대적이었고, 평소 습관대로 그는 남의 눈에 띄는 일이 드물었다. 그는 여위고 턱과 코가 뾰족한 남자였다. 그의 여윈 몸매는 오랫동안 스키를 타며 기른 거의 초인적인 신체적 힘을 은폐했다. 그가 (적어도 사진을 찍기 위해) 미소를 지으면, 그의 입술은 그냥 일자로 다물어져 크고 반짝이는 눈과 뚜렷이 대비되었다. 그의 가장 가까운 친구 중 하나인 만은 그를 부러워했다. 만에 따르면, 그는 "정신적 자유에 관한 한, 나를 훨씬 앞질러" 있었다. 그는 실제보다 훨씬 더 늙어 보였고 숨을 거둘 때까지 몸의 쇠퇴에 맞서 싸웠다. 니체의 개인적 기질에 가장 근접한 발트하우스 호텔 손님을 하나 고르라면 바로 그를 골라야 했다. 그는 노벨문학상을 수상한 헤르만 헤세, 내가 책장이 너덜너덜해질 정도로 읽고 또 읽은 《황야의 늑대Steppenwolf》의 저자였다.

1877년에 태어난 헤세는 거의 바로 문제아가 되었다. 그는 처음부터 고집불통이었고 독립성이 강했다. 그가 네 살 때 그의 어머니는 아들에 대해서 이렇게 썼다.

그 작은 녀석이 자기 안에 생명을 지녔다. 믿기 어려운 힘과 강력한 의지를, 그리고 … 정말로 놀라운 정신을 지녔다. 어떻게 그가 이 모든 것을 발현할 수 있을까? 그의 독재적 기질과 열정적 격동에 맞선 이 내적인 싸움이 정말로 내 삶을 갉아먹는다 … 신이 이 자부심 강한 정신을 적절한 형태로 빚어야 한다. 그러면 그 정신은 고귀하고 위대한 무언가가 될 것이다. 그러나 그릇되거나 약한 교육을 받을 경우에 이 어리고 열정적인 개인이 무엇이 될지 생각하면 나는 전율하게 된다.

내가 짐작하기에 헤세는 사람들이 쉽게 사랑하고 증오할 그런 아이였다. 실제로 그의 부모는 그를 집에서 키울지 아니면 전문가들에게 맡겨 양육할지를 놓고 여러 해 동안 고민했다. 그의 아버지는 창피를 무릅쓰고 "그를 시설에 집어넣거나 타인들에게 맡겨 양육하는 것"이 어쩌면 더 낫지 않을까 숙고했다. 헤세는 모든 면에서 영악했으므로 처음부터 부모의 양면적 태도를 알아챘다. 알아챔은 신속하게 공포와 분노로, 자신이 늘 부모에게 버림받기 직전의 상태로 산다는 느낌으로 발전했다.

채 열 살이 되기 전에 헤세는 두통과 불면에 시달리기 시작했고 열세 살에 명문 마울브론Maulbronn 교회학교에 입학하면서 그 증상들은 크게 악화되었다. 그는 그 학교에서 채 1년을 버티지 못했고 결국 독일 남부 바트 볼Bad Boll의 어느 목사에게 돌봄을 받게 되었다. 니체와 마찬가지로 헤세의 첫사랑도 파국으로 끝났다. 22세의 오이게니 콜프에게 퇴짜를 맞은 15세의 헤세는 권총을 사들고 사라졌다가 이튿날 다시 나타났다. 심연의 가장자리까지 갔다가 용케 물러난 것이다. 같은 해 9월, (여선히 15세에!) 헤세는 권총을 갈망한다. "죽음을 위해서라면 내가 무엇을 못 주겠는가! … 나는 이제 모든 것을 잃었다. 집, 부모, 사랑, 믿음, 희망, 나 자신까지 …" 이듬해 그는 우여곡절 끝에 슈투트가르트에 가서 그의 방대한 지식의 기초가 된 철학 책들을 팔아서 손에 쥔 돈으로 또 한 정의 총을 샀다. 그러나 그 총은 당분간 사용되지 않았다.

헤세는 많은 젊은이들과 마찬가지로 17세에 니체를 읽기 시작했다. 때는 1895년이었고, 헤세는 니체가 철학자 경력을 시작한 바젤에 살고 있었다. 당시에 니체는 건강이 심하게 나빠져서 여동생 엘리자베트와 어머니의 도움으로 간신히 연명하는 중이었다. 엘리자베트는 남편 베른하르트 푀르스터와 함께 1886년에 파라과이로 이민했다가 1893년에 유럽으로 돌아왔다. 푀르스터는 요란한 반유대주의자였으며 순수한 튜턴 문화에 기초한 "새로운 독일"을 건설하려는 희망을 품고 남아메리카로 갔다가 유토피아가 실현되지 않자 자살했다. 그로부터 4년 후, 푀르스터의 아내이자 니체의 여동생인 엘리자베트는 스위스의 집으로 돌아왔다. 그 후 그녀는 남편과 함께 품었던 정치적 이데올로기적 목표를 더 수상스러운 다른 방식으로 추구하게 된다.

1895년은 저자로서 니체의 삶에서 중요한 해였다. 그는 과거에 경험하지 못한 수준의 명성을 얻었고, 헤세 같은 진짜 지식인들이 그의 글에 담긴 미묘한 의미들을 탐구하기 시작했다. 니체는《안티크리스트》의 대부분을 정신적 붕괴 이전인 1888년에 썼지만 작품의 급진성 때문에 출판은 7년 뒤에야 이루어졌다. 마침내 1895년에 세상에 나온 그 책은 니체 철학 전체의 요약으로 자리매김했다. 흔히 성서에 나오는 '적그리스도'와 연관 지어지는 그 책의 제목은 성서 속의 인물보다는, 전통적 신학과 신에 대한 신앙을 단박에 내치는 "무법자"와 더 밀접한 관련이 있다. 무법성은 종교적 권위의 최종적인 침식을 드러내고 근대문명의 종말을 알린다. 성서에 따르면, 적그리스도는 결국 예수의 재림으로 말미암아 파멸하지만, 니체는 그 이야기를 그리 신뢰하지 않았다.《안티크리스트》는 기독교적 노예 도덕에 대한 니체의 가장 신랄한 공격이며, 근대를 규정하는 특성 — 근대의 허약함, 가련함, 복수를 향한 갈망 — 을 뛰어넘으려는 한 사상가의 마지막 시도다. 19세기가 저물어가면서 헤세를 비롯한 점점 더 많은 개인들이 《안티크리스트》의 열망에 공감했다.

니체는 삶의 마지막 10년을 거의 완전히 무능력한 상태로 보냈지만, 역설적이게도 철학자로서 니체의 명성은 바로 그 시기에 가장 결정적으로 확립되었다. 헤세를 비롯한 독자들은 니체의 글을 진지하게 읽기 시작했다. 그러나 그 시기는 니체의 여동생이 그의 저작권을 독점하기 시작한 시기, 니체의 글이 독일 선동가들의 손에 넘어가기 시작한 시기이기도 하다. 결국 선동가들은 니체의 "망치로 하는 철학"을 제3제국에 끼워 맞추게 된다. 어머니가 죽은 후 엘리자베트는 니체 숭배를 조장할 희망으로 니체를 바이마르로 옮겼지만, 그 희망은 끝내 실현되지 않았다. 그러나 바이마르에 니체 자료보관소가 설립되었고, 1934년에 바로 그곳에서 아돌프 히틀러가 니체의 흉상을 마주보고 사진을 찍었다. 이 모든 일은 니체 본인의 행동이 아니었으며 틀림없이 그의 의도도 아니었지만, 아무튼 일어나고 말았다. 누구도 자신의 유산을 완전히 책임질 수는 없다.

니체는 많은 글에서 미래에 대한 우려를 표했으며 자신의 철학은 항상 "내일 다음의 모레"에야 비로소 이해될 것이라고 주장했다. 《안티크리스트》에서 그는 일부 사람들은 사후에 태어난다고 말했다. 글쓰기를 거의 중단한 뒤에야 사람들의 눈에 띄고 유명세를 얻은 것을 감안하면, 니체는 자신에 대해서 아마도 옳은 말을 한 셈이다. 그러나 사후에 이해되는 사람이 직면하는 문제는 오해되기가 훨씬 더 쉽다는 점이다. 실제로 엘리자베트는 오빠를 오해했다. 아니, 악용했을 가능성이 더 높다. 비순응성과 자유에 관한 니체의 글, 자기성찰적 아이러니로 가득 찬 그 글이 나치 정권에 의해 전용될 수 있었다는 점은 19세기 철학과 20세기 철학의 진정한 비극들 중 하나다. 그나마 헤세 같은 사상가들이 니체의 후기 작품들에 깃든 정신을 일부라도 보존하려 애썼다는 점은 참으로 고마운 일이다.

헤세는 니체의 제자가 아니었다. 여러모로 그는 니체와 함께 걷다가 나중에 헤어졌다. 헤세는 니체가《차라투스트라는 이렇게 말했다》에서 옹호한 주인 도덕을 거부했다. '힘을 향한 의지'는, 특히 말년에 니체가 퇴화와 퇴폐의 힘을 벗어날 수 없음을 인정했다는 사실에 비춰볼 때, 지나치게 단순하고 비생산적이라고 느꼈다. 그러나 헤세는 여전히《차라투스트라》의 예술적 기교를 존경했다. 그래서 헤세는 허풍으로 가득 찬 차라투스라의 연설들(그 설교들의 직접적인 내용)에 초점을 맞추는 대신에 그 인물 자체의 복잡성을, 차라투스트라와 니체가 내면의 복잡한 분쟁을 표현하는 방식을 주목한다. 헤세는 이렇게 묻는다. 그렇게 끊임없이 내적으로 갈등하는 것이 인간의 몫이 아닐까?

헤세가 보기에 그런 분열성은 광기의 증거가 아니라 그저 살아있음의 증거였다. 그는 독자에게 니체를 상기시킨다. 헤세의 표현에 따르면, 니체는 단일한 불멸의 영혼이 아니라 오히려 다양한 필멸의 영혼들을 품는 것에 관심이 있었다.《이 사람을 보라》는 여러 이유 때문에 읽기가 어려운데, 한 가지 이유는 아주 많은 경우에 니체가 이러이러하면서 또한 동시에 이러이러하지 않기 때문이다. 게다가 이 상반된 영혼들이 장기적인 합의를 이루고 정상적으로 살 수 있는지는 — 헤세도 니체도 — 전혀 명확하지 않다. 1919년에 출간한 소설 《데미안Demian》을 시작으로, 니체에 대한 헤세의 관심은 꾸준히 높아졌다. 또한 이 분열된 자아의 운명을 다루기 시작하면서 헤세가 쓰는 작품의 질도 높아졌다.

나는 서른 살에 첫 결혼으로부터 탈출하는 와중에 처음으로 《데미안》을 읽었다. 헤세는 세 번 결혼했고, 《데미안》은 성장소설이다. 그래서 나는 그 작품에서 약간의 통찰을 얻을 수도 있겠다고 생각했다. 당시에 나는 이미 캐럴을 사랑하고 있었고(나는 이혼하기 훨씬 더 전부터 캐럴을 사랑했다.) 다음과 같은 두 가지 방식으로 표현되는, 나에게는 난해한 질문을 숙고하기 시작하는 중이었다. 나처럼 삶에 대한 불만을 조용히 품은 사람이 옳게 사랑할 수 있을까? 나처럼 자아의 수렁에 빠져있는 사람이 사랑을 할 수 있을까? 또한 당시에 나는 랠프 왈도 에머슨, 윌리엄 제임스, 조사이어 로이스 등 수많은 미국 철학자들의 글을 읽고 있었다. 그들은 초월과 사랑의 가능성에 관심을 기울였다. 《데미안》은 그런 나의 상황에 썩 잘 어울렸다.

헤세의 《데미안》은 에밀 싱클레어라는 남자에 관한 이야기다. 그는 일상의 침체와 환상으로부터의 구원을 필요로 한다. 무언가 다른 것을 필사적으로 모색한다. 그러다가 싱클레어는 막스 데미안과 그의 어머니 에바 부인을 만나 정신적 스승으로 삼는다. 처음에 데미안은 그저 아주 영리한 어린시절의 친구로 등장한다. 싱클레어와 함께 견신례 학습에 참석했을 때 데미안은 싱클레어 쪽으로 몸을 기울이고 이렇게 타이른다. "너는 너의 허용된 세계가 세계의 절반일 뿐이라는 걸 알았지만 목사들과 선생들처럼 나머지 절반을 억누르려 애써왔어. 하지만 잘 안 될 거야. 생각하기 시작한 사람이라면 누구도 그렇게 할 수 없으니까." 금지되고 매장된, 초월적인 무언가를 향한 이 같은 욕구는 싱클레어의 삶에 무언의 모티브로 남는다. 소설이 진행됨에 따라 독자는 데미안이 그저 영리한 친구에 불과한 것이 아니라, 싱클레어 자신의 감춰진 면모라는 것을, 싱클레어가 올바른 자기-지식을 갖추기만 하면 언제든지 이용할 수 있는 정신적 에너지의 샘이라는 것을 알게 된다. 책의 마지막 장면에서, 전쟁터에서 부상을 당한 싱클레어는 자신이 스스로 자신을 구원할 능력을 지녔음을 데미안의 도움으로 깨닫는다. 그리고 독자는 싱클레어가 스스로 자신을 구원할 거라고 짐작하게 된다.

단순하고 겉만 번드르르한 이야기라고 할 수도 있을 것이다. 그러나 새로운 관계를 맺어가던 나에게는 완벽한 작품이었다. 데미안의 자기탐구, 그리고 현실과 이상의 궁극적 통합은 사람들이 말하는 재혼의 핵심이었다. 이혼의 잿더미 속에 널브러진 가련한 존재는 우여곡절 끝에 이상적인 무언가를 성취한다.

《데미안》은 내적인 역량에 관한, 자기-지식의 승리에 관한 이야기다. 그러나 현실에서 그런 승리는 일시적이고 별 소득이 없다. 바로 이 문제 때문에 헤세는 10년 뒤에 《황야의 늑대》를 썼다. 첫 결혼에서 실패한 뒤 쓴 이 작품은 니체의 심리학적 평전으로 불린다. 《황야의 늑대》는 또한 헤세의 자전 소설이기도 하다. 이 소설은 가장 직접

적이고 명백하게는 '하리 할러'라는 인간-야수에 관한 이야기다. 재혼 생활이 만 6년을 채워갈 즈음, 나는 그 이야기에 점점 더 많이 공감하게 되었다.

《황야의 늑대》는 최근 들어 내가 가장 좋아하는 책이 되었지만, 그 이른 시간에 발트하우스 호텔에서 그 책을 읽는 것은 그리 수월한 일이 아니었다. 나는 밤과 새벽 사이에서 의식이 반쯤 켜진 상태로 아주 느리게 읽고 있었다. 그럴 때 사람들은 같은 대목을 반복해서 읽고 또 읽게 된다. 나는 소설의 도입부를 벗어날 수 없을 것 같았다. 화자인 부르주아가 독자인 나에게 자신이 어떤 세입자의 원고를 발견했다고 알려준다. 세입자는 하리 할러라는 고요한 신사다.

그러나 할러는 겉보기에만 고요하다. 그는 믿고 있다. 아니, 알고 있다. 자신의 좋은 예절과 일상의 고요한 표면 아래 야수, 고원에서 온 늑대, 정말로 "울부짖는 털북숭이"가 있다는 걸. 진실은 그의 깨어있는 삶에 드리운 그림자였다. 정오에는 줄어들지만 날이 저물어 가면 이마이마하게 성장하는 영구적이며 파괴적인 그림자. 화자는 만약에 자신이 할러의 기질을 희귀한 것으로, "유일무이한 병적 기질이 낳은 병적 상상들"에서 비롯된 것으로 믿었다면, 공들여 그의 이야기를 전하지 않았을 것이라고 말했다. 그러나 할러는 유일무이하지 않았다. "나는 그것들에서 무언가를 더 본다."라면서 화자는 이렇게 말을 잇는다. "나는 그것들을 시대의 기록으로 본다." 할러의 병은 "결코 약하고 가치 없는 것만 공격하는 것이 아니다."

나의 의식이 다시 잠들고 있었다. 나는 정신을 차리고 할레에서 커피를 마시기로 했다. 더 집중해서 책을 읽기 위해서였다. 그러나 가는 중에 이미 해가 완전히 떠올랐고 나의 가족도 벌써 깨어났음을 알아챘다. 식당 입구에서 캐럴과 베카가 나에게 인사했다. 우리는 요구르트와 시리얼을 먹을 것이고, 호텔 바깥의 놀이터에서 베카와 놀아준 뒤에, 여기 머무는 동안에 만난 독일 아이들이 있는 임시 유치원에 베카를 데려다줄 것이었다. 그런 다음 캐럴과 나는 아마도 니체가 가장 좋아한 장소였을 발 펙스로 마지막 날의 도보여행을 나설 것이었다.

계곡으로 이어진 등산로 입구에 접근하면서 나는 여러 주 동안 회피하려 애쓴 결론에 도달했다. 이 여행은 실패였다. 초인을 탐색하려 했는데 가정생활만 했다. 다정한 순간들, 일상적인 과제들, 놀이 약속들로 가득 찬 가정생활. 자유로워지려는 시도, 파릇한 젊은 날에 걸었던 길을 다시 걸으려는 시도는 가족에 대한 나의 책무로 가로막혔고, 여행은 진정으로 니체적인 무언가가 되는 대신 니체를 기리는 휴가로 서서히 변모했다. 내게 그런 세속적 삶으로의 점진적 쇠퇴를 막을 능력이 없거나 의지가 없음이 증명되었다. 할러도 비슷한 생각을 했는데, 그는 우리 대다수와 달리 그 생각을 발설했다. "강한 감정과 감각에 대한 사나운 열망이 내 안에서 들끓는다."라면서 그는 이렇게 글을 잇는다. "이 단조롭고 밋밋하고 평범하고 소독된 삶에 대한 격노가 들끓는다. 나는 무언가를, 이를테면 창고나 성당이나 나 자신을 때려 부수고 싶은 미친 충동, 격노를 분출하고 싶은 충동을 느낀다."

나는 캐럴과 그리고 이 미친 충동과 함께 발 펙스에 들어섰고 적어도 캐럴에게는 지속 불가능한 속도로 걸었다. 우리가 함께 걸을 수 있는 최고 속도는 얼마일까? 그것이 내가 답하고 싶은 질문이었다. 나는 결국 답을 알아내지 못했다. 아니, 예상하지 못한 답을 발견했다. 발 펙스에 들어선 지 20분 만에 작은 언덕을 오르다가 바위에서 미끄러져 질스-마리아에서 맞은 첫 주에 접질렸던 무릎을 다시 다쳤다. 내가 뒤처지지 않도록 캐럴이 걸음을 늦췄다. 나는 캐럴 뒤에서 절뚝거리며 자신에게 격분했다. 할러는 잘 교육받은 사람이었지만 "자기 자신과 자신의 삶에 만족하는 법을 배우지 못했다. 자신이 실은 인간이 아니라 황야의 늑대라는 것을 마음 깊은 곳에서 늘 알고 있는(혹은 안다고 생각하는) 것이 그 원인 같았다."

낮은 등산로에는 평소보다 더 많은 사람들이 있었다. 마치 인근의 모든 주민이 내 삶을 모욕하기로 투표라도 한 것 같았다. 빙하가 만든 계곡 입구의 오두막은 이렇게 이른 오전에는 대개 닫혀있고 조용했다. 나는 그날도 그러하기를 바랐건만, 벌써 한 무리의 도보여행자들이 오두막 안에 앉아 사과 파이를 먹고 있었다. 우리가 그 간이식당을 지나칠 때, 한 쌍의 독일인이 산으로 들어서는 우리를 보며 고개를 끄덕였다. 나는 바람에 실려 오는 그들의 말소리를 들었다고 생각하며 몸서리쳤다. "Schafe, Schafe, Schafe(샤페, 샤페, 샤페)" 그들이 나를 놀리고 있다는 확신이 들었다. 내가 들었다고 생각한 독일어를 번역하면 이러했다. "양, 양, 양" 나는 캐럴의 손을 잡으며 나의 마지막 날을 즐기려고 최선을 다했다.

내가 보기에 알프스에서 가장 아름다운 산들 중 일부는 설산이 아니다. 그 산들은 작은 언덕이다. 살짝 보이는 폭포들과 등산로를 제외하면 완전히 녹색인 언덕들. 그러나 알프스의 언덕은 완만한 경사면이 아니라 그 너머의 진짜 산을 완전히 가리는, 흙으로 이루어진 벽이다. 그 벽은 바닥에서 튀어나와 하늘로 수직 상승한다. 우리는 그런 단색의 언덕 아래에서 걷고 있었다. 지금 나는 평소보다 조금 더 느리게 걷고 있어서 풍경을 살펴볼 겨를이 있었다. 언덕은 완벽하게 평평한 빙하 평야 건너 2킬로미터쯤 떨어진 곳에 있었다. 꼭대기를 보려면 목을 한껏 젖혀야 했다. 풀밭으로 덮인 "언덕"이 나의 시야를 가득 채웠다. 실제로는 그 언덕이 멀리 있다는 걸 짐작하게 하는 유일한 단서는 언덕의 아랫부분에서 꼬물거리는 황갈색 벌레들뿐이었다. 그 벌레들은 틀림없이 소들이다. 비례 감각을 완전히 상실하는 것은 오랫동안 산속을 걸으면 불가피하게 발생하는 현상이다.

캐럴이 걸음을 멈추고 나를 가까이 끌어당겼다. "우리를 여기에 데려와서 고마워." 그녀가 속삭였다.

나는 캐럴의 곱실거리는 머리카락에 얼굴을 묻고 그녀의 어깨 너머로 계곡을 바라보았다. 지나가는 구름이 해를 가려 언덕이 어둠에 잠겼다. 언덕 꼭대기와 밑바닥이 진동하며 거의 들릴 듯하게 이를 악물 때 나는 소리를 냈다. 무를 배경으로 삼아 등장하는 자유. 나는 거의 그 주 내내 혀와 이로 만지작거린 아랫입술 안쪽을 마침내 깨물어버렸다.

그때 그 녀석들을 보았다. 처음엔 몇 마리뿐이었다. 녀석들이 일렬로 언덕 꼭대기를 가로질러 내달렸다. 산양, 파릇한 젊은 날에 내가 꿈꿨지만 결국 발견하지 못한 샤무아들이었다.

《선악을 넘어서》에서 니체는 힘주어 말한다. "여기 가장 먼 얼음과 바위의 나라, 여기에서 사람은 사냥꾼이어야 하고 샤무아 같아야 한다." 마침내 의기양양해진 나는 캐럴에게 샤무아들을 가리켜 보였다. 수컷의 짧고 구부러진 뿔이 보이지 않는 것은 내 생각에 우리가 너무 멀리 떨어져 있기 때문이었다. 짝짓기 철이 되면 수컷들은 암컷의 애정을 얻기 위해 뿔을 이용하여 때로는 잔인하게 싸운다. 인간이 아닌 동물들의 세계에서 싸움 충동은 예외가 아니라 규칙이다. 나는 샤무아를 직접 본 적이 없었다. 다섯 마리가 일렬로 달리는 모습을 본 일은 더더욱 없었다. 녀석들은 경탄을 자아내는 암벽등반가이고, 내가 기억하기로는 사회성이 있지만 독립적인 동물이다. 그래서 샤무아는 한 해의 대부분을 소수의 동성 개체들끼리 집단을 이뤄 산다. 나는 캐럴에게 샤무아에 관한 모든 것을 이야기해주었다. 오직 중년의 남성 철학자만이 품을 수 있는 확신에 찬 자부심으로. 그 다섯 마리의 동물은 우리보다 한참 높은 곳에서 지나갔다. 이어서 다른 다섯 마리. 그 다음에 또 다른 다섯 마리.

"저건 산양이 아냐!" 캐럴이 퉁명스럽게 내뱉었다. 그놈들은 양이었다. 샤페, 샤페, 샤페. 수십 마리의 양들. 캐럴의 웃음이 계곡에 메아리쳤다. 나중에야 인정할 수 있었지만, 약간 웃기는 상황이었다. 우리는 온순함과 가축화의 최고의 적인 니체와 함께 걷는 중인데 양떼가 우리를 앞질러 있었다. 그 동물들은 높은 곳에서 신속하게 이동하는 중이었다. 캐럴과 나는 털북숭이 동반자들의 뒤를 쫓아 빙하를 향해 계속 걸었다. 얼마 후, 또 다른 동물들의 행렬이 우리를 지나쳤다. 유심히 보니 절벽 곳곳에 양들이 있었다. 최소한 100마리는 되었다. 얼핏 보면 바위 같았지만, 녀석들은 저마다 다른 속도로 움직이고 있었다. 느리게 움직이는 동물은 멀리서 보면 멈춰있는 것처럼 보인다. 우리는 모두 한결같이 같은 방향으로 움직이고 있었다.

캐럴과 나는 걸음을 최대한 재촉해 언덕 아래 쪽을 통과하면서 가끔 고개를 들어 우리가 새 동반자들보다 너무 뒤처지지 않았나 점검했다. 우리와 마찬가지로 그 동물들은 함께 어딘가로 가는 중이었다. 고도 2450미터쯤에 도달하면 얼음이 나타나 우리 모두의 여행은 느닷없이 종결될 거라고 나는 확신했다. 그러나 적어도 지금은 우리가 서로에게 접근하는 중이었고, 나는 하리 할러와 반만 가축화된 그의 본성에 대해서 생각할 여유가 있었다.

사실 하리의 양분된 자아는《황야의 늑대》의 대부분에서 그의 실존의 골칫거리이자 기쁨이었다. 한때 할러는 대중적 지식인, 심지어 상당히 잘나가는 대중적 지식인이었다. 그러나 최근에 그는 일자리와 가정을 잃고 외톨이 늑대의 실존을 끌어안기 시작했다. 그는 이렇게 인정한다. "나는 외롭고 사랑 없고 궁지에 몰린 완전히 무질서한 나의 실존과 이 중류층 가정생활 사이의 대비를 좋아한다 … 그 안에는 그것이 대표하는 모든 것에 대한 나의 증오에도 불구하고 나를 감동시키는 무언가가 있다." 이 분열된 현실이 할러를 끌어당겼고, 그는 끌려갔다. 말에 묶여 교수대로 끌려가는 사람처럼. 할러가 맞이한 중년은 많은 사람들에게 그렇듯이 후회의 시작이었다. 할러는 이렇게 설명한다. "나는 과거를 후회하지 않는다. 나의 후회는 오늘을 향해 있다. 내가 그저 수동적으로 상실한, 나에게 아무것도, 심지어 깨어남의 충격도 가져다주지 못한 무수한 시간들과 날들을 향해 있다."

할러의 낙담은 진심이었다. 그러나 그가 전반적으로 쾌적하고 심지어 근본적으로 특권적인 삶을 살았다는 것도 사실이었다. 그의 삶은 대체로 정신의 삶, 철학과 고급문화의 삶이었다. 그의 삶은 "포기와 무無로 이어진 불행의 미로 안에서 헤맸다. 온갖 인간적인 것들이 소금처럼 흩뿌려진 쓰라린 삶이었다. 그러나 그의 삶은 부를 쌓았다. 자랑할 만한 부를 쌓았다. 그의 삶은 온갖 처참함에도 불구하고 호사스러운 삶이었다." 나는 할러를 생각하면 늘 이 대목이 마음에 걸렸다. 어떻게 호사스러운 삶이 이러니저러니 해도 여전히 사람을 포기와 쓰라림으로 이끌 수 있단 말인가? 어른의 삶을 즐기게 되면서 이 걱정은 더 심화되기만 했다. 특권과 여유는 실존적 위기의 영향을 완화하기는커녕, 최선을 다해 노력하더라도 삶은 여전히 대체로 불만족스럽다는 느낌을 강화했다. 근대적 삶의 대부분은 물질적 성공에 적합하도록 맞춰져 있지만, 삶의 공허함은 물질적 성공을 이뤄낸 뒤에야 아프게 드러난다.

밤이 오면 할러는 거리를 떠돌며 귀가를 신중히 피한다. 집에서는 아무것도 그를 기다리지 않는다. 어느 저녁에 그는 시내를 배회하다가 아래 문구가 적힌 플래카드를 들고 가는 남자와 마주친다.

안티크리스트 저녁 연회

마술 극장

입장 조건 있음

니체의 《안티크리스트》도 독자의 조건을 알리는 문장으로 시작된다. "이 책은 가장 드문 사람들에게 어울린다." 바로 이것이 할러가 찾아 다니고 있는 바다. 그의 정상적·의식적 삶이 아닌 무언가에 독점적으로 입장할 기회, 무법자 허가. 《황야의 늑대》는 할러가 그 '마술 극장'을 천천히 머뭇거리며 순례하는 이야기다. 알고 보니 그곳은 그의 정신이 만들어낸 은유적 유령의 집이다. 그 유령의 집은 문과 거울, 그리고 그가 거의 망각한 과거의 인물들로 가득 차있다. 할러의 삶의 표면 아래에 무엇이 있을까? 발설되지 않은 것 속에 무엇이 숨어있을까? 알고 보니 그저 황야의 늑대, 불만을 품은 한 남자의 야수적 그림자가 아니다. 더 심하게 미쳤지만 또한 더 희망적인 것이다.

나는 또 미끄러졌다. 이번에는 미끄럽고 번들거리는 무언가를 밟아 넘어지면서 왼쪽 옆구리를 바닥에 세게 부딪쳤다. 뒤를 돌아본 캐럴은 거무스름한 물질을 두텁게 뒤집어쓰고 엎어져있는 남편을 보았다. 우리는 빙하로부터 2킬로미터쯤 떨어진 위치에서 냇물과 평행하게 걷고 있었다. 산에서 계곡으로 쏟아져 내리며 냇물은 옥빛 격류를 이뤘다. 근처에서 소들이 풀을 뜯고 물을 마시러 냇물로 왔다. 양들은 끊임없이 언덕 위로 올라갔다. 수백 마리가 아니라 수천 마리가 한결같이 움직였다. 나는 벌떡 일어났다. 모든 것에서 피와 거름 맛이 났다. 조금 더 위로 올라가 이 모든 빌어먹을 동물들로부터 멀리 떨어질 수 있다면 얼마나 좋을까! 나는 방향을 위쪽으로 틀었고, 캐럴은 내 뒤를 따랐다. 너무 많이 걷고 너무 조금 먹어서 생긴 어지럼증이 며칠 전부터 시작되었지만 나는 증상을 무시했고 심지어 즐겼다. 그러나 한 시간 전부터 어지럼증이 나를 압도했다. 한 걸음 한 걸음이 기름 위에서 미끄러지는 것 같았다. 우리는 햇빛이 잘 드는 평평한 바위를 발견했고, 캐럴은 나를 설득하여 앉게 했다.

양들도 속도를 늦췄다. 녀석들이 크레바스에 이르러 병목현상이 발생하고 있었다. 위치는 우리보다 대략 300미터 높은 능선이었다. 계곡을 내려다보면 더 많은 동물들이 올라오는 것이 보였다. 이렇게 멀리서 보면, 늘어나는 양떼는 녹색 배경 위에 번진 얼룩에 불과했다. 양들의 울음소리가 냇물 소리와 뒤섞였다. 나는 캐럴의 따스한 무릎을 베고 바위 위에 누웠다. 그리고 서서히 모든 것이 어두워졌다. 《다양한 견해들과 격언들Vermischte Meinungen und Sprüche》에서 니체는 이렇게 쓴다. "때때로 우리는 걷는 동안에는 알지도 느끼지도 못한 것을 … 꿈속에서 전적으로, 명명백백하게 이해한다."

태양이 정수리 위에 있다. 내가 느끼는 것은 요란한 냇물소리와 내 머리 밑의 돌이 전부다. 양떼와 캐럴은 가버렸나. 나는 그들의 부재에 당황하지 않는다. 도리어 안도하기까지 한다. 따지고 보면, 이 상황이 더 낫다. 나는 그들 없이 진정한 진보를 이뤄낼 수 있다. 이런 생각들은 깊은 곳에서 통제되지 않은 비철학적 방식으로 일어난다. 나는 그와 유사한 방식으로 일어나서, 바지 허리춤을 뒤로 젖혀 이제 십대 청소년으로 변신한 나의 엉덩이를 바짝 쥔다. 그리고 빙하를 향해 날아가기 시작한다.

어지럼증은 사라졌고, 내 발은 며칠 만에 처음으로, 어쩌면 몇 년 만에 처음으로 정말 안정적이다. 오후가 멈춰있고, 나는 믿기 어려운 속도로 나아간다. 해가 저무는 가운데 나는 플라타 봉의 정상에 오른다. 수십 킬로미터 떨어진 그 산은 내가 파릇한 젊은 날에 인연을 맺은 곳이다. 나는 멈추지 않고 코르바치산으로 이동하여 자갈들이 흩뿌려져 있는 얽은 얼음 위에서 쉰다. 온도가 떨어져 머리와 목이 욱신거린다. 귀에서 피가 나기 시작한다. 많이는 아니고 어깨와 가슴에 계속 방울져 떨어질 만큼만. 여기에 누울 수도 있겠지만, 나는 밤이 무엇을 가져오는지 안다.

마지막으로 나는 거기로 돌아간다. 내 경로를 가로지르며 길게 뻗어있는, 코르바치산 정상의 크레바스. 폭은 고작 1.8미터지만, 바닥까지의 깊이는 60미터에 달한다. 딱 알맞은 규모다. 해는 졌고, 황혼이 잦아드는 중이다. 내 앞의 공허는 환상적으로 어둡다. 크레바스가 길어서 양끝이 점점 가늘어지는 것처럼 보인다. 미소 짓는 헤세의 일자 입술이 떠오른다. 크레바스가 미소 짓고 부드럽게 숨 쉬며 나를 부른다.

나는 공허의 가장자리에서 배낭을 내려놓고 신발과 양말을 벗어서 얼어붙은 바닥에 개어놓은 외투 옆에 놓는다. 나머지 옷도 모두 벗은 다음에 바람에 날려가지 않도록 셔츠와 바지를 잘 개어 배낭 밑에 집어넣는다. 마지막으로 귀에서 나는 피를 닦은 후 나는 허리를 굽혀 심연 가장자리의 바닥이 탄탄한지 점검한다. 나는 미끄러지고 싶지 않다. 엠페도클레스, 니체, 레, 니노를 보라. 나는 나의 갑작스러운 하강이 사고로 오해되지 않도록 확실하게 행동하고 싶다.

너 자신이 되어라

그들 둘은 조용히 물소리에 귀를 기울였다. 그들에게 물소리는 그저 물소리가 아니었다. 삶의 목소리, 존재의 목소리, 영원한 되어감의 목소리였다.
헤르만 헤세, 《싯다르타》, 1922

잠에서 깨어났을 때, 입안에는 피가 고여 있었고 왼쪽 귓바퀴에는 날카로운 돌에 긁힌 상처가 나 있었다. 팔에는 감각이 없었고, 신발 속엔 뜨거운 액체가 들어있는 느낌이었다.

다리가 저리도록 오랫동안 내 머리를 받치고 있던 캐럴은 잠든 내 머리를 가만히 바닥에 내려놓았다. 나는 옆으로 돌아누워 왼뺨을 화강암에 댔다. 그녀는 내 몸의 대부분을 태양으로부터 가려주었지만 다리 아래쪽과 발은 따스한 햇볕을 듬뿍 받았다.

양들이 다시 나타났다. 산비탈의 양떼가 급격히 늘어났다. 나는 눈을 뜨고 캐럴을 오랫동안 바라보았다. 어느 순간 그녀는 내 눈길을 알아채고 마주 응시하면서 다리를 내 머리 아래로 다시 밀어 넣었다.

"여보, 양들이 여기로 오고 있어." 그녀가 계곡 건너를 가리키며 말했다.

양들을 지체시킨 병목현상은 마침내 해소되었고, 녀석들은 쏟아져 내리듯이 하산하고 있었다. 크레바스와 도랑을 차례로 건너며 아이벡스의 다리로 둥둥 떠서 날아갔다. 달리거나 힘을 쓰지 않았다. 그저 중력이 작용하게 놔뒀다. 약간 우스꽝스럽긴 해도 아름다웠다. 이제 양들의 울음소리가 요란한 냇물 소리를 뚫고 또렷이 들렸다. 나는 양들을 세기 시작했지만, 490마리까지 세다가 포기했다. 1000마리가 넘는 것이 틀림없었다. 어느 한 마리도 절벽에서 떨어지지 않았다.

양들이 우리를 밟아 죽이면 왠지 그럴싸할 것 같다고 캐럴이 농담했다. 양떼에 밟혀 죽은 한 쌍의 철학자! 워낙 초현실적이고 재미있는 발상이어서 그럴싸할 수밖에 없었다. 아이고나 세상에, 배꼽이 빠지도록 재미있었다. 나는 깔깔 웃다가 울었다. 어느 순간 캐럴은 내가 정말로 울고 있음을, 과거 어느 때보다 더 심하게 울고 있음을 알아챘다. 그녀는 나를 끌어안고 펑펑 울게 놔뒀다.

나는 눈가를 훔쳤다. 지난 17년 동안 아무것도, 계곡도, 등산로도, 냇물도, 양도, 사랑도, 삶도, 죽음도 변화하지 않았다. 앞으로도 영영 변화하지 않을 것이었다. 아니, 이제까지와 똑같은 방식으로 변화할 것이었다. 사랑과 다툼이 그대로 머물러 있었다. 나는 여기에 와본 적이 있었다. 코르바치 봉에 간 적도 있었고, 화이트산맥의 높은 곳에는 여러 번 가봤다. 모든 것이, 삶의 모든 긴장과 동요가 변함없이 그대로였다. 그러나 내가 발 펙스에서 꾼 낮 꿈은 나의 한구석을 바꿔놓았다. 지금도 나는 때로 그때의 느낌을 느낀다. 그 꿈은 나에게 단지 암시만 주었다. 삶은 변화하지 않지만 삶을 대하는 태도는 변화할 수도 있을 거라는. 그리고 이것은 사소한 변화가 아니다. 사실 이것은 어쩌면 유일하게 가능한 유의미한 변화일지도 모른다. 잠깐, 행복했다. 내가 여전히 여기에 있어서 정말 행복했다. 과거 어느 때보다 더 행복했다. 다른 어느 곳도 아니라 바로 여기. 무시무시한 심연, 실존적 공포, 부족하고 궁핍한 느낌은 중요하지 않았다. 최악의 경우라도, 이것들은 나의 상상력이 꾸며낸 허구였다. 마치 길고 실망스러운 탐구 끝에 내가 이제껏 잘못된 질문을 하고 있었다는 것을 마침내 깨달은 것 같았다. 딱 한 순간, 나는 그 무엇에도 겁먹지 않았으며 깊이도, 높이도 열망하지 않았다. 그 순간은 곧 지나갔고 의심이 돌아왔다. 《황야의 늑대》가 여전히 내 곁에 있었다.

《황야의 늑대》가 더 유명해지자 헤세는 그 작품이 자신의 모든 작품들 가운데 가장 심하게 오해되었다고 말했다. 많은 독자들의 통념과 달리 《황야의 늑대》의 주제는 전쟁 중인 자아가 아니라 오히려 평화의 전망이다. 니체의 글도 유사한 방식으로 오해된다. 그의 글이 우상파괴적이라는 것은 옳다. 그러나 다른 한편으로 니체는 후기 저서들에서 점점 더 고통 완화에 치중했다. 《황야의 늑대》의 결말은 《데미안》의 마지막 대목에서 이루어지는 화해와 사뭇 다르다. '구원'이라는 단어를 사용하기로 한다면, 할러의 구원은 혼란의 한복판에서 발견된다. 어떤 의미에서 할러는 자신의 잠재의식 속의 마술 극장에서 행복하게 사는 데 완전히 실패한다. 그는 시도 때도 없이 난잡한 파티를 벌이고, 취하고, 살인하고, 끊임없이 장난하듯이 자살을 생각한다. 결국 그는 유일하게 사랑한 사람인 헤르미네라는 여자를 칼로 찌른다. ('헤르미네'는 헤세의 이름 '헤르만'의 여성형이다.) 대다수의 논평자들은 헤르미네가 할러가 정말로 사랑한 유일한 사람인 자기 자신의 한 버전이라는 것에 동의한다.

소설의 대부분이 꿈이라는 사실이 명확해진다. (혹은 가능한 한도 안에서 명확해진다.) 폭력, 무책임, 심지어 실존적 위기도 할러의 정신이 만들어낸 산물이다. 그럼에도 소설은 현실성을 상실하기는커녕 오히려 환상과 깨어있음 사이의 구분을 의문시하게 만든다. 마술 극장에 관한 할러의 꿈은 너무나 생생하고 충격적이어서 대다수 사람들이 "현실 세계"라고 부르는 것을 그늘지게 한다. 소설의 마지막 꿈에서 표출되는 할러의 후회는 더없이 현실적이다. 그 모든 경험에서 할러가 얻는 교훈도 마찬가지다. 1919년에 헤세는 거의 알려지지 않은 에세이《차라투스트라의 귀환Zarathustra's Return》에서 이렇게 썼다. "당신이 … 고통을 느낀다면, 몸이나 영혼이 병들었다면, 위험을 두려워하고 예감한다면, 오직 당신 자신을 즐겁게 하기 위해서라도 질문을 다른 방식으로 제기해보면 어떻겠는가? 당신이 느끼는 고통의 원천이 당신 자신 안에 있는가라는 질문을 던져도 좋지 않겠는가? … 무엇이 당신을 괴롭히는지 조사하고 그것의 원천을 알아내려 노력하는 것은 당신들 각자에게 즐거운 훈련일 수도 있지 않겠는가?" 어쩌면 영원회귀의 가장 어려운 부분은 우리가 우리 자신에게 가하는 고통과 타인에게 가하는 고통을 인정하는 일일 것이다. 인정하기, 곧 기억해내고 후회하고 책임감을 느끼고 결국 용서하고 사랑하기. 헤세는 이렇게 주장했다. "내가 차라투스트라의 운명을 알게 되었다는 것, 내가 그의 삶을 살았다는 것이 나를 차라투스트라로 만든다. 자신의 삶을 사는 사람은 드물다. 당신의 삶을 사는 법을 배워라."

삶의 교훈들 중 일부는 어렵게 획득된다. 할러가 헤르미네를 죽인 후, 마술 극장의 인물들이 그에게 말을 건다. 당연히 그는 그들이 죄의 대가로 자신을 처형하리라고 예상한다. 심지어 정신이 단일해진 그 드문 순간에 그는 이 궁극적인 듯한 벌을 생각하면서 즐거움을 느낀다. 그러나 재판관들의 생각은 다르다. 할러는 죽음의 벌이 아니라 삶의 벌을 받는다. 그들은 할러에게 "너는 살아야 한다."라고 지시하고 이렇게 덧붙인다. "그리고 웃는 법을 배워야 한다." 아주 간단한 과제인 듯하지만, 할러의 정신이 말 그대로 정신병원이라는 점을 감안하면, 이것은 자살보다 무한히 더 어려운 과제다. 그러나 그들의 지시는 많은 인간들이 결국 직면하는 판결이라고 할러는 결론짓는다. 이제 "파토스와 죽음 거래"를 그만두라고 한 재판관이 명령한다. "지금은 네가 너의 감각들을 찾을 때다." 할러는 이를 악문다. 그럴 만한 이유가 있다. 어른으로서 그의 삶은 파토스, 죽음 거래, 단순한 삶의 감각들로부터 달아나는 것으로 소모되었다. 그러나 잠시 항의한 뒤에 그는 삶의 참담함을 받아들일 뿐 아니라 진정으로 끌어안는다. 이 태도를 니체는 "아모르 파티amor fati(운명에 대한 사랑)"라고 부른다. 《황야의 늑대》의 마지막 장면에서 할러는 자신이 "공허하고 소진되었으며 딩징 잠들어 1년 내내 잘 것 같다고 느꼈다." 그러나 그는 "삶이라는 게임"의 의미를 어렴풋이 알아챘다. "나는 삶의 고통들을 다시 한 번 맛보고 삶의 무의미함에 다시 몸서리칠 것이다. 나는 한 번이 아니라 숱하게 다시 내 내면의 지옥을 가로지를 것이다. 언젠가 나는 삶이라는 게임을 더 잘하게 될 것이다. 언젠가 나는 웃는 법을 배울 것이다."

웃음, 그것이 '아모르 파티'의 열쇠다. 삶이라는 게임의 고통은, 심지어 대체로 고통 없이 사는 듯한 사람의 게임에서도 지속될 것이다. 이 긴장과 몸부림에 대한 저항이나 부정은 그것들의 힘을 강화할 뿐이다. 삶의 관건은 "움켜쥐고 통제하기"가 아니라 잠시 해방감을 얻기에 딱 충분할 만큼 손아귀의 힘을 빼기다. 헤세는 이렇게 말한다. "일부 사람들은 움켜쥐기가 우리를 강하게 만든다고 생각한다 … 그러나 때로는 놓아주기가 우리를 강하게 만든다." 진짜 웃음은 한참 뒤에야 찾아올 테지만 변함없는 목표로 유지될 것이다.

니체의 설명에 따르면 "우리가 오래전에 잊혔거나 죽은 사람들에 관한 꿈을 꾼다면, 그것은 우리가 근본적인 변화를 겪었으며 우리가 발 딛고 사는 기반이 완전히 파헤쳐졌다는 신호다. 그럴 때 죽은 자가 일어나고, 우리의 과거는 현재로 된다." 나는 일어나서 캐럴이 일어나는 것을 도왔다. 우리는 서로를 안내하며 산에서 나와 계곡의 높은 곳으로 갔다. 우리는 또 다시 양들과 함께 걷고 있었지만, 이제 나는 그것에 신경쓰지 않았다. 니체는 이 동물들을 매우 하찮게 여겼다. 주인들과 포식동물들은 오로지 맛있기 때문에 양들을 사랑했다. 그러나 그 짐승들의 움직임에는 야생적인 구석이 있었다. 깊이 매몰된, 기어오르고 달리려는 성향의 잔재가 있었다. 녀석들은 어떤 은폐된 층위에서는 여전히 야생이었고, 이제 나는 그 야생성을 부정하고 싶지 않았다. 계곡을 양분하고 우리와 양떼를 갈라놓는 냇물이 넓어지고 얕아져 제법 강의 형태를 갖췄고, 우리는 강을 건널 지점을 찾아봤다. 도약할 수도 있었지만, 그날 나는 이미 충분히 많이 도약한 터였기에 우리는 소용돌이치는 발목 깊이의 물을 함께 걸어서 건너 우리의 도보여행 동반자들에게 다가갔다. 우리가 그 짐승들에게 도착할 즈음에 내 발은 감각이 없었고 드디어 깨끗해져 있었다.

소규모 군중이 평평한 계곡의 입구에 모여 우리의 귀환을 환영했다. 뜻하지 않게 우리는 엥가딘 지방의 연례행사에 끼어들어 있었다. 그곳의 양들은 발 펙스의 한쪽 능선에서 8월 중순까지 풀을 뜯은 뒤에 반대쪽으로 옮겨져 겨울이 닥치는 9월 하순까지 그곳에서 풀을 뜯는다. 가을이 끝남과 동시에 녀석들의 휴가도 끝나고, 녀석들은 원래 지내던 농장들로 돌아간다. 이 순환이 매년 똑같이 이루어진다. 961마리. 우리 둘까지 포함해서 센 마릿수다. 우리는 군중의 가장자리에서 걸음을 멈췄다. 사람들은 사진을 찍고 양들을 향해 박수를 — 농담이 아니다 — 쳤다. 반半가축화된 이 동물들은 산 위에서 또 한 번의 기간을 살아남았다. 그러니 박수칠 이유가 있었다. 분명히 내 감정을 투사했을 뿐일 테지만 양들은 정말로 행복해 보였다. 녀석들은 임시 우리까지의 마지막 몇 미터를 날쌔게 내달렸다. 그곳에서 발굽을 점검받고 병든 녀석들은 약간의 치료를 받을 것이었다.

장난스러움, 이것이 무법적일 정도로 장난기 많은 그 녀석들에게 적합한 단어였다. 양들의 털에 스프레이 페인트로 표시가 그려졌다. 여러 마리가 똑같은 색깔의 표시를 얻었지만, 각각의 표시는 유일무이하고 놀랄 만큼 독립적이었다. 암양 한 마리는 셀카봉을 든 관광객을 물었고, 어린 양 두 마리가 부딪쳤는데, 꼴을 보니 일부러 그랬다고 판단할 수밖에 없었다. 어른이 되기 직전의 청소년 양 한 마리가 수심에 잠긴 기색으로 우리 한쪽 구석에서 양떼가 연출하는 장관을 물끄러미 바라보았다. 또 다른 청소년 양은 앞발을 울타리 꼭대기에 걸치고 관심을 요구했다. 그리고 거기에 지난해 털깎기 때 도망친, 털이 덥수룩하고 주름이 쪼글쪼글한 갈색 양이 있었다. 털이 길고 엉겨 붙은 그 녀석의 모습은 숫양과 양치기 개 사이의 잡종처럼 보였다. 털에 가려 녀석의 눈은 보이지 않았지만, 녀석은 아무 지장 없이 돌아다니는 듯했다. 어쩌면 그놈은 올해 털깎기 때도 도망칠 것이다. 안 그럴 수도 있지만.

이제껏 나는 진짜 양치기를 본 적이 없었다. 어릴 적에 나는 양치기란 장-프랑수아 밀레의 〈양치기가 돌아온다The Shepherd Returns〉에 나오는 인물처럼, 마치 피리 부는 사나이가 쥐떼를 이끌듯이 자기 양떼를 이끄는 사람이라고 생각했다. 양치기가 할 일은 양떼들 앞에 나서는 것뿐이다. 그러면 양떼는 고분고분하게 행렬을 이뤄 그를 따를 것이다. 젊은 시절에 니체를 읽은 후에는 양치기에 대한 생각이 바뀌었다. 양치기는 반 고흐의 〈양떼를 거느린 양치기Shepherd with a Flock of Sheep〉에 나오는 인물이었다. 멍청한 짐승들의 머리 위에서 막대기를 휘두르는 인물. 사디스트로서의 양치기. 그러나 진실을 말하자면, 여기에 있는 양치기들은 전혀 달랐다. 그들은 양떼를 이끌지 않았으며 (이 양들은 누군가를 정신없이 따라다닐 기색이 없었다.) 양들을 때리지도 않았다.

우두머리 양치기는 꼬마요정 같은 남자였다. 그가 쓴 전통적인 뾰족 모자까지 포함해도 그의 키는 내 어깨 정도였다. 몸무게는 결코 55킬로그램을 넘지 않을 성싶었다. 그의 몸은 헤세의 몸과 그리 다르지 않게 근육질이고 비바람에 풍화되어 있었으며, 작은 통 같은 그의 가슴은 날씬한 넓적다리로 곧장 이어졌고, 넓적다리는 조각 같은 종아리로 이어졌다. 그것은 워즈워스가 묘사한 종아리, 위대한 도보여행자의 근육이었다. 확언하는데, 그의 폐는 더욱더 인상적이었다. 다리 위의 폐. 이것이 그의 전부였다.

그는 고집 부리는 양 몇 마리가 강을 건너는 것을 도왔다. 일종의 뱃사공 노릇이었다. 이제 그는 양들 사이에서 성큼성큼 걸으며 양들의 발굽과 귀를 점검했다. 그는 가끔 도움이 필요한 양을 발견했다. 그러면 그는 그 양을 가랑이 사이에 두고 서서 상체를 굽혀 양손으로 털을 움켜쥔 다음, 단번에 양을 뒤집었다. 처치가 끝나면 그는 양을 풀어주었고, 양은 앙심 없이 제 갈 길을 갔다. 힘든 작업이었지만 양치기는 내내 미소 짓고 있었다. 큰 눈과 얇은 입술로 즐겁게 히죽거렸다. 정오가 되자 그는 우리에서 나와 맥주 한 병을 따고 엄청나게 큰 치즈 덩어리를 먹었다. 그 남자에게는 종아리와 얼굴 말고는 특별한 구석이 전혀 없었다. 그의 얼굴은 그야말로 발갛게 달아올라 있었다. 한 시간쯤 전에 캐럴과 나는 사과 파이와 맥주 두 병을 꺼내놓았다. 나는 깨달음에 이른 듯한 그 양치기를 이해하지 못했지만 깊은 흥미를 느꼈으며 지금도 그러하다. 그는 치즈를 들고 강으로 내려가서 부츠를 벗고 발을 급류 속에 담갔다.

나는 젊은 시절에 이 지역을 여러 날 동안 쏘다녔으므로 이 강도 틀림없이 건넜을 것이다. 그러니 이 장소에서는 건너지 않았다. 강물은 계곡을 휩쓸며 사라졌다. 방목장 쪽으로 고개를 돌린 나는 양 세 마리가 둥글게 서서 서로의 뒤를 쫓는 모습을 보았다. 서로를 향해 달리면서 서로에게서 멀어지는 토끼들과 그리 다르지 않았다. 나는 토끼 세 마리가 등장하는 상징을 상기했고, 그 토끼들이 영원히 돌아오리라는 생각에 잠깐 포근함을 넘어 안도감까지 느꼈다. 토끼 세 마리 상징의 가장 이른 사례는 5세기의 작품이다. 그 작품은 둔황 막고굴Mogoa Caves에서 발견되었다. 막고굴은 '천불동Thousand Buddha Grottoes'으로도 불리는, 중국 북부 고비사막 가장자리의 암벽에 석굴의 형태로 건설한 불교사원들이다. 그 작품 속의 토끼 세 마리는 많은 것들을 의미했다. 회복, 생산력, 운동 속의 고요, 끝없는 회귀. 그러나 그 불교 상징은 간단하고 당혹스러운 또 하나의 의미도 지녔다. '있다'라는 동사를 표현하는 방법. 존재 그 자체. 아니, 어쩌면 이 모든 것이 틀린 얘기일지도 모른다. 지나치게 진지하고 복잡한 얘기일 수도 있다. 그 "토끼 세 마리"는 단지 둥글게 늘어서서 달리는 토끼들을 바라볼 때 터지는 웃음일 뿐인지도 모른다.

삶의 마지막 몇 년 동안 니체는 편지에 "디오니소스"라고 서명했지만, 토리노에서 정신적으로 붕괴한 당일에 코지마 바그너에게 쓴 편지에는 "나는 부처다."라고 썼다. 그의 삶의 어느 시기에 이 문장은 참이었을지도 모른다. 니체는 깨달음이라고 할 만한 것을 경험했을지도 모른다. 그의 후기 저술은 그 깨달음을 표현하기 위한 반복적이고 종종 광적이던 노력인지도 모른다. 그러나 헤세의 설명에 따르면 "언어는 생각을 그리 잘 표현하지 못한다. 생각은 표현되자마자 약간 달라진다. 약간 왜곡된다. 약간 바보 같아진다." 언어는 운동 속에서 체험되는 어떤 것을 사물화하며 영원히 반항하는 것을 붙잡으려 한다.

헤세는 니체주의자였지만 또한 신비주의자였다. 신비주의적 태도 덕분에 그는 우리 대다수가 이르지 못하는 통찰에 이를 수 있었다. 의심컨대 심지어 니체도 삶의 오랜 시간 동안 그 통찰에 이르지 못했을 것이다. 헤세는 이렇게 주장한다. "너무 많이 탐색하기 때문에 발견하지 못한다." 나의 삶 전체의 핵심은 탐색과 추구였으며 지금도 대체로 마찬가지다. 나는 부처가 아니다. 그러나 나 같은 사람도 때때로 타인에게서 부처를 볼 수 있다. 나는 그 양치기가 물가에서 뱃사공 노릇을 하려고 강의 상류로 걸어가는 모습을 바라보았다. 그는 누구를 기다리고 있을까? 그는 눈을 감고 고개를 젖혀 얼굴을 태양으로 향한 채 마지막 치즈 조각을 천천히 씹으며 평화롭고 자비롭게 미소 지었다. 나도 따라서 눈을 감아보았다. 그러나 더 많은 언어만 보였다. 좋은 언어였지만, 여전히 언어였다. "사람은 영영 집에 도달하지 못한다. 그러나 우호적인 길들이 교차할 때마다 한동안 온 세상이 집처럼 보인다." 캐럴이 포크로 마지막 파이 조각을 찍어 내 입안에 살며시 넣었다.

"베카가 보고 싶어." 내가 말했다. 캐럴은 고개를 끄덕이고 나에게 가볍게 입맞춤했다. 우리는 간식을 먹은 테이블에서 일어나 양떼와 싯다르타를 남겨두고 떠났다.

정신적으로 붕괴하기 며칠 전에 니체는 이렇게 썼다. "다른 무엇보다도 내 삶에서 가장 힘들었던 몇 년을 가장 고맙게 여겨야 하지 않는가, 나는 자주 자문해왔다." 니체는 자신이 삶을 추진하는 명령으로 받아들인 바를 탐구할 기회를 바로 그 몇 년이 주었다고 주장하는 듯하다. 그 명령은 겉보기에 간단하기 그지없다. "너 자신이 되어라."

이것이 니체가 《차라투스트라는 이렇게 말했다》에서 독자들에게 내놓는 명령이며 《이 사람을 보라》를 이끄는 힘이다. 우리 자신을 탐색한다는 것은 무슨 뜻일까? 내 삶의 대부분 동안 나는 나의 진정한 자아는 "저 바깥의" 무언가라고 생각했다. 일상 너머의 무언가, 알프스의 높은 봉우리 위의 무언가라고 말이다. 나는 나 자신이 어딘가 다른 곳에, 고요한 초월의 영역에 존재한다고 생각하는 쪽을 선호했다. 나는 늘 남몰래 이 초월의 영역을 탐색했고 나의 길을 방해할 법한 사람이라면 누구에게나 앙심을 품었다.

어떤 의미에서는, 내가 이혼하고 캐럴과 재혼한 것도 그렇게 하면 나의 참 자아를, 내 성격의 바탕에 깔린 영원한 본질을 발견할 수 있으리라고 생각했기 때문일 개연성이 높다. 나는 전처와 벌인 말싸움을 너무나 생생하게 기억한다. 그 언쟁은 내가 아주 짧은 문장 하나를 외치고 문을 쾅 닫아버리는 것으로 종결되었다, "날 그냥 놔둬!Let. Me. Be!" 내가 정말로 하려 한 말이 무엇인지 이제 나는 안다, "내 길을 막지 마." 내가 나의 불변의 본질을 발견하게 놔둬. 안타깝게도 불변의 본질 따위는 존재하지 않는다. 적어도 나의 세계 안에서는 그러하다. 그래서 나는 떠났지만, 내가 탐색하던 바를, 심지어 캐럴과 베카가 함께했는데도 끝내 발견하지 못했다. 대신에 나는 다른 것을 발견했다.

강조하거니와 "너 자신이 되기"의 핵심은 자신이 늘 탐색해온 "누군가"가 되기가 아니다. "너"를 다른 모든 것으로부터 떼어놓기가 아니다. 또한 너의 참된 "존재" 그대로 영원히 실존하기가 아니다. 자아는 어딘가에 놓여있는 채로 우리에게 발견되기를 기다리지 않는다. 자아는 능동적이며 진행 중인 과정 안에서, "되다"를 뜻하는 독일어 동사 "werden" 안에서 만들어진다. 인간의 영속적 본성은 다른 무언가로 되기다. 다른 무언가로 되기를 다른 어딘가로 가기와 혼동하지 말아야 한다. 자아를 찾아 나선 사람에게는 이 이야기가 몹시 실망스러울지도 모르지만, 인간의 본질은 더도 덜도 아닌 그런 능동적 변화다. 그 변화는 장엄한 지혜의 추구도 아니고 영웅의 여행도 아니다. 산으로의 도피를 요구하지도 않는다. 어떤 산도 충분히 높지 않다. 한 조각의 치즈와 빠르게 흐르는 냇물만 있으면 충분할 것이다.

"너 자신이 되어라." 이 문장은 "니체의 잊기 어려운 격언들 중에서도 가장 잊기 어려운 격언"으로 거론된다. 이 문장은 인간 자아의 핵심에 놓인 영원한 역설을 표현한다. 당신은 이미 당신 자신이든지, 아니면 당신은 당신 자신이 아닌 누군가가 되든지, 둘 중 하나다. 첫째 경우에 당신 자신이 된다는 것은 불필요하거나 불가능한 듯하다. 둘째 경우에 당신 자신이 된다는 것은 정체성의 마지막 흔적까지 지워버린다는 것인 듯하다. 한 순간에서 다음 순간으로 반半연속적으로 연장되는 직선적인 사고에 익숙한 나 같은 사람에게 이 역설은 감당할 수 없는 짜증을 유발한다. 이 짜증은 정당할 수도 있겠지만 나는 니체와 헤세가 좁고 곧은 경로를 벗어나는 모험을 우리에게 독려한다고 생각한다. 독일어 werden 되다의 어원은 "휘어지다, 돌다, 감다"를 뜻한다. 영어 versus 맞섬, verdict 판결, vortex 소용돌이의 어원이기도 하다. 당신이 당신 자신으로 될 때, 당신은 뒤돌아 과거의 무언가를 모아서 앞으로 운반한다. 그것은 고압으로 압축한 계보다. 현재 그 자체는 과거와 미래가 만나는 자리, 되어감이 일어나는 덧없는 순간일 따름이다.

도보여행자가 산으로 접어들 때, 그는 상승하는 것도 아니고 하강하는 것도 아니며 단지 상승이나 하강 직전에 해당하는 한 순간을 맞이한다. 그 전환점에서는 모든 일이 순식간에 일어나기 때문에 그 전환점을 온전히 붙잡는 것은 불가능하다. 자기극복이 일어날 때, 당신은 무슨 일이 일어나는지 알아채기도 전에 다음 순간으로 간다. 당신이 알아채지 못하는 것과 상관없이, 실제로 어떤 일이 일어난다. 삶은 끊임없이 돌아온다. 인간 실존은 지옥에서 연옥으로, 구원으로 전진하는 게 아니다. 만약 그렇다면, 전진은 반복될 것이고, 전진의 주전원들epicycles은 아주 작고 촘촘해서 끝내 그 경로의 끝에 도달하지 못할 것이다.

니체는 〈교육자로서 쇼펜하우어Schopenhauer als Erzieher〉에서 자기극복의 미덥지 못함을 넌지시 이야기한다. "당신이 지금 행하고, 생각하고, 욕망하는 모든 것이 정말로 당신인 것은 아니다."《이 사람을 보라》에서는 더욱 극적으로 이렇게 말한다. "당신 자신이 되려면, 당신이 무엇이라는 생각을 아주 희미하게라도 갖지 말아야 한다." 이 말의 의미를 완전히 이해하지는 못했지만, 내가 그 의미에 가장 접근했던 순간들은 이상하고 으스스하고 혼란스러웠다. 발 펙스에서 캐럴과 양떼와 더불어 걸을 때, 우리 딸이 야생화가 만발한 언덕 위에서 춤추는 것을 볼 때, 열아홉 살에 처음으로 길을 잃었을 때, 서른여섯 살에 다시 길을 잃었을 때가 그런 순간이었다. 어쩌면 니체가 말하려고 한 바는, 자기-발견의 과정은 자신이 이미 갖고 있다고 여기는 자기-지식의 무효화를 요구한다는 것일지도 모른다. '되어감'이란 끊임없이 자신을 상실하고 발견하는 과정이다.

호텔에 다가가면서 우리는 나무들 사이로 아이들의 웃음소리를 들었다. 아이들은 발트하우스 호텔 아래의 풀밭에서 술래잡기를 하고 있었다. 우리가 놀이터 건너편에서 다가오는 것을 본 베카는 새 친구들에게 작별 인사를 하고 쏜살같이 달려왔다. 나는 몸을 숙여 아이의 몸통을 잡고 내 허리께까지 아이를 안아 올렸다. "아빠." 아이가 숨을 들이쉬며 말했다. "냄새 나."

우리 둘 다 싱긋 웃었다. 나는 아이를 업고 방으로 향했다. 도중에 아이는 얼굴을 내 뒤통수에 비비며 아무 생각 없이 내 왼쪽 귓바퀴를 가지고 놀았다. 여전히 쓰라렸다. 나는 캐럴의 손을 잡았다. 발트하우스 호텔이 시야에 들어왔다. "나 내릴래." 베카가 속삭였다. 나는 아이를 내려놓았고, 우리는 아이가 날렵하게 언덕을 올라 거의 보이지 않게 되는 것을 지켜보았다. 우리는 잠깐, 그저 운동 삼아 아이를 뒤쫓다가 그냥 내버려뒀다. 베카는 꼭대기에서 우리를 기다릴 터였다. 이제 그 아이는 혼자서 우리 방을 찾아갈 수 있었다.

캐럴과 내가 벨라비스타에 도착했을 때, 방문은 열려 있었다. 방안은 고요했다. 베카는 여전히 술래잡기를 하고 있었다. 우리는 큰 소리로 말했다. "베카가 어디 있을까?" 변함없는 고요. 아침에 떠날 때 잠근 발코니 문이 살짝 열려있었다. 3층에 위치한 벨라비스타에서는 술래잡기의 재미도 상승하는 모양이었다.

발코니 문을 열었다. 베카는 숨어있지 않았다. 발코니의 테라조 바닥에 홀린 듯이 앉아 해가 서쪽으로 질스 호를 넘고 말로야 고개를 넘어 이탈리아로 지는 광경을 바라보고 있었다. 거기는 모든 것이 돌아가는 곳, 모든 것이 흘러나오는 곳이었다.

"아빠, 우리 저기 갈 수 있어?" 베카가 호숫가를 따라 이어지다가 어스름 속으로 굽어드는 길을 가리키며 물었다.

"글쎄, 다음번에 가볼까?"

그 길은 토리노로 가는 길이었다.

후기: 모르게슈트라이히Morgestraich

반복. 그것은 하나를 연이어 두 가지 방식으로 표현하고, 그럼으로써 그 하나에 오른발과 왼발을 주는 탁월한 방법이다. 진실은 물론 한 다리로도 설 수 있지만, 두 다리를 보유한 진실은 걸어가고 자신의 여행을 완성하려 한다.
프리드리히 니체, 《방랑자와 그의 그림자》, 1880

우리가 발트하우스 호텔에서 돌아온 후 다섯 달이 지났다. 평범한 삶에 적응하는 과정은 거의 매끄러웠다. 베카는 행복하게 유치원에 다녔다. 캐롤과 나는 의무에 충실하게 강의계획서를 작성하고 열심히 학회를 준비했다. 욕실 청소를 꼼꼼히 하고 식료품을 사고, 먹고, 고양이 한 마리도 얻었다. 이 모든 것이 충분히 수동적으로 경험될 법도 했지만 — 확신하건대 실제로 일부는 수동적으로 경험되었다 — 우리가 발 펙스에서 보낸 마지막 날이 여러 주 동안 삶에 빛과 그림자를 드리웠다. 좋은 날에는 — 지금도 여전히 그러하다 — 나는 그 양치기-뱃사공을 기억하고 끼니 사이에 치즈를 먹으려 노력한다. 또한 강박적으로 탐색하고 통제하는 대신에 되어가려고 최선을 다한다.

그러나 근대인으로 살기와 나 자신이 되기를 완전히 조화시키는 것은 불가능하다. 니체가 주장하는 그대로, 근대적인 삶은 주의를 흩트리고 감각을 마비시키도록 설계되어 있다. 산에서 돌아온 후 맞은 가을에 나는 또 다시 밤중에 황야의 늑대가 배회하는 것을 느끼기 시작했다. 평범함에서 신성함을 보기, 아마도 이것이 삶의 목표일 것이다. 나는 계속해서 그 목표에 도달하는 데 실패했다. 나는 다시 작은 분홍색 알약을 먹기 시작했다. 그러나 약효가 과거만큼 나지 않았다. 나는 여전히 많은 꿈을 꾸었고, 대부분 바젤의 이름 모를 분주한 거리에 관한 것이었다. 꿈에서 나는 세계 금융의 수도격인 국제결제은행 앞 계단에 구슬 상자를 들고 앉아서 사람들이 가장 소중한 것을 낭비하는 모습을 지켜보고 있었다. 그리고 나도 그들 속에, 그 흐름의 일부로 있었다. 무無로부터 무언가를 만들어내려 애쓰고 있었다. 헤세는 이렇게 가르친다. "당신은 당신의 꿈을 발견해야 한다. 그러나 어떤 꿈도 영원히 지속하지 않는다. 각각의 꿈은 또 다른 꿈에게 자리를 내주며, 당신은 어떤 특정한 꿈에도 매달리지 말아야 한다." 나는 대개 잠에서 깨어나 캐럴의 품속으로 파고들며 이 또한 지나리라는 생각을 위안으로 삼았다. 혹은 아주 나쁜 꿈을 꾸다가 깨면 주방으로 내려와 맥주를 마셨다. 바젤에게 이미지 개선의 기회를 주기 위해서라도, 나는 다시 한번 스위스에 가기를 갈망했다.

"모르게슈트라이히Morgestraich", 곧 "새벽 섬광"은 칠흑 같은 어둠 속에서 켜진다("모르게슈트라이히"는 바젤에서 카니발의 시작을 선포하는 행사

다. — 옮긴이). 3월의 어느 싸늘한 날 새벽 4시에 니체의 지적 고향인 바젤의 가장 오래된 구역에서 한 무명의 인물이 초롱불을 켠다. 곧이어 조명을 모두 끈 집들의 입구에서 차례로 초롱불이 켜진다. 평소에 무수한 형광등의 차갑고 멋없는 빛으로 조명되던 도시의 벽들이 깜박거리는 수천 개의 작은 불꽃으로 밝혀진다. 그리고 초롱불 조명 속에서 가득 찬 욕망으로 땅을 흔드는 북소리가 가장 깊이 잠들어 몽유하는 자들마저 깨우기 시작한다.

이 행사는 매년 겨울 바젤에서 거의 1000년 동안 치러져왔다. 나는 청소년 시절에 바젤 카니발에 대해서 들었다. 내가 처음으로 읽은 니체의 서간문에서 그는 바젤 대학교에서 일하던 시절에 그 냉랭한 도시를 일주일 동안 점령하는 요란한 소음을 피하기 위해 도심을 우회하곤 했다고 언급했다. 표현을 따지면, 점령한다기보다 홀린다고 하는 편이 실상에 더 가깝다. 모르게슈트라이히를 피해 다니던 시절에 니체는 젊은이였다. 여전히 그는 바그너와 고급예술의 세련된 분위기에서 위안을 찾고 있었다. 북소리는 그의 부드러운 머리에 통증을 일으켰다. 만약에 그가 삶의 더 나중 시기에 문화의 겉치레로부터 거리를 두고 디오니소스로서의 자기 정체성을 더 완전히 끌어안았을 때 카니발 행렬에 참여했다면 그 축제를 조금 더 즐길 수도 있었으리라고 나는 늘 생각했다. 니체가 나중에 디오니소스로서의 정체성을 완전히 끌어안았다는 것은《이 사람을 보라》에 나오는 다음 대목에서도 드러난다. "나는 철학자 디오니소스의 제자다. 나는 성자보다 사티로스가 되겠다."

1888년 가을에 니체는 "디오니소스"라는 필명으로 아홉 편의 시를 썼다. 그 시들이 그의 마지막 글이다. 그 "디오니소스 찬가들"을 읽는 사람은 드물고 철학적으로 중요하게 여기는 사람은 더욱 드물다. 그 작품들은 니체의 마지막 10년을 덮친 어둠 직전의 마지막 불꽃이다. 그 작품들은 모르게슈트라이히의 정신에 어울린다.

배가 옅은 회색인 이 불꽃은
그 너머 냉기를 향해 탐욕스러운 혀를 널름거린다.
오를수록 더 순수해지는 높은 곳을 향해 목을 구부린다.
안달하며 곤두선 뱀:
나는 내 앞에 이 상징을 놓았다.
내 영혼은 이 불꽃
만족할 줄 모르고 계속 팽창하는 불꽃
고요한 열정으로 위를 향해
위를 향해 타오르네.

이 시는 "불 신호 Das Feuerzeichen"로 불린다. 이 제목은 이를테면 바젤 카니발 첫날, 여명이 밝기 전에 도시를 누비는 신호용 등불들을 뜻한다. 1년 내내 따분한 그 도시는 짧은 카니발 기간 동안 불과 뱀들에 휩싸인다. 유럽의 디오니소스 니체는 삶의 종말에 다가감에 따라 성욕, 힘, 땅을 상징하는 불과 뱀에 매료되었다.

과거에 니체는 박동하며 흥분을 자아내는 생명의 축제를 대체로 피했고 그 대신에 지적인 높이의 옅은 공기를 선택했다. 그러나 이제 그는 적어도 지적으로 그 축제의 창조적 가능성을 인정했다. 《비극의 탄생》에서 그는 이렇게 쓴다. "모든 토착민들의 찬가에서 거론되는 마취성 음료를 통해서, 혹은 온 자연을 열정으로 채우는 활기찬 봄의 깨어남과 더불어 이 디오니소스적 충동들이 샘솟고, 그것들이 강해짐에 따라 모든 주관적인 것이 사라져 자기인식의 완전한 상실이 도래한다."

젊은 니체는 디오니소스에게 정당한 몫을 주기를 거부하는 것에 무언가 비극적인 면이 있음을 인정했다. 그러나 "경험 부족이나 어리석음" 때문에, 흥청거리며 탕진하는 카오스를 멀리하고 외견상의 정신건강을 선택하는 사람들이 있다. (니체 자신도 흔히 그런 사람이었다.) "하지만 당연히 이 가련한 사람들은, 디오니소스적 군중의 달아오른 생명이 그들을 지나치며 와글거릴 때 그들의 이른바 건강이 얼마나 송장 같고 유령 같이 보이는지 전혀 알지 못한다." 술과 춤의 신이 선사하는 "자기인식의 상실"에는 무언가 아름답고 심지어 신성한 면이 있다. 니체는 이 사실을 알았지만, 타인들과 더불어 경험할 수 있을 몰아적 황홀에 빠져들 기회가 거의 없었다. 그는 금욕, 고립, 자기훈련을 선택했고, 결국 그 선택이 그를 완전히 무너뜨렸다. 붕괴의 시점에 이르러서야 비로소 그는 홀린 사람처럼 고함치기 시작했다.

축제가 시작될 때 바젤은 내가 기억하는 그 도시와 그리 다르지 않다. 따분하고, 정해진 대로 돌아간다. 소수의 노점상들이 모여 싸구려 가장행렬용 의상을 팔기 시작하지만, 전반적으로는 또 하루의 평범한 날일 따름이다. 그러나 밤이 오면, 평범한 날이 무언가 다른 것으로 변신할 수 있다는 것이 명확히 드러난다. 하룻밤 동안, 흥청대는 사람들은 일상의 가면 혹은 문화적 페르소나를 벗어던지고 뚜렷이 엽기적인 가면을, 결코 못 본 체 할 수 없는 페르소나를 걸친다. 일상에서 거부되는 속임수가 충격적으로 뻔뻔하게 자행된다. 익명성이 전제되고 노골적으로 강화된다. 타인의 정체를 묻는 것은 무례하고 심지어 금지된 행동이다. 저녁이 다가오면 도시의 피상성은 차츰 사라지고, 모든 것은 더 깊고 어둡고 환상적으로, 그러나 더 솔직하게 느껴진다. 밤이 오기도 전에 개인들은 웃고 울부짖고 개인으로서 — 즉, 정확히 그들의 마음에 드는 대로 — 사랑을 나눈다.

사람들은 포도주 한 병을 마신 다음에 커피 한 주전자를 마시고 다시 포도주 한 병을 마신다. 이것은 디오니소스적 광란을 위한 예비 절차다. 거리는 가면들로 가득 찬다. 북 치는 요정들의 행렬은 밤을 찢는 팬플루트 소리를 향해 나아간다. 북 소리 위에서 뛰노는 천상의 팬플루트 소리. 팬플루트를 부는 음악가는 뿔 달린 짐승이다. 반은 사람이고 반은 염소인 그는 흥청거리는 동료들을 데리고 광란의 밤으로 들어간다.

디오니소스의 양아버지 실레노스는 팬플루트를 연주했다. 영원히 쾌활한 그 사티로스는 술에 취해 장난치면서 그리스 신화의 숲속을 누볐다. 그는 불가사의했고 붙잡을 수 없었다. 미다스가 그를 붙잡아 놓고 그에게 삶의 의미를 캐묻자, 그 작은 악마는 이렇게 맞받아쳤다. 삶의 관건은 아예 태어나지 않는 것이지만, 이미 태어났다면, 가능한 한 신속하게 죽는 것이다. 가능한 한 신속하게 살고 죽어라. 나는 성년기의 삶 대부분을 실레노스의 허무주의적 제안에 집착하며 보냈다. 그러면서 그 존재의 가장 명백한 특징을 간과했다. 즉, 그가 생산성과 부활을 상징한다는 점을 주목하지 못했다. 최대한 빨리 죽어라. 그리하여 새벽 섬광처럼, 혹은 잔혹한 겨울 다음의 봄처럼 다시 살아나고 또 다시 살아날 수 있도록. 초인을 완벽주의나 자기양식화와 거의 무관하게 해석하는 또 다른 방법이 있다. 우리가 죽기를, 길에서 벗어나기를, 우리 자신의 길에서 벗어나기를 니체가 바란 것은 무언가 다른 것이 우리의 자리를 차지하게 하기 위해서였을 것이다. 우리가 우리 자신이 되게 하기 위해서였을 것이다.

바젤 카니발은 죽음을 달래기 위해서, 혹은 죽음이 되기 위해서 온통 죽음을 기리지만 궁극적으로는 창조를, 더 정확히 말하면 재창조를 위한 축제다. 이것이 실레노스의 지혜이며, 사티로스가 디오니소스의 후견인으로 선택된 이유다. 디오니소스는 두 번 태어났다. 더 극적으로 말하면, 부활했다. 그는 오직 다시 태어나기 위해서 최대한 빨리 죽었다. 일부 전설에 따르면 그는 제우스와 지하세계의 여신 페르세포네 사이에서 태어난 사생아였다. 제우스의 아내 헤라는 불륜을 알아챘다. 격노한 그녀는 태고의 거인들인 티탄들을 설득하여 그 사생아를 사냥하고 토막 내고 먹어치우게 한다. 티탄들이 임무를 마쳤을 때, 남은 것은 그 소년의 심장뿐이었다. 그러나 디오니소스는 계속 살게 된다. 티탄들이 삼켜버린 디오니소스의 몸은 완전히 해체되고 소화되었다. 이 복수 행각을 알게 된 제우스는 아들을 되살리고 번개를 퍼부어 티탄들을 없앴다. 거인들은 사라지고 축축한 검댕만 남았다. 거대하고 세속적인 이야기, 신성한 색채는 아주 미약하게만 있는 이야기다. 또한 배은망덕의 부끄러움과 그것을 누그러뜨리는 희미한 창조와 구원의 가능성이 뒤섞인 잊기 어려운 이야기다. 오르페우스 신화에 따르면, 제우스는 그 검댕과 진흙을 섞어서 작고 불완전한 형상들을 빚었다. 그것이 인간들이다. 신플라톤주의 철학자 올림피오도로스는 이렇게 설명한다. "우리의 몸은 디오니소스적이다. 우리는 디오니소스의 일부다. 왜냐하면 우리는 그의 살을 먹은 티탄들의 잔재인 검댕에서 나왔기 때문이다."

결국 시간이 지나고 밤이 물러난다. 행렬은 지나가버리고, 해가 뜬다. 모든 위대한 축제들은 죽음과 부활의 순환을 기초로 삼는다. 축제 장소는 중요하지 않다. 부활절, 할로윈, 라마단, 힌두교의 디왈리, 고대 로마의 사투르날리아 — 이 모든 축제들은 분위기가 비슷하다. 만물은 고난을 겪고, 어두워지고, 파멸한 뒤에 다시 살아나야 한다. 이 파멸은 삶의 유예나 삶으로부터의 탈출이 아니라 오히려 삶의 실현이다. 결국 완전히 불타 없어지기. 차라투스트라처럼, "어두운 산에서 나오는 해처럼."

니체의 삶과 저작

1844 10월 15일. 칼 루트비히 니체와 프란치스카 니체의 아들로 태어남.

1849 7월. 아버지가 사망함.

1858 기숙학교 포르타에 입학함.

1867 10월. 나움부르크 포병 부대에 입대함.

1868 10월. 세내함.

1869 1월. 바젤 대학교 교수로 임명됨.

5월. 트립센에서 리하르트 바그너와 처음 만남.

1872 1월. 바젤 대학교 철학교수직에 지원함.

11월.《비극의 탄생》 출판.

1873 11월.《삶에 대한 역사의 이로움과 해로움》(《반시대적 고찰》 2부) 출판.

1874 3월~9월.《교육자로서 쇼펜하우어》(반시대적 고찰》 3부) 집필.

1876 2월. 대학교에서 가르치는 일을 중단함.

7월. 바그너의 바이로이트 축제에 참석함.

8월. 《인간적인, 너무나 인간적인》을 집필하기 시작함.

10월. 파울 레와 니체가 소렌토에서 말비다 폰 마이젠부크의 집에 머무름. 바그너와 결별함.

11월. 소렌토에서 마지막으로 바그너와 만남.

1878 1월. 《인간적인, 너무나 인간적인》의 원고가 출판사에 전달됨.

8월. 병에 걸림.

1879 6월. 질스-마리아 근처 생 모리츠로 여행함.

1880 1월~11월. 《여명》을 집필함.

1881 7월. 질스-마리아로 여행함.

8월. 《차라투스트라는 이렇게 말했다》와 "영원회귀"에 관한 연구와 집필을 시작함.

12월. 《즐거운 학문》을 집필함.

1882 3월. 《즐거운 학문》의 네 번째 원고가 완성됨.

5월. 로마에서 루 살로메와 만남.

8월. 살로메가 타우텐부르크에 옴. 《즐거운 학문》이 출판됨.

9월. 살로메가 레와 함께 떠남. 니체는 자신까지 세 명이 파리에서 함께 사는 것을 계획함. (이 계획은 끝내 실현되지 않음)

10월. 살로메, 레, 니체가 라이프치히에 함께 머무름.

11월. 살로메와 레가 니체를 떠남.

1883 1월. 《차라투스트라는 이렇게 말했다》의 1부가 집필됨.

2월. 바그너의 부음을 들음.

10월. 니체가 오는 겨울을 나기 위해 니스에 정착함.

1884 1월.《차라투스트라》 2부가 완성됨. 여동생 엘리자베트와 결별함.

7월.《차라투스트라》 3부를 집필하기 위해 질스-마리아로 감.

12월.《차라투스트라》 4부를 집필함.

1885 5월. 엘리자베트가 유명한 반유대주의자 베른하르트 포르스터와 결혼함.

6월.《선악을 넘어서》를 집필하기 시작함.

1886 1월.《선악을 넘어서》를 완성함.

2월. 엘리자베트와 베른하르트가 파라과이로 떠남.

6월. 질스-마리아로 감.《도덕의 계보》를 집필하기 시작함.

1887 11월.《도덕의 계보》가 출판됨.

1888 4월. 토리노로 이주함.

6월. 질스-마리아로 떠남.《우상의 황혼》을 집필하기 시작함.

9월.《안티크리스트》를 집필하기 시작함.

10월.《이 사람을 보라》를 집필하기 시작함.

1889 1월. 토리노의 길거리에서 정신적으로 붕괴함.

6월. 베른하르트 포르스터가 자살함.

1889~1897 니체의 어머니가 니체를 돌봄.

1893 9월. 엘리자베트가 파라과이에서 돌아옴.

1895 12월. 니체의 어머니가 권리를 양도하여 니체의 여동생이 니체의 작품에 대한 통제권을 쥠.

1897 부활절. 니체의 어머니가 사망함.

1900 8월 25일. 니체가 바이마르에서 사망함.

1901 11월. 파울 레가 질스-마리아 외곽에서 추락하여 사망함.

참고문헌

니체의 저작들

The Antichrist. Translated by Walter Kaufmann in *The Portable Nietzsche*, edited by Walter Kaufmann. New York: Viking Press, 1968.

Beyond Good and Evil. Translated by Walter Kaufmann. New York: Random House, 1966.

The Birth of Tragedy. Translated by Walter Kaufmann in *The Birth of Tragedy and The Case of Wagner*. New York: Random House, 1967.

The Case of Wagner. Translated by Walter Kaufmann in *The Birth of Tragedy and The Case of Wagner*. New York: Random House, 1967.

The Dawn of Day. Translated by John Kennedy. London: T.N. Foulis, 1911.

Ecce Homo: How One Becomes What One Is. Translated by Walter Kaufmann in *On the Genealogy of Morals and Ecce Homo*. New York: Random House, 1967.

The Gay Science, with a Prelude of Rhymes and an Appendix of Songs. Translated by Walter Kaufmann. New York: Random House, 1974.

Human, All Too Human: A Book for Free Spirits. Translated by R. J. Hollingdale. Cambridge, UK: Cambridge University Press, 1986.

Kritische Gesamtausgabe Briefwechsel. Edited by G. Colli and M. Montinari, 24 vols. in 4 parts. Berlin: Walter de Gruyter, 1975.

Nietzsche Contra Wagner. Translated by Walter Kaufmann in The Portable Nietzsche, edited by Walter Kaufmann. New York: Viking Press, 1968.

On the Genealogy of Morals. Translated by Walter Kaufmann and R. J. Hollingdale in *On the Genealogy of Morals and Ecce Homo*. New York: Random House, 1967.

Thus Spoke Zarathustra. Translated by Walter Kaufmann in *The Portable Nietzsche*, edited by Walter Kaufmann. New York: Viking Press, 1968.

Twilight of the Idols. Translated by Walter Kaufmann in *The Portable Nietzsche*, edited by Walter Kaufmann. New York: Viking Press, 1968.

2차 문헌

Adorno, Theodor, and Max Horkheimer. *Dialectic of Enlightenment: Philosophical Fragments*, 1947. Edited by G. S. Noerr. Translated by E. Jephcott. Stanford, CA: Stanford

University Press, 2002.

Allison, David. *Reading the New Nietzsche.* Lanham, MD: Rowman & Littlefield, 2000.

Babich, Babette E. "Become the One You Are: On Commandments and Praise Among Friends." In *Nietzsche, Culture, and Education.* Edited by Thomas Hart. New York: Routledge, 2017.

———. *Nietzsche's Philosophy of Science.* Albany: State University of New York Press, 1994.

———. *Words in Blood, Like Flowers: Philosophy and Poetry, Music and Eros in H.lderlin, Nietzsche, and Heidegger.* Albany: State University of New York Press, 2006.

Basho, Matsuo. *The Narrow Road to the Deep North. New York*: Penguin Press, 1966.

Bataille, Georges. *On Nietzsche*, 1945. Translated by Bruce Boone. London: Athlone Press, 1992.

Benjamin, Walter. *Selected Writings.* Vol. 4. Cambridge, MA: Harvard University Press, 2003.

Bishop, Paul, and R. H. Stephenson. *Friedrich Nietzsche and Weimar Classicism.* Rochester, NY: Camden House, 2005.

Blond, Lewis. *Heidegger and Nietzsche: Overcoming Metaphysics.* London: Continuum, 2011.

Chamberlain, Lesley. *Nietzsche in Turin: An Intimate Biography.* New York: Picador, 1998.

Clark, Maudemarie. *Nietzsche on Truth and Philosophy.* Cambridge, UK: Cambridge University Press, 1990.

Cohen, Jonathan R. *Science, Culture, and Free Spirit: A Study of Nietzsche's "Human, All-Too-Human."* Amherst, NY: Humanity Books/Prometheus Books. 2010.

Conant, James. "Nietzsche's Perfectionism: A Reading of *Schopenhauer as Educator." In Nietzsche's Postmoralism.* Edited by Richard Schacht. New York: Cambridge University Press, 2001.

Conway, Daniel. *Nietzsche and the Political.* New York: Routledge, 1997.

———. *Nietzsche's Dangerous Game: Philosophy in the Twilight of the Idols.* New York: Cambridge University Press, 1997.

Danto, Arthur C. *Nietzsche as Philosopher: An Original Study.* New York: Columbia University Press, 1965.

Deleuze, Gilles. *Difference and Repetition*, 1968. Translated by Paul Patton. New York: Columbia University Press, 1995.

———. *Nietzsche and Philosophy, 1962.* Translated by Hugh Tomlinson. New York: Columbia University Press, 1983.

Derrida, Jacques. *Spurs: Nietzsche's Styles.* Translated by Barbara Harlow. Chicago: University of Chicago Press, 1979.

Dostoyevsky, Fyodor. *Notes from Underground*, 1864. Translated by Richard Pevear and

Larissa Volokhonsky. New York: Vintage, 1993.
Fasini, Remo. "Qui Venne Nietzsche" in *The Waldhaus Sils-Maria: English Edition*. Sils-Maria: No date.
Fink, Eugen. *Nietzsche's Philosophy*, 1960. Translated by Goetz Richter. Aldershot, UK: Avebury Press, 2003.
Geuss, Raymond. *Morality, Culture and History: Essays on German Philosophy*. Cambridge, UK: Cambridge University Press, 1999.
Gilman, Sander L., ed. *Conversations with Nietzsche: A Life in the Words of His Contemporaries*. Translated by David J. Parent. New York: Oxford University Press, 1987.
Goebel, Eckart. *Beyond Discontent: Sublimation from Goethe to Lacan*. London: Bloomsbury, 2012.
Greif, Mark. *Against Everything*. New York: Pantheon, 2016.
Gros, Frederic. *A Philosophy of Walking*. New York: Verso, 2014.
Hatab, Lawrence J. *Nietzsche's Life Sentence: Coming to Terms with Eternal Recurrence*. London: Routledge, 2005.
———. *Nietzsche's "On the Genealogy of Morality,"* Cambridge, UK: Cambridge University Press, 2008.
Hayman, Ronald. *Nietzsche, a Critical Life*. New York: Oxford University Press, 1980.
Heidegger, Martin. *Nietzsche, Vol. I: The Will to Power as Art*, 1936–37. Translated by David F. Krell. New York: Harper & Row, 1979.
———. *Nietzsche, Vol. II: The Eternal Recurrence of the Same*, 1936–37. Translated by David F. Krell. San Francisco: Harper & Row, 1984.
———. *Nietzsche, Vol. III: Will to Power as Knowledge and as Metaphysics*, 1939. Translated by Joan Stambaugh and Frank Capuzzi. San Francisco: Harper & Row, 1986.
———. *Nietzsche, Vol. IV: Nihilism*, 1939. Translated by David F. Krell. New York: Harper & Row, 1982.
Hesse, Hermann. *Siddhartha*. Translated by Joachim Neugroschel. New York: Penguin, 1999.
———. *Steppenwolf*. Translated by Basil Creighton. New York: Picador, 1963.
Higgins, Kathleen Marie. *Comic Relief: Nietzsche's Gay Science*. Oxford, UK: Oxford University Press, 1999.
———. *Nietzsche's "Zarathustra."* Philadelphia: Temple University Press, 1987.
Hollingdale, R. J. *Nietzsche*. London and New York: Routledge and Kegan Paul, 1973.
Irigaray, Luce. *Marine Lover of Friedrich Nietzsche*, 1980. Translated by Gillian C. Gill. New York: Columbia University Press, 1991.
Jameson, F. *Late Marxism: Adorno, or, The Persistence of the Dialectic*, London; New York: Verso, 1990.
Janaway, Christopher. *Beyond Selflessness: Reading Nietzsche's Genealogy*, Oxford, UK:

Oxford University Press, 2007.

Jaspers, Karl. *Nietzsche: An Introduction to the Understanding of His Philosophical Activity*, 1936. Translated by Charles F. Wallraff and Frederick J. Schmitz. South Bend, IN: Regentry/Gateway, 1979.

Jung, Carl G. *Nietzsche's "Zarathustra,"* 1934–39. Edited by James L. Jarrett. Princeton, NJ: Princeton University Press, 1988.

Kain, Philip J. *Nietzsche and the Horror of Existence. Lanham*, MD: Lexington Books, 2009.

Katsafanas, Paul. *Agency and the Foundations of Ethics: Nietzschean Constitutivism*. Oxford, UK: Oxford University Press, 2013.

Kaufmann, Walter. *Nietzsche: Philosopher, Psychologist, Antichrist*. Princeton, NJ: Princeton University Press, 1950.

Kennedy, J. M. Nietzsche. New York: Haskell House, 1974.

Klossowski, Pierre. *Nietzsche and the Vicious Circle*, 1969. London: Athlone Press, 1993.

Kofman, Sarah. *Nietzsche and Metaphor*, 1972. Edited and translated by Duncan Large. London: Athlone Press; Stanford, CA: Stanford University Press, 1993.

Köhler, Joachim. *Nietzsche and Wagner: A Lesson in Subjugation*. Translated by Ronald Taylor. New Haven: Yale University Press, 1998.

Krell, David Farrell. *Postponements: Women, Sensuality, and Death in Nietzsche*. Bloomington: Indiana University Press, 1986.

Krell, David Farrell, and Donald L. Bates. *The Good European: Nietzsche's Work Sites in Word and Image*. Chicago: University of Chicago Press, 1997.

Leiter, Brian. *Routledge Guidebook to Nietzsche on Morality*. London: Routledge, 2002.

Lemm, Vanessa. *Nietzsche's Animal Philosophy: Culture, Politics and the Animality of the Human Being*. New York: Fordham University Press, 2009.

Liebert, Georges. *Nietzsche and Music*. Translated by David Pellauer and Graham Parkes. Chicago: University of Chicago Press, 2004.

Löwith, Karl. *Nietzsche's Philosophy of the Eternal Recurrence of the Same*, 1956. Translated by J. Harvey Lomax, foreword by Bernd Magnus. Berkeley: University of California Press, 1997.

Mandel, Siegfried. *Nietzsche & the Jews*. New York: Prometheus Books, 1998.

Mann, Thomas. *Doctor Faustus*. Translated by John E. Woods. New York: Knopf, 1992.

Martin, Clancy. Love and Lies. New York: Farrar, Straus and Giroux, 2015.

Matthiessen, Peter. The Snow Leopard. New York: Vintage, 2003.

May, Simon. Nietzsche's Ethics and his War on "Morality." Oxford, UK: Oxford University Press, 2000.

———. ed. *Nietzsche's "On the Geneaology of Morality": A Critical Guide*. Cambridge, UK: Cambridge University Press, 2011.

Mencken, H. L. *The Philosophy of Friedrich Nietzsche*, 1908. New Brunswick (U.S.) and London (UK): Transaction Publishers, 1993.

Mileck, Joseph. *Hermann Hesse: Life and Art.* London: University of California Press, 1981.

Mishima, Yukio. *Confessions of a Mask.* Translated by Meredith Weatherby. New York: New Directions, 1959.

Nehamas, Alexander. *Nietzsche: Life as Literature.* Cambridge, MA: Harvard University Press, 1985.

Oliver, Kelly. *Womanizing Nietzsche: Philosophy's Relation to the "Feminine."* New York and London: Routledge, 1995.

Parkes, Graham. *Composing the Soul: Reaches of Nietzsche's Psychology.* Chicago and London: University of Chicago Press, 1994.

Pippin, Robert B. *Nietzsche, Psychology and First Philosophy.* Chicago: University of Chicago Press, 2011.

Ratner-Rosenhagen, Jennifer. *American Nietzsche: A History of an Icon and His Ideas.* Chicago: University of Chicago Press, 2011.

Rosen, Stanley. *The Mask of Enlightenment: Nietzsche's Zarathustra.* Cambridge, UK: Cambridge University Press, 1995.

Salomé, Lou. *Nietzsche*, 1894. Edited and translated by Siegfried Mandel. Redding Ridge, CT: Black Swan Books, 1988.

Schacht, Richard. *Making Sense of Nietzsche: Reflections Timely and Untimely.* Champaign: University of Illinois Press, 1995.

———. *Nietzsche.* London: Routledge and Kegan Paul, 1983. Shapiro, Gary. *Nietzschean Narratives.* Bloomington: Indiana University Press, 1989.

Simmel, Georg. *Schopenhauer and Nietzsche*, 1907. Translated by Helmut Loiskandle, Deena Weinstein, and Michael Weinstein. Urbana and Chicago: University of Illinois Press, 1991.

Smith, Gary, ed. Benjamin: *Philosophy, Aesthetics, History.* Chicago: University of Chicago Press, 1989.

Solnit, Rebecca. *Wanderlust: A History of Walking.* New York: Penguin, 2000.

Solomon, Robert C. *Living with Nietzsche: What the Great "Immoralist" Has to Teach Us.* Oxford, UK: Oxford University Press, 2003.

Steiner, Rudolph. *Friedrich Nietzsche: Fighter for Freedom.* New York: Herman, 1960.

Young, Julian. *Friedrich Nietzsche: A Philosophical Biography.* Cambridge, UK: Cambridge University Press, 2010.

———. Nietzsche's Philosophy of Art. Cambridge, UK: Cambridge University Press, 1992.

———. Nietzsche's Philosophy of Religion. Cambridge, UK: Cambridge University Press, 2006.

감사의 글

이 책은《미국철학: 러브스토리》와 짝을 이루는 작품이다. 2016년에《미국철학》이 출판되었을 때, 마크 그라이프는 이렇게 논평했다. "신으로부터 (우리 세계의 어느 곳이라도 상관없는) 여기 동반자 사이의 결혼으로 옮겨진 초월적 의미와 신비의 무게는 사적인 삶을 잔인하게 짓누르는 무거운 짐으로 느껴진다." 옳은 말이다. 이 날카롭고 충격적인 논평은《니체와 함께한 도보여행》의 배후에서 작동한 여러 추진력들 가운데 하나다.

이 책을 쓰라고 독려하고 계속 쓰게 한 클랜시 마틴에게 감사한다. 처음에 우리는 이 책을 함께 쓸 계획이었으며, 여러모로 나는 그 계획이 실현되기를 바랐다. 그러나 클랜시는 유능하고 너그러운 길잡이로서 나의 단독 여행을 제안했다. 혹은 캐럴과 베카만 동반한 여행을. 그것은 옳은 선택이었다. 그러나 그는 내 원고 속의 숨은 주인공들 중 하나로 남았다. 아버지 노릇, 사랑, 동반자 관계, 기만에 관한 우리의 토론은 이 책 전체에 스며들어 있다. 지금도 나는 그 고마운 토론의 흔적들을 계속해서 발견한다. 나는 니체를 읽은 지 오래 되었다. 클랜시와 교류함으로써 나는 간접적으로 니체와 다시 만났다.

또 대니얼 콘웨이와 더글러스 앤더슨에게도 감사하고 싶다. 이들의 도움이 없었다면, 나는 첫 스위스 여행을 하지 못했을 것이며 철학자가 되지 못했을 것이며 대학을 졸업하지도 못했을 것이다. 이들은 학생이 만나기를 희망할 수 있는 가장 사려 깊은 선생들로 남아있다. 이들과 더불어 수많은 스승들과 선생들이 처음엔《미국철학: 러브스토리》와 관련해서, 지금은《니체와 함께한 도보여행》과 관련해서 나를 이끌었다. 제니퍼 라트너-로젠하겐, 메이건 마셜, 필립 키처, 안드레 두버스 3세, 파트리샤 마이어 스팩스, 리디아 몰랜드, 네이선 글레이저, 마크 존슨, 키스 라이던, 매리 맥그래스, 존 루손, 고던 매리노, 마이클 라포사, 휘틀리 카우프만, 빅터 케스텐바움 등. 니체의 완벽주의("획득되지 않았으며 획득할 수 없는 자아"를 받아들이라는 요구)에 관한 제임스 코넌트의 통찰과 알렉산더 네하마스의 니체 독해, 특히 이야기와 자서전과 철학 사이의 관계에 대한 그의 해석도 나에게 큰 도움이 되었다. "너 자신이 되어라."라는 명령은 "잊기 어려운 니체의 격언들 중에서도 가장 잊기 어려운 격언"이라는 네하마스의 말은 전적으로 옳다. 니체의 삶에 대한 줄리언 영의 해석과 바베트 바비치의《피 속의 말, 꽃 같아라Words in Blood, Like Flowers》도 필수적이었다.

캐럴, 베카, 그리고 나를 지원하는 소중한 친구들에게 감사한다. 앨리스 프라이, 스콧 데이비슨과 앤 드 소쉬르 베이비슨, 테스 포프와 켄 포프, 아멜리아 워츠, 호세 멘도사, 수잔 스리다, 서브레나 스미스와 데이비드 스미스, 피터 알딩어(이들은 다른 독자들보다 먼저 책의 원고를 다 읽었다), (나의 첫 스위스 여행보다 몇 년 전에 나와 니체와 함께 걸었던) 지 파크, 에밀리 스토우, 젠 매퀴니에게 감사한다. 마리애나 알레산드리는 원고의 여러 버전을 읽었을뿐더러 나에게 "사랑 상황love's condition"이라는 표현을 알려주었다. 나는 그 전에 이 표현을 떠올리지 못했으며 앞으로 영원히 잊지 못할 것이다. 또 다른 친구 로멜 샤르마도 특별히 언급될 자격이 있다. 로멜은 내가 처음으로 유럽에 체류할 때 한 동안 나의 길동무였다. 그와 나는 질스-마리아를 떠난 후 몇 푼 안 되는 돈만으로 며칠 동안 이탈리아와 프랑스를 걸어서 여행했다. 우리가 멀쩡히 귀향한 것은 행운이었다고 나는 생각한다.

여러 편집자들이 내 글을 다듬고 연마하는 일을 도왔다. 진 타마린, 알렉스 카프카, 피터 캐터패노, 알렉스 킹스베리, 샘 드레서, 제시 배런, 존 나이트, 폴 점프, 켄 바턴, 필 마리노가 그들이다. 나의 대리인 마커스 호프만이 이 프로젝트를 지원하고 내 글과 사고를 다듬는 일을 도운 것에 대해서 감사한다. 그는 초기 원고들을 가장 철저하게 읽어주었으며 이끌지 않으면서 이끄는 놀라운 능력을 지녔다. 당연히 가장 가까이에서 가장 정확하게 원고를 읽은 캐럴 헤이에게도 감사한다.

나는 31세에 《미국철학: 러브스토리》를 쓰겠다는 최초 제안서를 들고 '파라 스트라우스 앤 지루Farrar, Straus and Giroux(FSG)' 출판사를 찾아가 일리네 스미스와 대화했다. 출판업계에서 나는 충분히 신출내기였으므로 내가 얼마나 겁을 먹어야 마땅한지 몰랐다. 대화가 끝나자 그녀는 "한번 생각해보고" 동료들과 논의하겠다고 말했다. 만약에 그녀가 나를 다시 불러 처음엔 《미국철학》을 쓰라고 독려하고 지금은 니체에 관한 이 책을 쓰라고 독려하지 않았다면, 나는 틀림없이 출판 계획을 접었을 것이다. 일리네와 FSG 출판사가 이 책들을 쓰고 그들의 지면에 나 자신을 펼쳐놓을 기회를 준 것에 대하여 깊이 감사한다. 탁월한 편집 솜씨를 발휘한 잭슨 하워드, 레이철 와이니크, 막시네 바르토우에게 감사한다.

나의 어머니 베키 캐그와 형제 매트에게 고마움을 전하고 싶다. 나는 여러모로 헤르만 헤세와 다르지만 어린 시절에는 완전히 문제아였다. 내가 위탁 양육자에게 보내지지 않고 어른으로 성장한 것은 주로 어머니와 형제 덕분이다. 점점 더 불어나는 우리 대가족 — 브라이언, 캐런, 제러미, 제임스, 솔로몬, 플로라, 알리, 매트, 카린, 데이비드, 탈리 — 은 행복하게도 삶은 철학을 앞지른다는 사실을 나에게 끊임없이 일깨운다.

이 여행을 비롯한 모든 일에서 나의 동반자인 캐럴과 베카가 내가 종종 쓰는 가면들에도 불구하고, 또한 어쩌면 그 가면들 때문에 나를 사랑해주는 것에 대해서 감사한다. 나는 캐럴과 베카를 이루 말할 수 없을 만큼 사랑한다.

심연호텔의 철학자들

초판 1쇄 발행 | 2020년 4월 27일

지 은 이 | 존 캐그
옮 긴 이 | 전대호
펴 낸 이 | 이은성
편 집 | 구윤희, 백수연, 김경수
디 자 인 | 이윤진

펴 낸 곳 | 필로소픽
주 소 | 서울시 동작구 상도동 206 가동 1층
전 화 | (02) 883-9774
팩 스 | (02) 883-3496
이 메 일 | philosophik@hanmail.net
등록번호 | 제379-2006-000010호

ISBN 979-11-5783 -176-0 03100

필로소픽은 푸른커뮤니케이션의 출판 브랜드입니다.

이 도서의 국립중앙도서관 출판예정도서목록(CIP)은 서지정보유통지원시스템 홈페이지(http://seoji.nl.go.kr)와 국가자료종합목록시스템(http://www.nl.go.kr/kolisnet)에서 이용하실 수 있습니다. (CIP제어번호 : CIP2020009078)